KB273754

그래서 북유럽

그래서 북유럽

북유럽 이민에 대해 알아야 할 모든 것

원선우 지음

오픈하우스

Tuukka Ervasti/imagebank.sweden.se

Amanda Westerbom/imagebank.sweden.se

DUSTY DECO
DUSTY DECO
Tuukk

Den Gamle By/VisitDenmark

Ola Ericson/imagebank.sweden.se

Niclas Jessen/VisitDenmark

Johan Willner imagebank.sweden.se

Niclas Jessen/VisitDenmark

Lola Akinmade Åkerström/imagebank.sweden.se

2015년 4월의 어느 금요일이었습니다. 서울 정동 조선일보 편집국 주말뉴스부 회의실 탁자에 한 주 기사를 마감한 기자들이 둘러 앉아 있었습니다. 다음 주 주말판 'Why?' 기사 아이디어를 토의하는 자리였습니다. 새벽 2~3시까지 이어진 마감을 마치고 다시 모인 선배들의 얼굴은 초췌했습니다. 기자들은 늘 아이디어 부족에 시달립니다. 모두의 얼굴에 '다음 주 뭐 쓰지?'라고 적혀 있는 것만 같습니다. 이윽고 제가 발제할 차례였습니다.

"선우는 다음 주 뭐 쓸래?"

부장이 이렇게 물었을 때 저는 명동 거리에 선 호객꾼의 심정으로 이야기를 시작했습니다.

"그…… 요즘 북유럽 이민계(移民契)를 하는 20~30대 젊은이들이 있다는데요."

저는 며칠 전 한 신문에서 본 '북유럽 이민계' 이야기를 풀어나가기 시작했습니다. 얼마 전 '헬조선'을 탈출하겠다는 20~30대 직장인들이 정기적으로 모여 북유럽 취업 준비도 하고 돈도 모은다는 내용이었습니다.

"재밌네. 북유럽 이민 가이드북을 쓴다고 생각하고 써봐."

일주일 동안 원고지 20매에 북유럽 이민의 모든 것을 담아야 했습니다. 북유럽 이민 경험자를 수소문해 약속을 잡고, 이민 전문가 연락처를 알아내 인터뷰를 요청했습니다. 노르웨이와 덴마크에 이민 중인 한국인에게 몇 차례씩 읍소(泣訴) 메일을 보내 '제발 도와달라'고 했습니다. <북유럽 가서 살겠다는 30代들…… 前직장 알아보니 삼성·LG 많더라>라는 조선일보 'Why?' 4월 18일자 기사는 그렇게 세상에 나왔습니다.

북유럽 이민을 주제로 20매짜리 기사를 쓰는 건 정말 힘들었습니다. 취재도 취재였지만 초고를 쓰고, 데스크와 함께 그 기사를 고치는 과정은 더욱 어려웠습니다. 어니스트 헤밍웨이는 "모든 초고는 쓰레기다"라고 말했다지만 기사를 고칠 때마다 마치 제가 원고지가 돼 문서 파쇄기에 들어가는 것 같은 기분이었습니다. 그런데 그해 5월 어느 날 제 앞에 나타난 한 출판사 대표는 이렇게 말했습니다. "그 기사를 시놉시스 삼아서 책을 한번 써봐요. 분량은…… 800매 정도 쓰면 되겠네요."

나머지 780매를 채우기 위해 도서관을 헤매기 시작했습니다. 회사 근처 서울도서관과 종로도서관, 집 근처 대학 도서관을 돌아보니 생각보다 북유럽 관련 책이 많았습니다. 지난해 여름 북유럽 사회, 문화, 경제, 정치, 교육 등과 관련한 책 수십 권을 빌리고 반납하는 일이 계속 반복됐습니다. 원고는 아주 조금씩 쌓였고 여름과 가을, 겨울을 넘어 봄이 되자 드디어 목표한 분량을 채울 수 있었습니다.

이 책은 북유럽 이민을 주제로 하고 있습니다. 1장은 요즘 청년들이 '지옥'이라고 부르는 한국 현실의 문제점, 이와 대비되는 북유럽의 모습을 살펴봅니다. 2장에선 본격적으로 북유럽이 어떤 곳인지 알아봅니다. 3장은 북유럽 이민 실무 요령을 담은 가이드입니다. 4장엔 북유럽 정착 요령과 이민 선배들의 조언을 담았습니다. 지옥에 비견되는 한국 상황에 답답함을 느끼거나, 이른바 '이상향'이라고 하는 북유럽 사회가 어떤 곳인지 더 알고 싶거나, 북유럽 이민의 구체적 내용에 대해서 궁금하신 분들에게 도움이 됐으면 좋겠습니다.

저는 경력이 얼마 되지 않은 신문 기자입니다. 짧은 기간 동안 현장을 취재하면서 한국이 극도의 '증오 사회'라는 점을 느낍니다. 세대, 계층, 지역, 이념을 막론하고 편을 갈라 상대를 증오합니다. '우리 편 아니면 모두 적'이라는 사고방식이 우리 모두를 지배합니다. 비행기에서 땅콩을 접시에 담아주지 않았다고, 라면을 끓여주지 않았다고, 운전을 제대로 하지 않는다고 '갑'들은 '을'들을 핍박합니다. 을들은 그러한 갑들을 증오합니다.

책을 쓰면서 가장 부러웠던 북유럽 국가들의 미덕은 바로 '공동체 의식'이었습니다. 우리는 그 나라들을 때론 '지상 낙원'이라고 부르지만, 그 우수하다는 사회보장제도가 어느 순간 하늘에서 뚝 떨어진 것도 아닐 것입니다. 춥고 어둡고 척박한 땅에서 세계 최고 수준의 복지 국가를 일궈낸 원동력은 국왕에서부터 어린아이까지 하나로 뭉치는 공동체 의식이었습니다. 구성원 단 한 사람의 존엄이 훼손되는 것도 용납하지 않으려는 공동체 의식이 북유럽 사회 곳곳에 스며 있는 모습을 보며 저는 제 모국어(母國語)의 사전에서 언제까지 '지옥', '수저', '벌레' 따위의 낱말만 검색해야 하는지 답답했습니다.

북유럽에 살고 있는 여러 한국 사람들과 이메일로 인터뷰를 진행했습니다. 한국을 떠난 지 30여년이 되는 여성, 아예 스웨덴에서 나고 자란 청년이 쓰는 모국어가 1만 킬로미터 떨어진 그 먼 땅에서도 전혀 허물어지지 않았습니다. 세월과 거리를 이겨내는 모국어의 생명력에 저는 조금 놀랐습니다.

저는 민족주의자나 국가주의자가 아닙니다. 다만 제가 말하고 쓰는 모국어를 아낍니다. 제 국어 사랑이 유별나서가 아니라 제가 사유할 수 있는 언어가 오로지 한국어뿐이라서 그렇습니다. 제겐 어떤 언어도 한국어를 대체할 수 없습니다. 저는 한국어의 이러한 대체불가능성을 사랑합니다. 한국어가 사라지지 않고 다른 언어들과 아주 오래도록 어울렸으면 좋겠습니다. 한국어를 쓰는 사람들의 공동체가 개인의 존엄을 지켜줄 수 있는 곳이 됐으면 좋겠습니다.

조선일보 강인선 논설위원과 최홍렬·장일현 차장, 신정선·곽아람 선배께 감사드립니다. 2015년 주말판 'Why?'를 함께 제작하던 편집국 골방에서, 부장과 선배들의 생각과 마음이 모이지 않았다면 이 책은 세상에 나오지 못했을 것입니다. 오픈하우스 정상우 대표님과 정상준 편집주간님, 이민정 편집팀장께 감사드립니다. 자격도 실력도 경력도 모자란 저를 믿고 선택해주시고 오랫동안 기다려주셨습니다. 취재와 집필 과정에서 아낌없이 조언해주신 새미리 선생님과 노르딕후스 이종한 대표님께 감사드립니다. 자료 사용을 허락해주신 코트라 정유용 과장님께 감사드립니다. 먼 땅에서 얼굴 한번 보지 못한 낯선 이의 인터뷰 요청에 흔쾌히 응해주신 이태민 님, 노영숙 님, 신선이 님, 황순재 님, 김태훈 님께 감사드립니다.

말을 선물해주신 어머니와 몸을 내려주신 아버지께 첫 책을 바칩니다.

2016년 4월 원선우

목차 **들어가는 말**

I 우리가 살고 싶은 세상

◇ **한국이 싫어서**

a 이 나라엔 희망이 없다는 서울대생들 ⋯ 26

b '헬조선'의 진실 ⋯ 27

c 아프니까 청춘이다? 아프면 환자지! ⋯ 29

d 국민을 지켜줄 수 없는 무능력 국가 ⋯ 33

◇ **갑질 없는 나라**

a 내가 누군지 알아? ⋯ 36

b 국회의원이 고달픈 임시직이라고? ⋯ 37

c 저는 왕이기 이전에 한 사람의 국민입니다 ⋯ 40

◇ **여성이 행복한 국가**

a 대한민국은 여험 공화국 ⋯ 44

b 결혼과 출산을 거부하는 여성들 ⋯ 47

c 유럽 사람들도 부러워하는 핀란드의 출산 선물 ⋯ 50

d 세계 성 평등 1위 ⋯ 52

◇ **저녁이 있는 삶**

a 미생(未生)들의 행진 ⋯ 57

   b   오후 4시, 퇴근합시다   62

   c   노동이 재미있다는 북유럽 사람들   68

◇ **공동체 구성원이 모두 존중 받는 사회**

   a   동성애자들은 사탄마귀?   72

   b   세계 최초의 레즈비언 총리   76

   c   모두가 행복한 공동체   78

◇ **전기공이 스포츠카 타고 배관공이 할리데이비슨 모는 나라**

   a   우리는 차별에 찬성합니다   83

   b   우리 애가 대학에 갈까 봐 걱정이에요   87

   c   공부의 목적은 출세가 아니다   91

Ⅱ 북유럽은 어떤 곳인가?

◇ **북유럽 개론**

   a   북유럽? 스칸디나비아? 노르딕 국가?   100

   b   혹독한 기후와 깨끗한 자연 환경   102

   c   '신뢰'와 '합리'를 원칙으로 하는 바이킹의 후예   103

   d   겉모습은 차갑지만 속마음은 따뜻한 사람들   105

   e   외화내빈보다는 실사구시   106

   f   약속은 반드시 지킨다   108

   g   북유럽 국가별 성격 비교   109

◇ **북유럽 5개국 알아보기**

a '국민의 집' 스웨덴   111

b '휘게의 나라' 덴마크   118

c '해양 왕국' 노르웨이   123

d '북유럽의 외로운 늑대' 핀란드   129

e '얼음의 땅' 아이슬란드   136

◇ **평등을 중시하는 국가 경영**

a 북유럽식 사회민주주의   144

b 세금 폭탄을 맞아도 괜찮아!   147

c 실직해도 다쳐도 병들어도 늙어도 망가지지 않는 삶   149

d 잡초 뽑고 낙엽 쓰는 재벌가 자제들   152

◇ **북유럽의 다양한 문화**

a 토르와 엘사의 땅   155

b 〈절규〉의 뭉크, 〈인형의 집〉의 입센, 〈핀란디아〉의 시벨리우스   157

c 실존주의 철학의 키르케고르   161

d 아바, 말괄량이 삐삐, 무민   163

e 스칸디나비아 디자인   166

◇ **알고 보면 한국과 인연 깊은 북유럽**

a 경주 고분 발굴에 참가한 스웨덴 황태자   170

b 한국에 밀입국했던 스웨덴 신문기자   171

c   조선 최초 스웨덴 경제학사 최영숙   173

d   6·25전쟁 때 의료진을 파견해준 북유럽 3개국   175

Ⅲ 북유럽 이민 가이드

◇ **왜 떠나려고 하는가**

a   이민 트렌드의 변화   180

b   미국식 삶이냐 유럽식 삶이냐   182

c   날씨, 결코 무시 못할 요소   184

d   나는 '북유럽 스타일'에 적합한가   185

◇ **무엇을 준비하나**

a   영어, IELTS 6.0(토익 800) 이상   190

b   현지어는 반드시 배워야 한다   191

c   여유를 갖고 천천히 준비하라   192

d   저축하라   195

◇ **본격 북유럽 이민 준비**

a   북유럽은 이민국이 아니다   196

b   덴마크>스웨덴>핀란드>노르웨이 순으로 물색하자   197

c   1차 목표는 '거주권'   198

d   상식과 적극성으로 접근하라   199

◇ **20대, 유학이 유리하다**

a 무상 교육 혜택을 노리자 202

b 한국인에게 매력적인 유학 대상지 '핀란드' 204

c 영어 강의가 적은 '노르웨이' 206

d EU 국가 국민에게 무료 교육 혜택을 주는 '스웨덴·덴마크' 209

e 북유럽 대학원, 한국 대기업 입사보다 쉽다? 211

◇ **30대, 현지 취업을 노려라**

a 이공계가 절대 유리, 금융·디자인계도 도전해보자 215

b 현지 진출에 성공한 한국 기업을 탐색하라 217

c 아시아인, 한국인의 장점을 살리자 218

d 북유럽 일자리, 어떻게 알아보나? 222

e 북유럽 취업 실전 225

f 북유럽 취업 정보 사이트 소개 228

◇ **40대, 현지 사업을 공략하라**

a 경력을 살려라 230

b 사업 아이템에 정답은 없다 231

◇ **유학·취업·사업 이민에 필요한 국가별 요건**

a 스웨덴 233

b 노르웨이 241

c 덴마크 246

d   핀란드   254

IV 북유럽 생활 설명서

◇ 북유럽에 정착하기

a   주민등록과 의료보험   260

b   집 구하기   261

c   자동차 구입과 면허 취득   266

d   은행 계좌 만들기   268

e   전화와 인터넷 개통   270

f   의료 환경   271

g   교육 환경   272

◇ 북유럽 이민 선배들의 조언

a   이태민 씨, 스웨덴 거주   273

b   노영숙 씨, 덴마크 거주   277

c   신선이 씨, 덴마크 거주   282

d   황순재 씨, 덴마크 거주   287

e   김태훈 씨, 노르웨이 거주   290

참고 자료   294

우리가 살고 싶은 세상

a　이 나라엔 희망이 없다는 서울대생들

2015년 4월 <북유럽 이민 가겠다는 젊은이들> 기획 기사를 취재하며 윤정수 씨를 만났다. 서울대 출신 대기업 회사원이었던 그는 얼마 전 퇴사했다. 스웨덴 이민을 준비하겠다는 이유였다. 남 보기에 좋은 학교 나와 좋은 회사 다니던 윤 씨가 갑자기 회사를 그만둔 이유는 무엇일까. 그는 말했다.

"상사 갑질에 늘 시달렸다. 밤 11~12시 야근은 기본이었다. 부장이나 임원들도 더 힘센 사람이 나타나면 허리를 굽히고 머리를 조아려야 하는 노예나 다름 없었다. 인생은 한 번뿐인데, 야근과 회식에 찌들어 매일 아침 흙빛 얼굴로 출근하는 중년 아저씨가 내 미래라고 생각하고 싶진 않았다."

좀 더 여유가 있는 직장으로 이직하면 어떻겠냐고 묻자 윤 씨는 황당하다는 듯 웃었다. "기자님, 우리나라엔 지금 갈 데가 없어요." 그의 말은 계속 이어졌다.

"사기업은 대개 비슷비슷하다. 오너의 노예로 평생을 살아도 임원이 되는 사람은 극소수다. 그래서 요즘 똑똑한 학생들은 로스쿨로 몰린다. 그런데 입학 경쟁이 살인적인 것은 물론이고, 3년간 학점 경쟁을 견디지 못해 자살하는 학생도 있다. 그런 경쟁에 다시 뛰어들고 싶지 않다. 애초부터 법조인이 되고 싶었던 것도 아니다. 행정고시를 통해 5급 공무원이 돼도 박봉과 야근에 시달리는 것은 마찬가지다. 9급이나 7급 공무원 역시 힘든 것은 마찬가지다. 된다 하더라도 '주변에서 서울대 나와 왜 그러고 있느냐'는 시선으로 바라볼 게 뻔하다. 사람들이 나더러 '뭐 그렇게 바라는 것이 많으냐, 배가 불러서 그렇다'고 비아냥거린다. 그럼 난 이렇게 묻고 싶다. 국민 소득 3만 달러쯤 되는 나라에서 월급 300만원쯤 받으면서 정시 퇴근한 뒤 일과 이후엔 취미 생활을 하거나 가족과 함께 시간을 보내기를 바라는 게 뭐가 그리 큰 욕심이냐고. 어렸을 때 열심히 공부해 좋은 학교, 좋은 직장에 가면 성공해서 행복해질 수 있다고 생각했는데 그게 아니었다. 이 나라에서 행복을 찾을 수 없다면 떠나서라도 찾고 싶다."

한국은 정말 불행한 나라일까.

b '헬조선'의 진실

자살률 1위

자살 증가율 1위

노인 빈곤율 1위

남녀 임금 격차 1위

어린이가 가장 불행한 나라 1위

청소년이 가장 불행한 나라 1위

힘들 때 기댈 곳 없는 나라 1위

결핵 환자 발생률 1위

결핵 환자 사망률 1위[1]

어느 아프리카 빈곤 국가의 지표가 아니다. GDP(국민 총생산) 1조4351억 달러로 세계 13위(2015년 IMF), 1인당 GDP 2만8338달러로 3만 달러 시대를 눈앞에 둔 대한민국의 이야기이다. 2014년 OECD(경제협력개발기구)가 34개 회원국을 대상으로 벌인 조사 결과 한국은 '불행 지표' 9개에서 1위를 차지했다. 빈부 격차, 대학 등록금 순위, GDP 대비 교육비, 여가를 가장 누리지 못하는 순위, 성범죄 발생 빈도 등에선 '다행히' 2위를 기록했다.

OECD는 좀 살만한 국가들의 모임이니 좀 더 포괄적인 자료를 살펴보자. 미국 여론조사기관 갤럽은 2015년 3월 20일, UN '세계 행복의 날'을 맞아 세계 143개국의 행복 순위를 공개했다. 한국은 100점 만점에 59점, 115위였다. 앙골라, 우간다, 이라크보다 낮은 한국의 행복 지수는 놀랍게도 팔레스타인과 동점이었다. '중동의 화약고' 팔레스타인은 이스라엘과 사실상 전쟁을 벌이고 있는 나라다. 언제 어디서 폭탄이 터질지 모르는 나라의 사람들과 한국의 행복 지수가 같다는 것이다.

한국 사람들이 시리아나 팔레스타인 사람보다 '객관적'으로 훨씬 부유하고 안전하며 깨끗한 환경에서 살아가는 것은 분명하다. 그런데 왜 이런 결과가 나온 것일까. 갤럽이 측정한 것이 '주관적 행복'이었기 때문이다. 갤럽은 다음과 같은 다섯 질문을 활용해 한국인의 행복 지수를 산출했다. ①어제 잘 쉬었는가. ②존중받았는가. ③자주 웃었는가. ④재미있는 것을 배우거나 했는가. ⑤얼마나 즐거웠는가. 이 다섯 가지 질문으로 이뤄진 100점 만점 '행복 시험'에서 한국인이 거둔 성적이 58점이었다는 말이다. 1등 파라과이는 89점이었다.

그렇다면 좀 더 물질적이고 객관적인 척도로 한국인의 행복 지수를 따져보면 어떨까? 다시 OECD 조사다. OECD는 2011년부터 주거·소득·직업·교육 등 11개 항목의 점수를 매겨 회원국의 행복도를 측정하고 있다. 이른바 '더 나은 삶 지수(BLI·Better Life Index)' 조사다. 지난해 한국은 36개 회원국 중 25위를 기록했다. 호주·노르웨이·스웨덴이 1~3위였다. 영국 신경제재단이 2006년부터 측정하고 있는 지구촌행복지수(HPI·Happy Planet Index)는 생태적 지속 가능성을 중시한다. 물질적 풍요보다는 아름답고 깨끗한 자연 환경이 지속될 수 있는지를 중시하는 행복 지수 조사다. 2012년 151개국 대상 조사에서 한국은 60위였다. 코스타리카·베트남·자메이카가 1~3위를 기록했다.

객관적으로도 주관적으로도 한국은 불행한 나라인 것 같다. 일부 젊은 층이 한국을 지옥에 빗대는 '헬조선'이라는 말은 단순 조롱이 아니다.

c 아프니까 청춘이다? 아프면 환자지!

서울대 소비자학과 김난도 교수가 펴낸 『아프니까 청춘이다』는 한국의 '힐링 출판계'를 강타하며 2011~2012년 연속 베스트셀러에 올랐다. 치열한 학점 경쟁, 살인적 취업난에 시달리는 대학생들에게 "현재의 시련은 청춘이라면 겪어야 할 당연한 통과의례일 뿐이며, 이를 잘 견뎌내면 꿈꾸던 미래가 펼쳐진다"는 위로를 전해주는 김 교수의 이 책은 2010년대 초 '멘토 열풍'을 주도했다. 인기 강사 김미경, 하버드대 출신 승려 혜민, 소설가 이외수 등이 '청춘 멘토'를 자임하며 이 흐름에 가세했다.

5년이 지난 지금은 어떨까. '아프니까 청춘이다'는 말을 믿는 청춘은 드물다. 지난해 말 미국의 퓨 리서치센터가 한국인을 대상으로 실시한 여론조사에서 20대의 54%가 '미래 세대가 지금보다 잘 살기 어려울 것'이라고 응답했다. tvN 채널에서 방영했던 「인턴전쟁」이란 프로그램에선 한 상사가 인턴 사원에게 "너무 상심하지 마. 아프니까 청춘이잖아"라고 위로한다. 그러자 인턴 사원은 "아프면 환자지 뭐가 청춘이냐!"며 반박한다. 몇 년 전까지만 해도 따뜻한 '힐링'이었던 말이 불신과 조롱의 대상이 돼버린 것이다.

이와 관련해 <청춘이라고 쓰고 절망이라고 읽는다>는 기획 기사를 준비하며 만났던 한 대학생은 이렇게 말했다. "얼마 전까지는 노력하면 나아질 수 있다고 생각했다. 밝은 미래가 있다고 믿으면 아파도 참을 수 있었다. 하지만 실제 사회는 시간이 지나도 나아질 게 없다는 사실을 깨달았다."

연애, 결혼, 출산을 포기했다는 '3포 세대'라는 말은 이미 구닥다리가 됐다. 취업, 내 집 마련 포기까지 더해 '5포 세대', 또다시 인간관계, 희망까지 포기했다 하여 '7포 세대'라는 말까지 생겨났다. 현재 한국의 청년 위기가 정말 심각한 문제라는 사실에 동의하지 않는 사람은 현재 이념과 세대를 막론하고 찾아보기 어렵다.

문제는 시간이 지나도 현 상황이 나아질 거라고 기대하기 어렵다는 점이다. 저성장, 불경기, 고령화에 저출산까지 겹쳐 '국운이 기울었다'는 말까지 나오고 있다. 과거 경제 발전을 이끌었던 제조업 등 수출 산업은 중국, 인도 같은 신흥국에 주도권을 내줬다. 한국의 대표 기업이었던 삼성은 스마트폰 사업 이후 뚜렷한 먹거리를 찾지 못하고 있다. 윤증현 전 기획재정부 장관은 "어디 하나 성한 곳이 없는 총체적 위기"라고 말했다.

대니얼 앨트먼 뉴욕대 교수는 저서 『10년 후 미래』에서 "한국 경제가 일본과 유사한 길을 걷고 있다"고 지적했지만, 국내 전문가들은 "일본 문턱에도 가 닿지 못하고 주저앉을지도 모른다"고 우려한다. 사회복지망을 비교적 탄탄하게 구축한 상황에서 저성장, 고령화를 맞이했던 일본과 한국의 상황이 전혀 다르다는 것이다. 중산층이 몰락한 채 빈부 격차가 극심해진 필리핀이나 멕시코의 전철을 밟게 되리라는 암울한 전망을 내놓는 사람도 있다.

이른바 '대한민국 최고 대학'이라 불리는 서울대에서 감지되는 분위기가 심상치 않다. 약 2년 동안 사회부 기자로 서울대를 출입하면서 느낀 점이다. 초·중·고 12년 동안 '노력하면 성공할 수 있다'는 믿음 하나로 60만 수험생과의 경쟁에 승리해 서울대에 들어온 학생 사이에서 '노력해도 안 된다'는 분위기가 이미 팽배하다. "개천에서 용 나는 시대가 끝났다", "가난한 집안에서 태어나면 서울대 나와서 전문직이 되어도 성공할 수 없다"고 말하거나[2] "결혼 해서 무엇 하느냐, 결혼 포기했다"고 말하는 서울대생이 나타나기 시작했다. '결혼을 포기한 서울대생'을 주제로 기획기사를 쓸 때 만난 30대 초반의 한 서울대 졸업생은 이렇게 말했다.

"1980년대 초에 태어나서 IMF 외환 위기가 오기 전까지, 1990년대 초중반의 유년기가 인생에서 가장 행복한 시절이었다. 서울에서 30평 아파트 한 채에 자가용 한 대씩 딸린 '평범한 가정'을 누구나 이룰 수 있는 줄 알았다. IMF 이후 어렵사리 서울대에 와서 학자금 대출을 받고 졸업해보니 그 꿈이 얼마나 사치스러운 것인지 알게 됐다."[3]

일부 20~30대 젊은 세대는 386세대 등 기성 사회의 선배들에게 분노를 표출하기도 한다. "자기네들은 한창 산업이 팽창할 때 취업해 IMF 위기도 빗나간 운 좋은 세대였으면서 견디면 밝은 미래가 온다며 가짜 희망을 불어넣는다"는 내용이다. 실제 386세대와 88만원 세대의 환경을 비교해보면 이러한 분노에 나름대로의 근거가 있다는 사실을 알 수 있다. 1986~1988년 경제성장률이 12%, 2011~2013년엔 3%였다. 1987년 116만원이었던 연 평균 대학 등록금은 2014년 666만원으로 올랐다. 1988년 대학 진학률은 26.9%였는데 2012년에는 71.3%로 취업 시장에서 대학 졸업자 간 경쟁이 훨씬 혹독해졌다. 집값을 비교해보면 1980년대와 2010년대의 상황이 얼마나 달라졌는지 알 수 있다. 1981년 3300만원이었던 서울 강남구 압구정동 아파트(108㎡) 가격은 2014년엔 12억원으로 40배가량 올랐다.

한국이 현재 행복한 나라냐 아니냐를 따지는 것은 의미가 없을지도 모른다. 인간은 의미의 동물이다. 현재의 삶이 불행해도 '노력하면 나아질 수 있다'는 희망이 보이면 인간은 버틸 수 있다. 6·25전쟁이 끝난 직후 선배 세대가 그랬을 것이다. 식민 지배에 내전까지 겪은 한국의 1953년 국민 소득은 67달러, 세계 최빈국이었다. 전후 세대(1920~1940년대생)와 유신 세대(1950년대생)는 열심히 일하면 가난을 극복할 수 있다는 생각으로 일했다. 이들이 현재 한국의 부를 이룬 주역이다.

'30평대 아파트에 중형차 한 대'라는 중산층 기준을 만들어낸 것도 이들이다.

386 세대(1960~1970년대생)는 선배 세대가 쌓아 올린 물질적 기반을 바탕으로 민주화의 주역으로 활약했다. 그러나 88만원 세대(1980~1990년대생)는 '우린 아무것도 할 수 없다'는 무력감과 좌절에 휩싸여 있다. 전문가들은 선배 세대보다 잘살 자신이 없다는 세대가 대한민국 건국 이래 최초로 나타났다고 말한다.

2014년 4월 16일 전라남도 진도 앞바다에서 여객선 세월호가 침몰했다. 승객 476명 중 295명이 사망하고 9명이 실종됐다. 이 참사는 현실에 지친 한국 젊은 이들이 '이 나라를 떠나고 싶다'는 마음을 갖게 된 결정적 계기였다.

d   국민을 지켜줄 수 없는 무능력 국가

세월호 참사 희생자 304명 중 250명이 안산 단원고등학교 2학년 학생이었다. 그날 아침부터 뱃머리가 완전히 가라앉은 18일까지 이틀 동안, 한국 국민은 TV 생중계로 이 아이들이 수장되는 모습을 지켜봐야 했다. 승객을 구해야 할 선장과 선원이 가장 먼저 배에서 탈출했다. 구조 현장에 투입된 해양 경찰 역시 적극적으로 탈출 명령을 내리거나 구조에 나서지 않았다. 방송사 헬기가 촬영한 침몰 당시 화면엔 살려달라며 창문을 필사적으로 두드리는 승객들의 모습이 고스란히 담겨 있었다.

정치 지도자와 행정 관료들의 무책임과 무능도 드러났다. 박근혜 대통령은 사건 당일 오전 10시 침몰 보고를 받고도 7시간 동안 청와대에 머무르다 오후 5시가 되어서야 중앙재난안전대책본부에 모습을 드러냈다. "학생들이 구명조끼를 입고 있었다는데 구조가 그렇게 힘이 드느냐"는 대통령의 첫 마디가 여론의 빈축을 샀다. 어느 장관은 며칠 동안 끼니를 거른 채 체육관 바닥에 앉아 구조 소식만 기다리는 실종자 가족 곁에 귀빈용 팔걸이 의자를 두고 앉아 컵라면을 먹는가 하면, 또 다른 정부 중앙 부처의 고위 공무원은 사망자 명단 옆에서 기념 촬영을 해 물의를 빚기도 했다.

세월호 참사는 한국 사회의 온갖 병폐가 모조리 드러난 도가니였다. 특히 국민소득 3만 달러, 선진국 진입을 목전에 둔 2014년에 이와 같은 후진국형 대참사가 일어났다는 점에 시민들은 분노했다. 선장이 배를 버리고 달아난 모습에 "임진왜란 때는 왕이 도성을 버리고 도망가고, 6·25 때는 전쟁 지도부가 한강 다리를 끊고 도망가고, 이번엔 선장이 승객을 버리고 내뺐다"는 비난이 이어졌다.

세월호 참사는 또한 한국이라는 나라의 공동체 정신이 완전히 붕괴됐음을 보여주는 사건이기도 했다. 광화문광장에서 단식투쟁을 이어가는 유가족들 옆에서 극우 사이트 '일간 베스트(일베)' 소속 청년들은 햄버거와 피자, 통닭과 짜장면을 먹었다. 일부 극우 세력은 유가족을 폄하하는 '유족충'이라는 표현까지 서슴지 않았다. 정치적 의제에 대한 찬반 여부를 떠나, 같은 공동체에 속한 구성원에게 이 같은 짓을 벌일 수 있었던 것이 2014년 대한민국의 현실이었다.

어떤 사람들은 세월호 참사의 본질이 사회 계약 훼손이라고 말한다. 국가는 납세와 병역 등 의무를 국민에 강제하며 충성을 요구한다. 이 대가로 국민의 생명과 재산을 보호하는 것이 국가의 역할이다. 근대 사회계약론의 핵심을 이루는 이 원칙이 깨져버린 것이다. 이 참사를 수습하는 과정에서 한국 사회 구성원이

미약하게나마 공유하고 있던 공동체 정신마저 심각하게 훼손됐다. 대통령은 온 나라에 만연한 적폐를 도려내겠다고 공언했고 국민안전처가 신설됐다.

그러나 2015년 5월 발생한 메르스 사태는 한국 사회가 세월호 참사 이후 한 치도 나아지지 못했다는 사실을 보여줬다. 사우디아라비아에서 발생한 메르스 바이러스의 전염력이 약하다는 정부 예측은 보기 좋게 빗나갔고 확진자 186명, 사망자 38명으로 세계 최고 수준의 치사율을 기록했다. 국민안전처, 보건복지부 등 관계 기관은 손발을 맞추지 못하고 허우적거렸고 환자를 제때 격리하지 못해 사태를 키운 삼성서울병원 등 대형 병원의 허술한 대처는 국민의 공포심을 배가시켰다. 메르스 공포는 겨울이 돼서야 가라앉았고 사회 경제적 피해는 수조원에 이르렀다.

◇ 갑질 없는 나라

a **내가 누군지 알아?**

2014년 한 경제 연구 기관이 "국회의원 한 사람에게 들어가는 세금이 한 해 7억원이 넘으며 면책특권을 비롯해 각종 특권만도 200가지가 넘는다"고 발표해 논란이 일었다.

세비 1억3796만원

특별활동비 564만원

정근수당 명목 1420만원

가족수당 및 학비 보조 275만원

간식비 600만원

보좌관 3억9500만원

의료실 및 체력단련실 243만원

해외 시찰 2000만원

차량 관련 지원 1849만원

의원회관 등 기타 지원금 5179만원

통신요금 1092만원

의원회관 4200만원

합계 7억718만원

2014년 9월 한 국회의원이 대리운전 기사를 폭행한 혐의로 경찰 조사를 받았다. 국회의원은 대리운전 기사에게 "내가 누군지 알아?"라고 말한 것으로 알려져 갑질 논란이 일었다. 실제 한국에선 '국회의원은 대통령 다음가는 자리'라는 인식이 강하다. 선출직 공무원으로서 선거구 주민을 대표한다는 민주적 정당성이 대통령에 버금가기 때문일 것이다. 그만큼 주어지는 특권도 만만치 않다.

국회의원들은 여야를 막론하고 선거철이 되면 재선에 목을 맨다. 한 국회의원 보좌관은 "대한민국의 국회의원은 정말 왕 같은 존재다. 한 번 권력의 맛을 보면 절대 내려오고 싶지 않은 왕좌 같은 자리가 국회의원이다"고 말했다. 실제 추석·설 같은 명절 때마다 여의도 의원회관은 각계에서 보내온 선물로 업무가 마비될 지경이라고 한다. 국회의원 본인, 보좌관, 비서관 등 참모진이 모두 선물을 챙겨가고도 한참 남아 대학생 인턴까지 며칠 동안은 선물 꾸러미를 들고 귀가할 정도라니 한국 사회에서 국회가 누리는 세도가 어느 정도인지 알 만하다.

♭ 국회의원이 '고달픈 임시직'이라고?

이 좋은 국회의원이 북유럽에선 기피 받는 직업이라고 한다. 스웨덴 쇠데르턴 대학 정치학과에서 근무하고 있는 최연혁 교수는 북유럽 대학에서 근무하고 있는 보기 드문 한국인이다. 어느 날 그는 스웨덴 국회 부의장을 만난 뒤 문화 충격을 겪었다. 보좌진에 관용차, 운전 기사까지 주어지는 한국의 국회의원과 달리 혼자서 모든 일을 해결해야 한다는 말을 들었기 때문이다. 울프 홀름 스웨덴 국회 부의장은 국회의원을 '아주 고달픈 임시직'[4]이라고 부른다. 임기 4년을 마치고 나면 국민의 심판에 따라 재계약 여부가 갈리기 때문이다. 최 교수가 전하는 스웨덴 국회 부의장의 말이다.

"특권이요? 그런 거 없습니다. 출퇴근 때 열차나 비행기를 공짜로 타기는 합니다. 하지만 엄밀히 말해서 공짜라기보단 나중에 이용료를 돌려받는 거지요. 이것도 공무와 관련된 이동일 때만 허락됩니다. 그리고 의회 내규에 따라 일반석만을 사용하게 되어 있습니다. 국제회의가 있어 외국에 나갈 때도 이코노미석을 이용 해야 합니다. 어쩌다 급한 공무가 있어 택시를 타면 국회사무처로부터 택시 비 용은 돌려받습니다. 운전수가 딸린 자동차요? 자동차도 나오지 않는데, 무슨 운 전수를 운운할 수 있겠어요? 지방에 사는 의원들을 위해 사무처에서 의원 아파 트를 제공해주기도 합니다. TV 한 대, 전화기, 인터넷, 그리고 침대 하나가 있는 방 한 칸짜리 공간이지요."[5]

실제 스웨덴에서는 이러한 격무에 시달리다 국회의원을 그만두는 비율이 30% 이상이라고 한다. 하지만 그만큼 정치인에 대한 신뢰가 높다. 선거 때마다 80% 가 넘는 국민이 투표장으로 달려간다. 최 교수는 이렇게 말한다. "인신공격, 장관 혼내기, 핀잔 주기, 고성과 폭력은 전혀 끼어들지 못합니다. 그렇게 하는 순간 국 민의 지탄을 받고 퇴출될 것이라는 사실을 알고 있기 때문이죠. 이래서 스웨덴 정치인들은 언제나 국민의 눈과 귀가 무섭다고 이야기합니다."[6]

청렴하고 투명한 업무 태도는 북유럽 정치인들이 공유하고 있는 문화다. 매일경 제신문 이병문 기자는 핀란드에 1년 가까이 머문 뒤 이 나라 정치인들에 대해 이 렇게 썼다. "대통령이나 총리, 국회의원은 스스로 특별한 존재라고 생각하지 않고 항상 국민의 눈높이에서 생각하고 국정을 이끌어간다."[7] 이 기자의 눈에 비친 핀란드 정치인들의 모습을 요약하면 이렇다. 대통령과 총리는 근무 시간에만 대통령, 총리일 뿐이다. 업무가 끝나면 경호원 없이 결혼식에 참석하기도 하고 가족과 함께 시내에서 쇼핑을 한다. 총리도 운전 기사가 파업하면 직접 차를 몰거나 버스 또는 트램(전차)을 이용한다. 총리가 관저에서 나온 쓰레기를 직접 내다 버린 뒤 출근하는 모습도 볼 수 있다.

핀란드 국회의원은 한국과 달리 승용차나 운전 기사가 없다. 평소 타고 다니던 차를 타고 국회의사당으로 출근하는데 대부분 검소한 차량이다. 핀란드 국회의원 역시 스웨덴과 마찬가지로 보좌관 없이 모든 일을 스스로 직접 처리한다. 가방을 직접 들고 다니고 구내 식당에서 밥을 먹는다. 판공비 내역이나 재산 내역 역시 모조리 공개된다. 북유럽 의회는 한국의 국회의사당처럼 널찍하지도 않고, 본회의가 끝날 때마다 에쿠스나 제네시스 같은 고급 대형차들이 줄지어 대기하고 있는 모습은 상상할 수도 없다. 국회의원들이 타고 다니는 자전거들이 의사당 건물 한편에 줄지어 서 있을 뿐이다.

노르웨이 국립 오슬로대 박노자 교수의 『좌우는 있어도 위아래는 없다』는 북유럽 사회의 평등성을 한국 사회에 널리 알린 거의 최초의 책이다. 북유럽 사회에 대한 관심을 본격적으로 환기시킨 이 책에는 노르웨이 사회와 한국 사회의 차이점이 드러나는 재미있는 에피소드 한 편이 소개돼 있다. 박 교수는 어느 날 노르웨이를 방문한 한국의 외교통상부 장관을 접대하기 위해 노르웨이 정부가 마련한 공식 조찬에 참석한다.

노르웨이 외무부 장관 주최 조찬이었지만 메뉴가 감자, 생선, 채소, 수프, 딸기밖에 나오지 않은 것은 박 교수에게 놀랄 만한 일도 아니었다고 한다. 박 교수는 행사가 끝난 뒤 양국 고위 관료들과 기업인이 보인 차이에 주목한다. 한국 귀빈들은 고급 승용차로 이동했지만 노르웨이 고급 관료들은 인근 지하철역으로 우르르 몰려갔다는 것이다.[8] 박 교수는 "고급 직책이나 관료일수록 자동차를 출퇴근 수단으로 이용할 확률이 적다"고 말한다.

c   저는 왕이기 이전에 한 사람의 국민입니다

북유럽 사회 지도층이 국민 앞에서 탈(脫) 권위적인 모습을 보여주는 이유는 스웨덴, 덴마크, 노르웨이 3국의 명목상 국가 원수인 국왕 그리고 왕족들이 그러하기 때문이라는 분석도 있다. 노르웨이 국왕 하랄 5세는 혼자 오슬로 왕궁 근처를 산책하거나 자전거를 타는 취미로 유명하다. 시민들이 국왕을 알아보고 인사를 하면 흔쾌히 받아준다고 한다. 경호원도 없이 돌아다니면 곤란하다며 누군가 경호 인력 확충을 건의하자 국왕은 이렇게 대답했다고 한다. "내게 근위대가 400만명이나 있는데 무슨 걱정인가?" 400만 노르웨이 국민을 모두 자신의 경호원으로 생각한다는 임금님의 익살맞은 대답이다. 사실 하랄 5세의 이러한 취미는 선왕인 올라프 5세로부터 물려받은 것이라고 한다. 올라프 5세 역시 경호원 없이 오슬로 시내 전철을 타고 돌아다니기를 즐겼는데, 한 번은 역무원이 국왕의 얼굴을 알아보고 요금을 받지 않았다고 한다. 그러자 왕은 이렇게 대답했다. "저는 왕이기 이전에 한 사람의 국민입니다."

소탈함의 전통으로 따지면 덴마크 왕실 역시 만만치 않다. 나치 독일이 덴마크를 점령하던 시절, 국왕 크리스티안 10세는 애마를 타고 코펜하겐 시내를 돌아다녔는데 한 독일 군인이 왕을 보고 이렇게 조롱했다고 한다. "왕이라면서 왜 경호원도 없이 돌아다니지?" 이 말을 들은 한 덴마크 소년이 "모든 코펜하겐 시민이 그분의 경호원입니다"라고 답했다는 것이다.

한국 사회에서 '왕실' 하면 가장 먼저 떠오르는 곳은 아무래도 영국 왕실과 일본 천황가일 것이다. 두 국가 모두 과거 제국주의 시절 막대한 영토와 인구를 거느렸던 만큼, 한국에서 '왕실' 하면 떠오르는 '근엄함', '권위주의', '엄숙함' 같은 이미지와 가장 가까운 곳이라고 할 수 있다. 실제 영국 찰스 왕세자의 첫번째 부인 다이애나 스펜서가 시어머니인 엘리자베스 2세 여왕과 시할머니인 퀸 마더와 겪었던 마찰이나, 평민 출신으로 나루히토 왕세자와 결혼해 '왕세자보다 더 말이 많다', '천황가의 전통을 무시한다' 따위의 비난을 받아야 했던 마사코 왕세자빈의 이야기는 두 왕실의 보수성을 보여주는 대표적인 사례다.

북유럽 왕실은 정반대다. 박노자 교수는 노르웨이 왕실의 이미지를 다음과 같이 설명한다. "호화로운 궁전에서 황금 왕관을 쓰고 군림하는 모습이 아니라 일반인과 똑같이 차표를 사서 대중교통을 이용하고, 겨울이면 대다수 노르웨이 사람들처럼 신나게 스키를 즐기거나 공원을 산책하면서 행인들과 시간을 보내는, 가장 평범하고 일상적인 이미지다." 노르웨이 호콘 왕세자는 일반 공립학교를 졸업하고 정치학 학사 학위를 받았는데, 수년 전까지만 해도 오슬로 시내 서민 아파트에 살면서 싸구려 옷을 입고 음반을 고르는 모습이 자주 목격됐다고 한다.

이러한 소탈이나 탈권위가 때로는 다소 급진적으로 보이는 행위로 이어지기도 한다. 2001년 이 소박한 왕세자의 결혼 소식이 노르웨이 국민을 충격에 빠뜨렸다. 결혼 상대인 메테 마리트의 전력 때문이다. 마약으로 처벌받은 범죄 경력에다, 마약 밀매 조직의 보스와 동거하며 아들을 낳은 미혼모였던 것이다. 왕실 지지도가 90%에서 50%로 곤두박질치고, 왕정 폐지 시위까지 일어나는 가운데 부왕 하랄 5세는 "아들의 결정을 존중한다"는 뜻을 표했다(하랄 5세 역시 부왕의 반대를 무릅쓰고 평민 출신 소냐 왕비와 9년 연애 끝에 결혼한 개인적 경험 때문에 아들의 결정을 존중했다는 시각이 우세하다). 논란 끝에 노르웨이 국민들은 마약 중독자 출신의 미혼모 왕세자빈을 받아들이게 됐다.

2010년에는 이웃 스웨덴의 빅토리아 왕세녀가 사고(?)를 쳤다. 헬스 트레이너 출신의 평민과 결혼을 하겠다고 선언한 것이다. 왕세녀의 개인 트레이너인 다니엘 웨스틀링이 상대였다. 장발에 찢어진 청바지를 입은 데다가, 스웨덴의 외딴 시골 마을인 오켈보에서 면사무소 직원 부부의 아들로 자라나 사투리까지 구사하는 '촌티 나는 부마'의 모습에 스웨덴 국민들은 9년 전 '미혼모 왕세자빈'을 맞이한 노르웨이 국민 못지 않은 충격을 받았다. 왕자만 왕위를 계승할 수 있다는 왕위계승법을 개정해 여성도 임금이 될 수 있는 스웨덴에서 다음 여왕 즉위가 확실시되는 빅토리아 왕세녀였기에 충격은 더 컸다.

부왕 칼 구스타프 16세를 비롯한 왕실 인사들 역시 반대의 뜻을 밝혔지만 "결혼을 허락하지 않으면 왕위 계승권을 포기해버리겠다"는 딸의 고집을 꺾을 수는 없었다. 다니엘은 왕실의 일원으로 받아들여졌고, 혹독한 영어·독일어·프랑스어 등 필수 어학과 왕궁 예절을 배우는 혹독한 '로열 트레이닝' 끝에 어엿한 '대공(大公)’이 돼 국제적인 신사로 거듭났다. 2012년 결혼 2년 만에 에스테르 공주를 출산하면서 빅토리아 왕세녀와 다니엘 대공은 따뜻하고 모범적인 가정의 모습을 보여주면서 스웨덴 국민의 사랑과 지지를 받고 있다고 한다.

북유럽 왕자와 공주들의 이러한 개방적 연애를 그저 스캔들로만 바라볼 수도 있다. 그러나 결혼 상대자의 출신이나 전력과 관련한 논쟁이 분분했음에도, 결국 개인의 선택을 존중하는 왕실의 모습을 보면서 ‘왕족이기 이전에 개인’이라는 이들의 기본적인 사고 방식을 확인하게 된다. 이런 점에서 북유럽에 사는 ‘진짜 왕족’들은 한국 막장 드라마의 단골 소재로 등장하는 재벌가 회장님과 사모님들보다 훨씬 평등하고 민주적인 생각을 가지고 있다고 볼 수 있지 않을까. 이런 왕과 왕실이 있는 나라의 정치 지도자들이 ‘권력은 잠시 국민으로부터 위임받은 것’이라는 대원칙에 충실한 것도 이쯤 되면 자연스럽게 느껴진다.

그런데 정작 민주공화제 국가인 한국의 권력자들은 자신에게 제공되는 각종 의전이나 편의가 국민을 위해 더 열심히 일하라고 주어지는 것이 아니라 ‘잘난’ 자기들에게 마땅히 주어지는 당연한 권리라고 생각하는 경향이 강하다. 그래서 국회의원은 “내가 누군지 알아?”라며 대리운전 기사를 폭행하고, 재벌 3세는 비행기에서 땅콩 서비스가 되지 않았다는 이유로 직원을 때린 뒤 비행기를 돌린다. ‘라면 상무’, ‘신문지 회장’, ‘빵 회장’ 같은 이름은 한국 곳곳에서 평범한 사람들 위에 군림하고 싶어하는 갑들의 별칭이다. 정작 북유럽의 왕족들은 왕족이기 이전에 국민이라며 소탈한 생활을 하고 있는 모습을 보면 ‘한국산 갑’들은 진짜 왕족들보다 훨씬 더 전근대적이고 전제주의적인 사고방식으로 살고 있는 것은 아닐까 하는 생각이 든다.

a   **대한민국은 여험 공화국**

2015년 4월 '임부(妊婦) 체험' 기획 기사를 쓴 적이 있다. 2박 3일 동안 무게 10kg짜리 임신 체험복을 입고 생활하며 겪은 경험을 기사화한 것이다. 불룩한 배를 하고 서울 시내 거리를 걷거나, 지하철·버스를 타는 것은 상당한 용기를 필요로 하는 일이었다. 게다가 샤워할 때만 제외하고선 잠을 잘 때도 이 체험복을 벗을 수 없었다. 남성으로서 임신한 여성의 고충을 몸으로 체험해본다는 행위 자체에 큰 의미가 있다고 생각했다. "지하철 시청역에서 회사까지는 약 270m. 성공회대성당을 지나 회사로 가는 야트막한 오르막 경사가 몸으로 느껴졌다" 같은 문장이 담긴 기사 초고를 의기양양하게 데스크에 제출했다.

"이 기사는 취재 부족이야. 전혀 생각이 없어."

부장의 반응은 뜻밖이었다. 부장은 "왜 이런 임신 체험복이 등장했는지, 지방자치단체들은 이 체험복을 이용한 '부부교실 프로그램'을 왜 개설하고 있는지에 대한 근본적인 성찰이 부족하다"고 지적했다. 처음에는 이해가 되지 않았다. 기사를 마감하고 곰곰이 생각해보니 고개가 끄덕여졌다. 원고지 15매 분량의 기사가 처음부터 끝까지 남자 기자가 임신 체험복을 입었다는 피상적 내용으로만 가득했으니, 20년 가까이 여성 언론인으로서 현장을 누빈 부장의 입맛에 맞지 않았던 것은 당연한 일이었다. 양성평등과 여성 이슈에 나름대로 관심이 있다고 생각한 나로서는 부끄러웠다. 내가 얼마나 남성 중심적 사회에서 살아왔는지, 여성의 출산 부담에 대한 이해가 얼마나 빈곤했는지 깨닫게 된 좋은 계기였다.

여성에 대한 무관심과 몰이해가 최근 '혐오'로까지 번지고 있다. 요즘 10~30대 남성 사이에서 가장 많이 쓰이는 말 중 하나가 '여혐'이다. 여성 혐오를 뜻하는 이 말은 2000년대 초중반부터 일기 시작하던 '된장녀' 비난에서 싹트는 듯하더니 2010년대 이후에는 아예 여성 집단 전체를 겨냥하는 모양새다. 2015년 7월에는 한 케이블 방송의 힙합 경연 프로그램 무대에 오른 한 출연자가 '산부인과처럼 다리 벌려' 운운하는 랩을 했다가 논란이 일기도 했다.

일부 남성들은 한국 여성 전체를 '김치녀'로 뭉뚱그려 비하한다. 자립심이라곤 전혀 없이 남성에게 경제적 부담을 100% 전가하는 염치 없는 여성을 가리키는 이 말은 물론 실체가 없다. 전문가들은 "경제난·취업난이 심화되면서 젊은 미혼 남성들의 불만과 울분이 소수 집단에게 향하는데 대표적인 대상이 여성"이라고 지적한다.

여혐은 젊은 남성들 사이에서만 찾아볼 수 있는 현상이 아니다. 사실 오래전부터 그랬다. 2015년 5월, 박용성 중앙대 이사장이 "분 바르는 여학생들 잔뜩 입학하면 뭐하느냐. 졸업 뒤에 학교에 기부금도 내고 재단에 도움이 될 남학생들을 뽑으라"고 지시했다는 증언이 나와 논란이 일었다. 여성계에서 거센 반발이 일었고 박 이사장은 결국 사퇴했다.

여당의 대표적 대선 주자로 꼽히는 김문수 새누리당 보수혁신특별위원장은

2014년 12월 서강대 특별강연에서 "아기만 낳으면 국가에서 20만원 준다. 돈 없으면 결혼 안 한다는 건 잘못된 생각"이라고 말했다가 "20만원으로 애 키울 수 있냐"는 청년층의 비아냥을 들었다. 2011년 김준규 당시 검찰총장은 서울대 로스쿨 강연에서 "남자 검사는 집에 무슨 일이 생겨도 집안 일을 포기하고 일하는데, 여자 검사는 애가 아프다고 하면 일을 포기하고 애를 보러 간다"고 말했다가 여성계의 비판을 듣기도 했다. 여성에 대한 차별적인 시각이 유명 정치인, 재벌 총수, 고급 공무원 등 사회 각 분야의 고위층에서 만연해 있다는 사실을 보여주는 좋은 예다.

이 사태는 한국 지배층 남성의 눈에 여성이 어떤 존재로 보이는지 알려주는 좋은 사례다. 여성은 아무리 교육 수준이 높고 사회 참여 욕구가 커도 '애 낳는다고 출산 휴가나 신청하는 걸리적거리는 존재', '애 기른다고 조직에 폐를 끼치는 존재' 이상도 이하도 아닌 셈이다. 일부 젊은 남성들의 '여성 상위 사회' 운운하는 울분에도 불구하고, 아직 대체적으로 한국 사회에서 남성은 갑이고 여성은 을이라고 말할 수 있다.

한국에서 여성이 남성에 비해 약자라는 사실은 국제 통계로도 확인된다. 2014년 스위스 WEF(세계경제포럼)가 발표한 '세계 성 평등 보고서'에 따르면 한국은 조사 대상국 142개국 중 117위였다.[9] 한국은 임금 격차(125위), 임원·고위 관리수(113위), 평균 기대 수입(109위), 전문·기술직(98위) 등 대부분 지표에서 최하위를 기록했다. 높은 교육열 덕에 식자율(22위), 여성 대통령이 배출된 까닭인지 여성 최고지도자(39위) 부문 순위는 높았지만, 여성 국회의원(91위), 여성 국무위원(94위) 등의 지표 순위는 여전히 낮았다.

여성이 살기 힘든 대한민국. 그 원인을 들여다보면 '육아 부담'이 있다. 친한 선배 부부가 있다. 이 부부는 5년 전 결혼했는데도 아직 아이를 갖지 않고 있다. 문제는 역시 육아였다. 8년차 대기업 회사원인 여자 선배는 "출산 휴가와 육아 휴직 기간을 합치면 1년이 넘는데 어떤 회사 상사가 이를 반기겠느냐"며 한숨을 쉬었다. 통계청에 따르면 2014년 임신·출산으로 직장을 떠난 여성이 43만 6000여명으로 2013년 41만4000여명에 비해 2만2000여명 늘었다. 한 달에 4만명 가까운 여성이 단지 임신·출산을 이유로 직장을 그만두고 있는 나라가 한국인 셈이다.

요즘 바늘 구멍보다 좁다는 취업과 결혼 문을 통과한 30대 여성의 앞에 이른바 '경단녀(경력 단절 여성)' 관문이 기다리고 있다. 출산·육아와 관련한 실제 맞벌이 여성들의 고민은 깊어만 간다. 2012년 7월 개관한 서울시 '직장맘센터'가 이후 3년간 상담건수 5665건을 분석한 결과 4669건이 직장 내 고충으로 집계됐다. 고용노동부가 2014년 12월부터 이듬해 1월까지 취약 사업장 101곳에 대한 근로감독을 실시한 결과, 70개 사업장이 여성의 육아·보육과 관련해 불이익을 준 것으로 드러났다. 출산휴가나 육아휴직 기간 동안 월급을 주지 않거나 깎는 수법이 대다수였다.

한국여성정책연구원이 2014년 8~9월 고용노동부 및 법무부·미래창조과학부·보건복지부·법제처·경찰청 등 9개 부처에서 일하는 공무원 520명을 대상으로 출산·육아휴가가 성과급·승진 등에 미치는 영향을 조사했다. 그 결과 육아휴직 직전보다 그 직후 성과급이 오른 경우는 11.7%에 불과한 반면, 낮아진 경우는 47.5%였다. 응답자 63.6%가 "육아휴직은 승진에 부정적인 영향을 미친다"고 대답했다. 여느 영세 중소기업의 이야기가 아닌 대한민국 정부의 양성평등 실태가 이러한 것이다.

출산과 육아가 여성의 발목을 잡는 상태에서 여성의 사회 진출은 제한된다. 정부, 기업, 대학 등에서 여성의 고위직 진출은 어려울 수밖에 없다. 각 조직의 의사 결정이 남성 중심적으로 이뤄지는 것은 당연한 결과다. 영국 주간지 『이코노미스트』가 2015년 3월 8일 세계 여성의 날을 앞두고 OECD 회원국 34개국을 대상으로 '유리천장 지수'를 조사했다. '유리천장'이란 여성의 사회 진출을 가로막는 투명한 장애물을 가리키는 말이다. 남녀 간 고등 교육 수준, 임금 격차와 여성 국회의원, 기업 내 여성 임원 등의 비율을 종합해 점수를 매겨보니 한국은 100점 만점에 25.6점을 기록해 34개국 중 28위에 머물렀다. 일본(27.6점), 터키(29.6점)보다 낮은 수치였다. 이 조사에서 핀란드가 80점으로 1위, 노르웨이와 스웨덴이 73.1점으로 공동 2위를 기록했다. OECD 평균 점수는 60점이었다.

『이코노미스트』는 몇 달 뒤 다시 한국의 여성 문제를 지적한다. 2015년 7월, OECD회원국 중 한국의 출산율(1.2명)이 가장 낮다며 한국 여성들이 '출산 파업(Baby Strike)'을 벌이고 있다고 보도한 것이다. 이 잡지는 또 한국의 성인남녀 중 미혼 비중이 40%로 OECD회원국 중 가장 높으며, 서울에 거주하는 싱글의 비율은 1990년에서 2010년 사이 두 배로 증가했고, 지금은 전체 가구의 16%가 1인 가구라고 보도했다. 또한 학사 이상의 학위를 가진 여성 중 싱글 비율이 3분의 1이 넘는다고 덧붙였다.

Niclas Jessen // Denmark

『이코노미스트』는 한국 여성이 결혼과 출산을 거부하는 이유로 다음과 같은 세 가지 이유를 들었다. 첫째, 주택 마련 등 결혼 비용이 너무 막대하기 때문이고, 둘째, 1980년대 남아 선호 사상의 영향으로 남성의 숫자가 너무 많아졌으며, 셋째, 여성의 학력과 직업 수준이 높아지면서 결혼에 대한 신분 상승이 불가능해졌고 전통적 현모양처 역할을 거부하는 여성이 많아졌기 때문이라는 것이다. 그러면서 북유럽과 프랑스의 합계 출산율이 2명에 근접한 이유는 출산 장려금뿐 아니라 보육비를 지원해주는 국가 정책 덕분이라면서도, 한국의 경우엔 남성들이 1960년대식 현모양처 여성관에서 탈피하는 게 더 시급해 보인다고 덧붙이기도 했다.

c 유럽 사람들도 부러워하는 핀란드의 출산 선물

2013년 핀란드 정부가 출산을 앞두고 있는 영국 윌리엄 왕세손·케이트 미들턴 세손비 부부에게 보낸 선물이 화제가 됐다. '머터니티 패키지(Maternity Package)'라고 불리는 이 상자엔 출산과 육아에 필요한 각종 물품이 담겨있는데, BBC 등 영국 언론은 이에 대해 "핀란드 육아 제도의 상징과도 같은 것"이라고 보도했다. 그러자 영국을 비롯한 유럽, 그리고 세계 각국에서 핀란드 정부에 머터니티 패키지를 사고 싶다는 문의가 빗발쳤다. 핀란드 정부는 머터니티 패키지 소개 공식 홈페이지(www.kela.fi)에서 다음과 같은 문구를 명기했다.

머터니티 패키지는 판매하지 않습니다(Maternity package is not a commercial product, Kela cannot sell it).

세계에서 유리천장 지수가 가장 낮은 나라인 핀란드의 출산 선물이 영국 같은 유럽 선진국의 부러움을 살 정도라는 사실을 보여주는 작은 소동이었다.

핀란드 여성은 임신 4주차가 되면 머터니티 패키지를 받는다. 가로 60cm, 세로 30cm, 높이 30cm의 이 상자를 열면 "당신의 임신을 진심으로 축하합니다. 이 선물이 가정에 행복을 줬으면 합니다"라는 메시지가 적힌 편지와 함께 엄마와 아기를 위한 온갖 선물이 담겨 있다. 아기 방한복, 침낭, 기저귀, 머리빗, 손톱깎이, 목욕용 온도계, 칫솔 등 아기를 위한 용품과 유두크림, 콘돔, 엄마 속옷 등 30여종의 물건이 담겨 있다. 핀란드에서 임신한 여성들은 출산 축하금 140유로와 머터니티 패키지 중 하나를 선택할 수 있는데 95% 이상의 엄마들이 이 선물을 선택하고 있다고 한다.

머터니티 패키지는 핀란드 여성에게 단순한 '용품 세트'가 아니다. 남성들은 "여자니까 애 낳고 기르는 건 알아서 하겠지"라는 다소 무책임한 생각을 하는 성향이 강하다. 물론 여성은 출산의 주체가 맞다. 하지만 첫 임신과 출산은 여성에게 초유의 사건이다. 자신의 몸 속에서 새로운 생명이 자란다는 사실, 그리고 아이와 한 몸이 돼 10개월 동안 동거해야 한다는 '사건'이 발생하는 셈이다. 핀란드의 머터니티 패키지는 일생일대의 사건을 맞은 여성에게 국가가 당신의 출산을 책임지니 안심하라고 보내는 메시지이자 수십 년 동안 쌓인 출산, 육아와 관련한 실전적 노하우를 전달해주는 안내서인 셈이다.

2015년 3월 아들을 낳은 34세의 프리스카 씨는 "기대보다 훨씬 유용한 물품이 많이 들어 있어서 놀랐다. 모든 것이 새내기 엄마들을 위한 세심한 배려였다"

며 "현금을 선택할 수 있었지만 그 돈으로 절대 살 수 없는 가치다. 둘째를 낳아도 이 패키지를 선택하겠다"고 말했다. 머터니티 패키지 덕분에 핀란드 엄마들은 임신이 자기 혼자 짊어져야 하는 '여성으로서의 천형(天刑)'이 아니라, 국가와 사회가 지지하고 축복해주는 가치 있는 일이라는 자긍심을 가지게 됐다. 핀란드의 합계 출산율은 1.8명으로 OECD 평균보다 높다. 한국의 1.18명에 비해 65% 높은 수치다.

머터니티 패키지 제도는 1938년에 시작됐다. 당시 핀란드 역시 제2차 세계대전에 휘말려 있었고, 세계 최강대국이었던 소련과의 전쟁을 앞두고 있는 상황이었다. 당시 핀란드는 그저 유럽 변방의 춥고 가난한 소국에 불과했다. 소련군에 맞서 싸우기 위해 전시 총동원 중이었던 핀란드는 당시 갓 태어난 아이 1000명 중 65명이 질병과 배고픔으로 사망할 정도로 경제 사정이 좋지 못했다.[10] 부모들은 아이를 낳아도 최소한의 육아 용품을 살 돈이 없었다. 전쟁도 전쟁이지만, 이러다간 나라의 미래가 어둡다고 판단한 핀란드 정부는 아이들의 죽음을 막기 위해 육아 용품이 담긴 상자를 임신부가 있는 집으로 보내기 시작했다. 영아 사망률은 낮아지고 출산율은 높아지기 시작했다. 이 전통이 80년 가까이 이어져 내려오는 것이다.

d 세계 성 평등 1위

핀란드의 머터니티 패키지는 사실 북유럽 여성 정책의 표피에 불과하다. 스웨덴·노르웨이·덴마크·아이슬란드 등 북유럽 국가들은 모두 1970년대 양성 평등 정책의 기틀을 닦았다. 출산, 육아, 가사 노동은 한국에서는 여성 개인의 사적 책임으로만 여겨지지만, 북유럽에서는 개인과 가정, 국가와 사회가 모두 적극적으로 나서서 부담과 책임을 공유해야 하는 '공공 업무'라는 인식이 이 시기에 확고해졌다.

북유럽 국가들은 1970년대 남성 육아 휴직 제도를 도입했는데 1990년대까지도 기업들이 이를 적극적으로 시행하지 않자 국가 보조금을 끊겠다는 식으로 압박해 남성 육아 휴직 제도를 확산시켰다. 출산, 육아, 가사 노동을 일차적으로는 남성과, 이차적으로는 사회와 분담하지 않으면 출산율이 낮아질 수밖에 없고 국가 경제가 활력을 잃을 수밖에 없다는 사실을 북유럽 국가들은 40여년 전부터 내다본 것이다. 스웨덴의 합계 출산율은 1978년 1.6명에서 2012년 1.91명까지 올랐다. 북유럽 5개 국가 합계 출산율 역시 2.0에 가까운 수준으로 OECD 최고 수준이다.

노르웨이의 경우 출산휴가는 13개월이고 통상 임금의 80%를 지급한다. 10개월만 쉬겠다고 하면 임금의 100%를 준다. 이 기간 아빠도 12주 휴가를 반드시 써야 한다. 스웨덴의 출산 휴가는 16개월이고, 통상 임금은 4분의 3이 지급된다. 고용주와 국가가 함께 이 임금을 부담한다. 스웨덴 정부는 부모 소득에 상관 없이 아이 1명당 1050크로나(약 14만 8000원)의 보육 수당을 매달 지급한다. 핀란드에서는 아이 1명에 약 100유로의 수당을 매달 준다.

이처럼 북유럽이 높은 수준의 양성 평등 문화를 이룩한 것은 사실이다. 하지만 이 역시 하늘에서 뚝 떨어진 것은 아니다. 예를 들어 스웨덴 여성 운동의 역사는 18세기까지 거슬러 올라간다. 1880년대 말에서 1920년대까지 스웨덴 여성 운동은 투표권 쟁취를 중심으로 전개됐다. 여성의 출산, 육아, 가사노동 부담을 사회가 공유하게 된 것은 1970년대부터. 1960년대부터 북유럽 각국엔 열성적인 여성 단체들이 생겨났다. 1960~70년대 스웨덴의 프레드리카-브레메르 협회, 덴마크의 개인과 협회, 노르웨이의 여성전선, 스웨덴의 그룹8, 아이슬란드의 붉은 스타킹 등 대표적인 여성 운동 단체들이 이때부터 활발하게 활동하기 시작했다.

스웨덴에서는 1954년부터 양성 평등 전담 장관이 활동해왔고 1979년 양성 평등법이 제정됐다. '동일 업종 동일 임금'의 원칙과 국가공무원 채용 시 여성 의무 할당을 골자로 한 이 법을 바탕으로 현재 스웨덴에서 양성 평등을 관장하는 '통합평등부'의 정책 목표는 다음과 같다.

> -여성과 남성은 시민으로서 동등한 권리와 영향력을 행사한다는 것을 원칙으로 한다.
> -개인의 경제적 독립성을 보장하기 위한 모든 여건(교육과 임금)을 동등하게 한다.
> -가사와 아동 돌봄에서 남녀는 동등한 책임과 의무를 갖는다.
> -여성과 남성의 육체적 존엄성을 동등하게 존중하여 여성에 대한 남성의 폭력을 금지한다.[11]

여성 운동이 확산되고, 정부가 이러한 요구를 받아들여 출산, 육아, 가사 노동을 제도적으로 분담할 수 있도록 하는 동시에 정부, 기업, 대학 등에서 여성 진출이 활발하도록 각종 법규와 정책을 정비한 결과 북유럽 각국에서는 정부 내각, 국회, 기업 임원 등 최고 의사 결정이 가능한 조직에서의 여성 비율이 50%에 육박하게 됐다. 여성이 조직 상층부에 진입하게 되면 의사 결정이나 정책 방향이 훨씬 더 양성 평등적으로 이뤄지게 되는 것은 당연한 결과다.

2014년 스위스 WEF(세계경제포럼)가 발표한 '세계 성 평등 보고서'를 보면 1위 아이슬란드, 2위 핀란드, 3위 노르웨이, 4위 스웨덴, 5위 덴마크 등 북유럽 국가들이 상위권을 싹쓸이했다. 아이슬란드는 한국에는 '추운 오지 국가', '북해의 변두리 나라' 정도로만 알려져 있지만 WEF 조사에서 6년 연속 양성 평등 1위를 차지하고 있는 나라다. 아이슬란드는 1980년 세계에서 두 번째, 유럽에서는 최초로 여성 대통령을 배출했다. 한국에서 최초 여성 대통령이 나온 2012년보다 32년 앞선 시기다.

아이슬란드 최초의 여성 대통령 비그디스 핀보가도티르는 1996년까지 16년간 대통령 직무를 수행했다. 1년 뒤 노르웨이에선 최초의 여성 총리 그로 할렘 브룬틀란이 총리직을 두 차례 연임했다. 2000년부터 2012년까지 재직한 핀란드 최초의 여성 대통령 타르야 할로넨은 출산과 육아 관련 정책이 비용이 아니라 투자라고 주장하며 여러 복지 정책을 추진하기도 했다. 덴마크에선 2011년 사회민주당 당수 헬레 토르닝-슈미트가 최초의 여성 총리로 취임했다.[12]

금녀(禁女)의 공간으로 여겨져 온 군대 역시 북유럽에서는 여성이 리더십을 발휘할 수 있는 곳이다. 2014년 2월 제50회 뮌헨 회의에서 스웨덴, 노르웨이, 네덜란드, 독일의 국방장관 4명이 함께 찍은 사진이 전 세계적으로 화제가 됐다. 모두 여성이었기 때문이다. 2014년 10월 노르웨이 에릭센 쇠레이데 국방 장관이 한국을 방문해 김관진 당시 국방부 장관과 함께 국군 의장대의 사열을 받는 장면이 보도되기도 했다. 에릭센 장관은 2014년 19~44세의 노르웨이 여성들이 군에서 1년간 의무 복무케 하는 법률 통과를 주도하기도 했다. 유럽 국가 가운데 첫 여성 군 복무 의무화다. 이에 따라 2016년부터 노르웨이 여성들은 의무적으로 군대에 가야 한다. 핀란드에서는 1990년 엘리자베스 렌이 국방 장관에 취임했는데, 세계 최초의 여성 국방부 장관이었다.

"버티는 게 이기는 것이다."

2014년 방영된 드라마 「미생」에 나오는 대사다. 고졸 출신의 인턴 사원 장그래에게 상사인 오상식 과장이 하는 말이다. 프로 바둑 입단에 실패한 장그래가 종합 상사 '원인터내셔널'에 입사하지만 '고졸 출신'이라는 선입견에 가로막혀 번번이 좌절한다. 영업3팀 오상식 과장은 그런 장그래를 이끌어주는 멘토로 등장하는데, 야근을 밥 먹듯 하는 탓에 언제나 눈이 벌겋게 충혈돼 있는 것이 특징이다. 이 드라마는 야근은 물론, 거래처 접대, 사내 권력 암투, 동기 간 은밀한 경쟁 등 회사 생활의 각 요소를 현실적으로 재연해 직장인들에게 큰 호응을 얻으며 '2015 대한민국 직장인 백서'라는 별명까지 얻기도 했다. 케이블TV 드라마임에도 최종 시청률 8.2%를 기록했다.

지난해 겨울, 대학 동기들과의 송년회를 가졌다. 만 서른 살, 입사 3~4년차 직장인들의 화제는 단연 '미생'이었다. 동기들은 대부분 「미생」을 보며 "내 이야기 같다", "정말 직장 생활을 현실적으로 잘 그려냈다"고 이야기했다. 오상식 과장처럼 인간적이고 정직하며, 후배들의 성장에 관심을 가진 상사가 현실 세계엔 거의 없다는 점에서 "역시 드라마는 이상적이야"라고 말하는 친구도 있었다. 몇몇 친구들은 계속 잔을 주고받으며 한탄하기 시작했다.

"우린 박박 기어야 하는 노예야."

"어쩌다가 임원이 된다고 해도 마름에 불과하지."

"마름 목숨은 대감(오너)들에게 달렸어."

"그래도 어쩌겠냐, 버텨야지."

탁자에 놓인 빈 술병이 계속 늘어났다. 청년 실업률 10% 시대. 살인적 경쟁을 뚫고 정규직 취업에 성공한 젊은이들은 사원증을 마치 올림픽 금메달처럼 목에 걸고 의기양양하게 회사 정문으로 '개선'한다. 그러나 몇 달 되지 않아 자신들의 신세가 미생이라는 사실을 알게 된다. 취재를 하면서 만났던 대기업 회사원 이모 씨는 "높은 경쟁률을 뚫고 입사해도 상사들의 야욕을 위해 바둑판에서 쓰고 버려지는 신세가 나의 현재이자 미래인 것 같다"고 말했다.[13]

'저녁이 있는 삶'. 2012년 대통령 선거 민주통합당 경선에 출마했던 손학규 후보의 구호다. 야근과 회식, 주말 근무에 시달리는 한국 직장인들에게 저녁을 돌려주자는 이 구호는 당시 큰 반향을 일으켰다. 한국 근로기준법 제50조 2항에는 "1일의 근로 시간을 휴게 시간을 제외하고 8시간을 초과할 수 없다"고 명시돼 있지만, 적어도 한국에서 이 조항은 사문화된 것이나 다름없다. 한국의 대부분 직장인들에게 칼퇴근은 꿈일 뿐이다. 이것이 가능한 직장을 '신(神)도 부러워하는 직장'이라고 말할 정도다.[14]

실제 한국의 노동 시간은 세계 최고 수준이다. 2013년 OECD 조사 결과 한국인의 연간 노동 시간은 2163시간으로 OECD 회원국 중 2위였다. OECD 평균 1770시간보다 393시간이나 많았다.

호주인 마이클 코켄 씨는 지난해까지 한국의 한 기업체에서 사원으로 근무했다. 그는 야근이 일상화된 한국 기업을 경험하고 이렇게 말했다. "한국의 노동자들은 일이 있든 없든, 회사가 야근을 당연하게 생각한다는 사실을 잘 알고 있다. 이것은 또 회사에 대한 충성심을 보여주는 방법이기도 하다. 그러다 보니 사무실에서 이런저런 시간 낭비를 하게 되는 것이다. 당신이 어차피 밤 10시까지 일해야 하는데 왜 오후 5시까지 일을 마치겠는가." 코켄은 이러한 한국 직장의 상황이 '파킨슨의 법칙(Parkinson's Law)'에 딱 들어맞는다고 했다. 영국의 역사학자이자 경영학자인 노스코트 파킨슨이 1958년 발표한 이 이론은 "공무원은 경쟁자가 아닌 부하들이 크게 늘어나기를 원한다", "관리들은 서로를 위해 일을 만든다" 같은 내용을 담고 있는데, 코켄은 쉽게 말해 한국 직장인들이 '업무를 위한 업무'를 양산하며 불필요한 야근을 자청하고 있다고 꼬집은 것이다.

코켄이 6시 30분 칼퇴근을 감행했을 때 주위의 반응은 이랬다고 한다. '네가 우리를 버리고 갔다', '너는 우리처럼 희생을 안 한다', '얄밉다' 등. 그는 한국식 기업 문화의 특징으로 상명하달 식의 의사소통, 정기적인 회식과 친목 모임에도 불구하고 진솔한 소통의 부재, 사내 메신저와 카카오톡 등 스마트폰으로 인한 시간 낭비, 음주와 흡연에 관대한 조직 문화, 파워포인트 파일 작성 시 내용보다 포장에 치중 등을 꼽았다.[15]

코켄의 블로그 '더 사원(The Sawon)'에는 '나에겐 회식이란 업무보다 더 스트레스를 받는 일이다'라는 글이 올라와 있다. 이 글엔 한국식 회식 문화가 어떻게 보이는지 적나라하게 묘사돼 있다. 그야말로 '미생들의 행진'이다.

-자리 잡기 회사 근처 고깃집. 도착한 순서부터 눈치 게임이 시작된다. 다들 '어디에 앉을까' 고민하고 있다.

-술 주문 '맥스' 드릴까요? '카스' 드릴까요? '참이슬' 드릴까요? '처음처럼' 드릴까요? '다 똑같은 맛이니 아무거나 주세요'라고 하고 싶지만 상사들이 선호하는 소주랑 맥주 시켜야 된다.

-폭탄주 제조 맥주잔이랑 소주잔들이 내 자리 앞에 모이고, 나는 정리하고 있다. 첫 잔이라 '소맥' 만들어야 되고, '맛있게' 만들어야 된다. 소맥 잘 만든다는 칭찬을 받기 위해서 다들 겁나 신경 쓰고 있다.

-상사의 건배사 첫 잔 나누면서 상사들의 '귀중'한 말 기다리고 있다. 매번 똑같은, 의미 없는, 별 중요하지 않은 말들이다. '화이팅!', '위하여!' 한 번만 했으면 말씀을 집중하겠지만 회식 동안 열 번이나 하고 일주일에 회식 몇 번이나 하기 때문에 상사들의 말을 무시하게 돼 버렸다.

-건배 예절 다른 직원들의 술잔보다 제일 밑으로 부딪치며 내 잔을 '짠' 했다. 그 후에도 그대로 마시면 안 된다. 앞, 옆 어딜 봐도 나보다 더 높은 직급의 동료들이라 나는 몸 어렵게 돌려서 이 고깃집의 안 이쁜 벽지 보면서 한 잔을 했다.

-고기 굽기 에휴, 또 다른 내 할 일이 생겼다. 이미 소맥 잘 만든다고 칭찬을 받았지만, 이제 나는 고기 맛있게 굽는다고 칭찬을 받아야 된다.

-계산 나는 사원이라 회식 끝까지 있어야 된다. 내가 선배한테 조용히 법인카드 달라고 하고, 조용히 계산하러 일어난다. 내일 비용 처리 위해 영수증 잘 챙기고 2차 준비한다.

-2차 똑같은 업무 반복이다. 배경이랑 술만 바뀌고 웃기는 '자리 눈치 게임' 한다.

-3차 노래방에 가서 업무 더 해야 된다. 편의점에 가서 술 사오고 노래방에서 시간 얼마나 입력할지 정하고, 내 '18번곡' 부르는 것까지가 내 업무다.

-상사 귀가 의전 드디어 이 회식이 끝나면 상사들의 택시나 대리운전까지 챙기
 는 업무 해야 된다.
-다음 날 아침 집에 가서 몇 시간 자고 다시 회사에 간다. 책상에 시체처럼 9시
 부터 앉아 있다.[16]

LG전자 프랑스 법인장을 지낸 에리크 쉬르데주도 한국 기업의 이러한 문화를 '
초현실적'이라고 했다. 그는 동료의 수술이 끝난 뒤 의사에게 몰려 가 "언제 다
시 복귀할 수 있을까요?"라고 묻는 한국 직장인들의 모습에 깜짝 놀라며 "한국
인은 아마 죽음의 문턱에서도 업무의 바퀴에 짓눌릴 것이다. 업무를 벗어나면
그는 존재하지 않는 것"이라고 했다.[17] 회식 풍경은 이렇게 묘사했다. "환호성과
맹세가 두 시간이나 이어졌다. 견딜 수 없는 한밤중의 추위에도 네 시간이나 이
런 속도로 행사가 지속되자 참석자의 3분의 1은 거나하게 취했고, 3분의 1은 흥
분한 상태였고, 나머지 3분의 1만 버티고 있었다. 그 장면들은 언제나 초현실적
으로 떠오르곤 했다.[18]

직장에서의 일상이 이러하니 노동 시간이 세계 최고 수준이어도 노동 생산성은
꼴찌인 상황이 빚어진다. 2014년 한국생산성본부가 OECD 자료를 토대로 국가
별 시간당 노동 생산성을 비교한 결과 한국의 노동 생산성은 30.4달러로 34개
회원국 중 28위에 그쳤다. OECD 평균 노동 생산성은 47달러다.[19]

일주일 야근 2~3회에 곁들여지는 1~2회의 회식. 한국 직장인은 퇴근 후 저녁 시
간을 이렇게 고스란히 회사에 헌납하고 있는 것이다. '저녁이 있는 삶'은 한국에
서 망상에 가까운 꿈일 뿐이다. 한국인의 삶은 그저 '버티는 것'이다. 그 버팀의

끝에서 우리를 기다리고 있는 것은 무엇일까.

b 오후 4시, 퇴근합시다

덴마크 수도 코펜하겐에서 가장 혼잡한 시간대는 오후 4~5시다. 덴마크 시민들
은 빠르면 오후 4시에 퇴근한다. 거리로 우르르 몰려 나온 시민들은 어린이집에
맡겨둔 아이를 찾으러 가거나 각종 여가 활동을 즐기러 간다. 덴마크 사람들은
가족과 보내는 시간을 매우 중시한다. 오후 6시에는 대부분 가족이 식탁에 둘러
앉아 함께 저녁을 먹는다. 이러한 시간을 덴마크 사람들은 '휘게(hygge)'라고 부
른다. 가족이나 친구 등 가까운 사람들이 모여 양초를 밝히고 따뜻한 분위기에
서 밥을 먹거나 맥주를 마시면서 여유 있는 시간을 보내는 때가 바로 휘게다. 『덴
마크 사람들처럼』의 저자 말레네 뤼달은 "이 단어는 한 마디로 설명하기 힘든 개
념이라 다른 나라 말로 정확하게 번역하기 어렵지만 이 핵심에는 '친밀하고 따
뜻한 무언가'가 있다"고 설명한다.

OECD에 따르면 덴마크 정규직 노동자들은 하루 평균 16.1시간을 휴식과 여가
에 쓴다. 출근과 업무 시간을 모두 합쳐도 7.9시간밖에 되지 않는다. 덴마크의
평균 통근 시간이 27분이라고 하니 하루 업무 시간이 한국의 근로기준법에 규
정된 8시간도 되지 않는 것이다. OECD 평균 휴식, 여가 시간은 15시간이다. 다
른 북유럽 국가들도 OECD 평균 수준으로 쉬고 있는 것으로 나타났다. 노르웨이
는 하루 15.6시간, 스웨덴은 15.1시간 쉰다. 핀란드는 14.9시간으로 평균보다 조
금 덜 쉬고 있는 것으로 나타났다.[20]

덴마크 사람들이 가족과의 휘게를 누리기 위해 일한다면 노르웨이 사람들은 그야말로 놀기 위해 일한다. 2013년 노르웨이 연간 노동 시간은 1408시간이었다. 한국의 2163시간보다 755시간 적다. 날짜로 환산하면 31.4일. 한국인보다 약 한 달을 덜 일하는 것이다. 노르웨이의 법정 근로시간은 한 주 37.5시간, 대부분 노동자들이 오전 8시에 출근해 오후 4시에 퇴근한다. 노동자 개인의 사정이나 취향에 따라 주 37.5시간을 탄력적으로 쓸 수 있다. 야근이나 주말 근무를 자청해 2~3일 동안 주당 근무 시간을 채우면 나머지 시간은 휴가로 사용할 수 있는 것이다.

고용노동부 공식 블로그의 노르웨이 해외특파원 배지선 씨는 "노르웨이에서 일을 시작하고 얼마 안 돼서 가장 충격을 받은 것이 이 나라의 휴가 문화였다"고 말한다. 그러면서 3~4월에 휴가를 다녀오는 직장 동료들의 이야기를 전한다. 에이스 마리 아크빅 씨는 휴가철이 아닌 4월에 영국 런던으로 여행을 다녀왔다. 그는 2주 동안 야근을 해서 근무시간을 다 채웠다며 "여름 휴가 기간에는 사람들도 많고 번잡한데 이렇게 틈틈이 다녀오면 여유롭게 즐길 수 있어서 정말 좋다. 일만 하면 너무 지겹다. 여름 휴가 전까지 계속 일만 해야 한다고 생각하면 끔찍하다"고 말했다. 4월에 로마를 다녀온 그로 스토키 씨는 휴가 다녀온 뒤 일이 좀 많아서 고생하기는 했지만 만족한다며 "노르웨이는 아직 추운데 로마는 따뜻해서 좋았다"고 했다.[21]

한국의 일반 기업체에서는 부장이 먼저 휴가를 쓰면 그다음 과장이 휴가를 쓰고, 다음으로 대리, 사원 식으로 이어지는 것이 일반적이다. 법적으로 규정돼 있는 유급 휴가를 쓰는 데도 상사, 동료, 후배의 눈치를 모두 봐야 하는 것이 사실이다. 휴가 기간 동안 업무를 맡아달라고 동료들에게 부탁하는 것도 보통 눈치가 보이는 일이 아니다. 한국 직장인이라면 휴가지에서 회사 전화를 받는 일이 전혀 이상하게 느껴지지 않을 것이다. 휴가를 반납하거나, 휴가 기간에 나와서 일을 하거나, 휴가지에서도 전화를 꼬박꼬박 받고 업무를 처리하는 것이 '제대로 된 직장인의 덕목', '회사에 대한 충성'으로 여겨지기도 한다. 임원 등 고위급으로 올라갈수록 더욱 그렇다.

물론 "내 눈치 보지 말고 휴가 쓰라"는 '쿨한' 상사도 없지는 않다. 그러나 이런 상사를 만날 가능성은 고졸 학력의 장그래가 대기업 인턴으로 입사할 확률에 인간적인 상사인 오상식 과장을 만날 확률을 곱한 수치만큼 낮을 것이다. 드라마에나 나올 법한 얘기라는 뜻이다. 한 직장인은 "대부분의 상사는 부하가 일찍 퇴근하거나 휴가를 가는 것을 좋아하지 않는다"며 "자기네들도 말단 시절 상사보다 늦게 퇴근하고 휴가를 반납했기 때문에 '너희들도 그렇게 해야 한다'고 은연중 생각한다"고 말했다.

노르웨이 회사에는 각 직원의 스케줄을 파악할 수 있도록 만든 달력이 있다고 한다. 직원들의 휴가 일정도 이 달력에서 일목요연하게 알아볼 수 있고 전산으로도 열람 가능하다. 업무는 휴가를 다녀온 다음 처리하면 된다. 회사 사람들이나 거래처 사람들도 모두 이해한다. 일반적으로 어떤 업무든 개인의 휴가를 침해할 정도로 긴급하지는 않다는 데 노르웨이 사람들은 모두 합의하고 있는 것이다. 휴가지에서 울리는 휴대폰 화면에 회사 전화번호가 뜨면 마치 전쟁이라도 일어난 듯 긴박하게 전화를 받아야 하는 한국 직장인들과는 대조적인 모습이다.

북유럽 시민 사회에서 휴식과 여가 그리고 휴가가 개인이 누려야 할 '신성 불가침의 권리'로 보장되는 이유는 이 사회 정치인 등 고위층들이 공적 업무보다 가족 등 사적 영역을 중시하는 문화가 확고하기 때문이다. 업무 때문에 가족에 소홀해질 것 같다고 판단하면 아무리 높은 자리라도 미련 없이 내던진다. 1995년 스웨덴 잉바르 칼손 총리가 하야한 뒤 차기 총리로 지목된 사민당 소속 얀 뉘그렌 정무장관은 뜻밖에도 총리직 제안을 거절한다. 그는 언론 인터뷰에서 이렇게 말했다.

"저에게는 초등학교에 다니는 아이가 있습니다. 지금 아이에게는 아빠가 제일 필요할 때입니다. 정치는 나중에 할 수도 있지만 아이의 어린 시절은 저를 기다려주지 않습니다. 아이의 교육과 아버지의 역할을 충실히 하기 위해 총리직 제안을 정식으로 사양합니다."[22]

격무가 예상되는 총리직을 수행하면 가족이라는 사적 영역을 제대로 돌볼 수 없을 것 같다며 고사한 것이다. 이런 정치인들이 하급자들에게 "나는 저녁이고 가족이고 모조리 희생하고 여기까지 올라왔는데 너는 왜 못하냐"는 식으로 야근과 회식, 휴가 반납을 강요할 수는 없는 노릇이다.

북유럽 사람들이 일하는 이유는 가족과 함께 소중한 시간을 보내고, 여가와 휴가를 즐기기 위해서다. 대통령, 총리 같은 고위직 인사부터 일반 시민에 이르기까지 노동의 이유는 별반 다르지 않다. 노동을 인생을 누리기 위한 조건으로 생각하는 북유럽 사람들, 그리고 직장을 버티는 곳으로 생각하며 평생 버티기만 하다가 쓸쓸히 늙어가는 한국 사람들. 어떤 삶이 더 나은 삶일까.

Ola Ericson/imagebank.sweden.se

노동이 재미있다는 북유럽 사람들

소설가 김훈은 저서 『밥벌이의 즐거움』에서 한국 직장인의 숙명인 밥벌이가 마치 낚싯바늘에 꿰어져 끌려가는 고통이라고 말했다. 세계 어느 곳이든 시간을 팔아 노동을 하고 그 대가로 돈을 받는다는 점에서 노동의 본질은 다르지 않다. 그러나 같은 노동이라도 북유럽 사회는 좀 더 인간적이고 즐거운 것으로 만들려고 노력한다는 점에서 비용 절감과 이윤 극대화만을 추구하는 한국 사회와는 차이가 있다.

2009년 미국의 정치 풍자 코미디 프로그램 「더데일리쇼(The Daily Show)」 제작팀이 스웨덴을 방문해 공장과 거리를 돌아다니면서 스웨덴 사람들에게 물었다. "노동이 즐거운가?" 스웨덴 사람들은 "일이 재미있다. 직장이 좋다"고 말했다. 리포터가 혀를 끌끌 차며 "세뇌가 돼도 단단히 됐군!"이라고 말하자 폭소가 터진다. 당시 스웨덴을 사회주의 국가라고 폄하한 미국 공화당의 주장을 풍자한 것이었다.

스웨덴 스톡홀름 국제물연구소에서 일하는 김경미 씨는 "스웨덴에 가기 전 이 방송을 보았을 때 '행복한 노동자'라는 말이 너무 비현실적으로 다가와 실소했었다"며 "그런데 실제 가 보니 스웨덴의 노동 현실은 이 방송 내용과 크게 다르지 않았다"고 했다.[23]

김경미 씨가 일하는 곳에는 직원들을 위한 안마사도 있다고 한다. 어깨 결림이나 허리 디스크로 고생하는 직원이 많아 한 달에 한 번 안마사가 방문하는데, 마사지 비용 절반은 회사가, 절반은 개인이 부담한다. 비용의 100%를 부담하는 기업도 있다. 김씨는 스웨덴에서 "보통 1600크로나(약 27만원)가 건강 보조비로 나오는데 거기서 차감하는 회사도 있다"고 전했다. 그는 스웨덴의 직장 동료들이 '일이 재미있다'고 생각한다는 데 가장 큰 감동을 받았다. 인사 담당자는 일을 좀 많이 했다 싶으면 좀 쉬라고 권하고, 6시 이후엔 모든 직원이 퇴근한다. 이런 환경에서 근무하는 그는 "일을 하는 것이 즐겁고 직장에 나오는 것이 즐겁다"고 말한다. 짧은 근무 시간과 높은 수준의 복지를 제공하면 평균적인 노동 만족도는 높아질 수밖에 없다.

이와 더불어 중요한 노동 조건이 임금과 안정성이다. 아무리 근무 시간이 짧고 복지 수준이 좋아도 임금 수준이 턱없이 낮거나 언제 잘릴지 몰라 전전긍긍할 수밖에 없는 곳에서 행복한 직장 생활을 하기는 불가능하다. 노르웨이 북서쪽 항구 올레순드 시킬벤에 있는 '에코르네스(Ekornes)' 가구 공장은 세계 안락의자 시장에서 1위를 차지하고 있다.

그런데 이 공장 직원들의 시간당 평균 임금이 220크로네(약 4만4000원)이다. 연봉에 수당을 더하면 공장 직원들은 평균 8000만~1억원의 연봉을 받는다. 1934년 설립된 이 회사는 단 한번도 직원을 해고하지 않은 것으로도 유명하다. 설립 후 매년 임금을 2~3%씩 인상했고, 1991년 잠시 경영난에 처하자 직원들이 자진해서 임금을 5% 삭감한 것이 유일한 임금 인하였다. 3년 뒤 삭감된 봉급은 원상 회복했다.[24]

노르웨이 오슬로대에 교환학생 경험이 있는 히아 씨는 처음 오슬로에 갔을 때 노르웨이의 살인적 물가에 충격을 받았다고 한다. 버거킹 와퍼 세트는 우리 돈 1만8000원이었고, 일반 식당의 최저 가격 역시 기본 4만원이었다. 그 비싼 식당마다 사람들이 들어차는 모습을 본 히아 씨는 그들이 모두 부자일 것이라고 생각했다. 하지만 시내의 한 클럽에서 설거지 아르바이트를 하며 받았던 첫 시급에 더 큰 충격을 받았다. 아르바이트 시급이 2만5000원이었다는 것이다. 그는 한국에서도 고급 아르바이트라는 과외를 할 때나 받았던 수준의 돈이 여기서는 최저시급에 불과했다며 "주말에만 일했는데도 세금을 제하고 140만원을 손에 넣었다"고 말했다. 그 이후로는 1만8000원짜리 버거킹 와퍼세트도, 6000원짜리 아이스카페라테도 쉽게 사먹을 수 있었다고 한다.[25]

북유럽 국가에는 정해진 최저임금이 없다. 북유럽 특유의 '겐트 시스템(Ghent System)' 덕분이다. 북유럽 국가들의 실업보험은 국가가 아니라 노동조합이 관리하고 운영한다. 노동자는 실업 급여를 받기 위해서라도 노조에 가입한다. 따라서 노조 가입율이 높고 노사 임금 협상 역시 원만하게 이뤄진다.[26] 따라서 굳이 최저임금을 정할 필요가 없는 것이다. 만일 최저임금을 정한다면 오히려 불필요한 하한선이 될 우려마저 있다.

높은 노조 가입율은 인간다운 직장 생활을 가능하게 하는 원동력이다. 스웨덴 노조 가입율은 67.5%다. 9.9%인 한국은 물론 미국(11.3%), 영국(25.6%), 일본(18.1%)에 비해서도 월등히 높다. 스웨덴 국제물연구소의 김경미 씨는 "연봉 협상, 연차, 각종 혜택, 직장 내 차별과 같은 중요한 사항을 노동자의 입장에서 사측과 협상해 현재 수준에 올려놓은 것이 바로 스웨덴의 노조"라고 말했다. 스웨덴 노조에 가입하고 한 달에 2만원 정도 내면 실업보험에 가입할 수 있는데, 실직할 경우 원래 임금의 80%까지 보장받을 수 있다.

스웨덴 최대의 사무직노동자조합인 '유니오넨(Unionen)'은 연봉 협상, 직장 내 차별, 경력 개발 등 매우 광범위한 사안에 강력하게 개입한다. 연말이 되면 각 조합원들에게 사측과 연봉 협상을 어떻게 해야 하는지 구체적인 정보를 제공한다. 인종, 성별, 고용 형태(정규직·비정규직·시간제 근무·전일 근무), 나이, 장애, 성적 지향 등에 따른 차별 사실이 알려지면 그 즉시 사측에 시정을 요구한다. 조합원의 연수나 교육 비용을 지원하기도 한다.[27]

2016년 현재 한국 최저임금은 6030원이다. 버거킹 와퍼세트는 7500원이다.

a　**동성애자들은 사탄마귀?**

2015년 6월 28일 일요일 서울 시청광장에서 제16회 퀴어퍼레이드가 열렸다. 미국 대법원이 미 50개주 전역에서 동성 결혼을 합법화한 다음날인 까닭인지 이날은 1만명이 넘는 시민이 몰렸다. 역대 최대 규모였다. 마크 리퍼트 주한 미국대사 등 13개국 외교관도 참석해 한국의 성소수자들을 응원했다. 참가자들은 '사랑하라, 저항하라!', '사랑은 혐오보다 강하다', '차별에 저항하라' 같은 팻말을 들고 거리를 행진했다.

행사는 대체로 즐거운 분위기 속에서 진행됐다. 그런데 서울광장 한쪽에서 한복을 입고 북을 치거나 부채춤을 추는가 하면 '동성애 퀴어 결사 반대', '피땀 흘려 세운 나라 동성애로 무너진다', '동성애 동성혼 OUT' 같은 팻말을 들고 반대집회를 하는 사람들이 있었다. 바로 동성애 혐오 시위에 나선 보수 개신교 신자들이었다.

이날 혐오 시위에 나선 보수 개신교 신자들은 트위터, 페이스북 등 SNS에서 조롱의 대상이 됐다. 이들은 3월 리퍼트 대사가 테러를 당하고 병원에 입원했을 때 쾌유를 기원하는 부채춤을 췄다. 그런데 그 리퍼트 대사가 퀴어퍼레이드 부스를 공식 방문해 성소수자들을 직접 응원한 것이다. '개신교 종주국'이자 '하나님의 복을 받은 나라'인 미국이 그 전날에는 동성 결혼을 합법화하더니, 다음날에는 그 나라를 대표하는 대사가 성소수자들을 지지하는 모습에 배신감을 느꼈을 극우 개신교 신자들을 비웃고 조롱하는 글이 각종 SNS를 가득 메웠다.

미국 대법원의 동성 결혼 합법화, 한국 퀴어축제의 성공, 미개성의 산물로 치부되는 혐오 시위. 이렇게만 보면 한국에서도 조금 지나지 않아 성소수자들과 다수자들이 어울려 잘 살 수 있는 시대가 곧 펼쳐질 것만 같다. 하지만 '차별금지법'이 10년 넘게 극우 개신교의 반발로 통과되지 못하고 있는 모습을 보면 현실이 그렇게 녹록하지 않다는 사실을 알 수 있다. 극우 개신교로 대변되는 한국의 혐오 세력은 더욱 치밀하게 결집해 반대의 강도를 높여가고 있다.

2003년 4월 19세 윤모군이 스스로 목숨을 끊었다. 한국기독교총연합회(한기총)이 "(동성애자를) 소돔과 고모라의 유황불로 심판해야 한다"는 성명서를 발표한 지 20여일 만이었다. 그는 유서에 "죽은 뒤엔 거리낌 없이 당당하게 말할 수 있겠죠. '나는 동성애자'라고요. 더 이상 슬퍼할 필요도 없고 그로 인해 고통받지도 않아요."[28] 윤군은 죽어서도 '아웃팅'을 걱정해야 했기에 세상에 본명을 알릴 수 없었다. 빈소에 영정조차 내걸지 못했다. 빈소에는 영정 대신 술, 담배, 녹차, 파운데이션, 수면제, 묵주가 올라왔다. 사람들은 그를 '육우당(六友堂)'이라고 불렀다.[29]

육우당이 죽은 지 10여년이 지났지만 보수 개신교의 성소수자 탄압은 점점 조직화되면서 세력을 더해가는 모양새다. 보수 개신교 대표단체 한기총은 퀴어퍼레이드 주최 측에 서울광장 사용을 허가해준 서울시에 사용 허가를 철회하라며 끈질기게 압박을 넣었다. 이들은 성소수자들의 행진을 방해하기 위해 경찰에 미

Carolina Romare/imagebank.sweden.se

리 집회 신고를 냈고, 경찰은 퀴어퍼레이드가 시민들의 통행과 차량 소통에 지속적으로 불편을 줄 수가 있다는 이유로 퀴어퍼레이드를 불허했다. 2015년 퀴어퍼레이드는 주최 측이 서울행정법원에 낸 '옥외집회 금지통고처분 효력정지 가처분 신청'이 받아들여진 끝에 가까스로 성사된 것이었다.

결집력 강한 종교계의 움직임이 이러하니, 정치인과 관료들은 눈치를 보지 않을 수가 없다. 김현웅 법무부 장관은 2015년 7월 후보자 인사청문회에서 퀴어퍼레이드와 관련해 "전통적 가치 규범에 맞지 않아 제한을 가해야 한다"고 밝혔다. 동성 결혼 찬반을 묻는 질문에 대해서는 "지금의 법 제도 하에선 동성 결혼은 허용되지 않는다"며 본인의 가치관 역시 동성결혼 합법화 반대 입장임을 분명히 했다.[30] 소수 집단에 대한 '차별 방침'을 명확히 한 김 후보자는 청문회를 무사히 통과해 제64대 법무부 장관에 취임했다.

비교적 진보적 정치인으로 분류되는 박원순 시장 역시 성소수자 관련 이슈에서 자신의 평소 소신보다 한 발짝 물러난 모습을 보였다. 박 시장은 2014년 10월 미국 샌프란시스코를 방문했을 때 현지 언론과의 인터뷰에서 "한국이 (동성 결혼을 법적으로 인정하는 아시아의) 첫 국가가 되기를 바란다"고 말한 것으로 알려졌다.[31] 그러나 2015년 7월 인터뷰에서는 "성소수자 문제는 옳고 그름을 떠나 다름의 문제다. 이 다름을 어디까지 이해하고 수용해줄지는 우리 사회가 앞으로 치열하게 논의해 나가야 할 과제가 아닐까 싶다"고 답했다.[32]

성소수자들을 사회에서 사라져야 할 '악의 무리'로 규정하는 종교 세력이 관료와 정치인의 소신에마저 영향을 주고 있는 것이 2016년 대한민국의 현실이다.

 세계 최초의 레즈비언 총리

여기 1942년생 아이슬란드 정치인이 있다. 28세에 결혼해 아들 둘을 뒀다. 45세에 이혼한 뒤 60세가 되던 2002년 한 여성 작가를 만나 동거에 들어갔다. 이 정치인의 이름은 요한나 시귀르다르도티르. 물론 여성이다. 그는 2009년 아이슬란드 총리에 취임했다. 아이슬란드 최초의 여성 총리이자 세계 최초의 동성애자 정부 수반이다. 그는 이미 자신이 동성애자임을 커밍아웃 한 상태였는데 새 총리의 성적 지향을 문제 삼는 세력은 없었다. 시귀르다르도티르 총리는 2009년부터 2013년까지 재직했다. 아이슬란드는 2008년 금융위기로 은행들이 도산하는 등 국가 부도 위기에 몰려 있었다. 그는 이 위기를 슬기롭게 극복했을 뿐 아니라, 금융위기 당시 제기된 헌법 개정의 필요성을 받아들여 32만명의 전 국민이 모두 토론에 참여하는 방식으로 헌법 개정 논의를 이끌었다. 이는 세계 최초 직접민주주의 방식의 헌법 개정으로 기록됐다. 또 재직 기간인 2010년 동성 결혼이 합법화돼 '시민 결합' 상태로만 인정받았던 총리 커플이 혼인 신고를 하는 모습을 보여주기도 했다.

아이슬란드에서 레즈비언 총리가 탄생하기 7년 전인 2002년, 노르웨이에서는 게이 재무장관이 동성 결혼식을 올렸다. 페르-크리스티안 포스 노르웨이 재무장관이 노르웨이 TV2 방송사 얀 에릭 크나르바크 사장과 결혼한 것이다.[33] '노르웨이에서 가장 힘센 남자들'의 결합에도 노르웨이 언론이나 국민들은 덤덤한 태도를 보였다. 언론은 오래전부터 게이임을 커밍아웃 하고 함께 동거해왔던 두 사람이 결혼식을 올렸던 것뿐이어서 간단한 사실 보도만 했다고 한다. 노르웨이는 1993년 동성 간 '등록 파트너제'를 실시하고 이성애 부부와 동등한 법적 지위를 보장했는데, 이때는 아직 노르웨이가 동성 결혼을 인정하기 전이어서 결혼식 형식만 갖췄던 것이라고 한다. 이후 페르-크리스티안 포스 재무장관은 잠시 총리직을 대행하기도 했다.

동성 결혼 허용 여부는 한 국가의 문명 수준을 가늠하는 가장 첨단적인 지표다. 현재 세계 17개 국가가 동성 결혼을 인정하고 있고, 동성 결혼 직전 단계인 시민 결합 제도를 인정하는 국가는 18개다. 이 35개 국가가 현재 인류가 이룩한 문명의 가장 첨단을 달리고 있는 것이다. 세계 최강대국인 미국이 2015년 6월 대법원 판결로 이 대열에 합류했다. 북유럽 국가들은 이 분야에서 가장 먼저 성소수자의 권리를 인정했다.

덴마크는 1989년 세계 최초로 동성 간 시민 결합을 인정했다. 이것이 결혼이 아닌 시민 결합으로 불렸던 까닭은 이성애 부부와 동등한 법적 지위와 혜택 등을 모두 인정했지만 아이를 입양할 권리는 주지 않았기 때문이다. 입양할 권리를 부여한 새 법안은 2009년 통과됐고 2012년 동성 결혼이 합법화됐다.

1993년 시민 결합을 법제화한 노르웨이는 세계에서 두 번째로 동성 결합을 허용한 나라다. 2002년에는 아이를 입양할 권리가 인정됐다. 2008년 동성 결혼 법안이 노르웨이 하원에서 84대 41로, 상원에서 23대 17로 통과돼 국왕 하랄 5세의 재가를 받았다.

스웨덴은 1995년 세계에서 세 번째로 시민 결합을 허용했다. 이보다 먼저 시민 결합을 인정한 덴마크, 노르웨이와 달랐던 점은 이들 두 나라가 입양권과 결별로 인한 시민 결합 해지 권리를 추후에 부여한 반면, 스웨덴은 처음부터 모든 권리를 보장했다는 것이다. 여성 동성 커플의 경우 대리부로부터 정자를 얻어 시험관에서 착상한 뒤 자궁에 이식할 수 있는 권리를 2005년 보장받을 수 있었다. 스웨덴은 2009년 동성 결혼을 합법화했다.

아이슬란드는 1996년 시민 결합을 인정했다. 입양권도 처음부터 인정했는데, 해외에서 태어난 아기를 입양하는 것만을 금지했다. 2006년에는 동성 커플이 인공 수정을 통해 낳은 아이를 입양할 수 있는 법안을 만장일치로 통과시켰고, 2008년에는 한 아이슬란드 커플이 교회에서 처음으로 '결합 의식'을 치렀다. 2010년 아이슬란드 정부는 동성 결혼을 합법화시켰다.

핀란드는 다소 늦었다. 2001년 핀란드 국회에서 시민 결합 법안이 99대 84로 아슬아슬하게 통과돼 2002년부터 발효됐다. 이성애 부부와 거의 모든 권리를 동등하게 보장받을 수 있었지만 아이를 입양할 권리나 커플이 같은 성(姓)을 쓸 권리는 인정되지 않았다. 2009년 동성 커플의 입양권이 인정됐는데 남성 동성애 커플의 경우, 파트너가 대리모를 통해 얻은 '생물학적 자식'만 다른 파트너가 입양하는 형식으로 들일 수 있도록 했다. 핀란드의 동성 결혼 법안은 2015년 통과됐고 2017년 1월부터 발효될 예정이다.

C   **모두가 행복한 공동체**

영화 「이미테이션 게임」은 영국의 천재 수학자 앨런 튜링의 비극적 삶을 그린 영화다. 튜링은 제2차 세계대전을 승리로 이끈 영웅이었지만 단지 동성애자라는 이유만으로 체포돼 화학적 거세 형벌을 선고 받은 뒤 결국 자살한다. 영국의 동성애 처벌법은 1982년에야 폐지됐다.

북유럽 역시 처음부터 성소수자들의 천국은 아니었다. 스웨덴은 1944년까지 동성애를 성문란으로 처벌했다. 변화가 일어난 것은 1970년대 후반이었다. 미국과 유럽 등지에서 성소수자 해방 운동이 활발하게 전개됐고, 각국에서 동성애를 정신병 목록에서 삭제했다. 스웨덴 역시 1979년 동성애를 정신병이 아닌 자연적인 섹슈얼리티라고 인정하기에 이른다.

스웨덴에서도 성소수자 운동 열기가 높아지자 스웨덴 정부는 1978년, 동성애자의 생활 실태에 대한 대대적인 조사에 착수한다. 도대체 이들이 어떤 사람이며, 어떻게 살고 있는지 알아보고 이들에게 어떤 권리를 부여할지 알아보자는 판단이었다. 동성애자 1259명에 대한 설문조사 결과 스웨덴 정부는 다음과 같은 결론을 내린다. 첫째, 동성애자와 이성애자의 유일한 차이는 동성애자는 같은 성별에게 끌리고 이성애자는 다른 성별에게 끌린다는 것이다. 둘째, 동성 커플과 이성 커플 사이에는 우정, 배려, 충실함, 상냥함, 애정 등의 감정에서 차이가 없다. 셋째, 두 동성애자가 건전한 사회 환경에서 만나 안정된 공동 생활을 유지할 수 있도록 사회적 지지가 필요하다. 넷째, 동성 커플 중 약자인 파트너에게 최소한의 법적 보호를 제공해야 한다.[34]

이후에도 여러 조사와 논의 끝에 스웨덴 정부는 1987년 성적 지향을 이유로 한 차별을 법적으로 금지했다. 1995년에는 시민 결합 제도가 시행됐다. 그러나 이후에도 '동성 커플 슬하에서 자란 아이가 또 동성애자가 될 수 있다'는 우려가 제기되기 시작했다. 스웨덴 정부는 이 사안에 대한 조사위원회를 출범시켰고, 2001년 위원회는 법무부에 '동성애 가족 속의 아이'라는 제목의 보고서를 제출한다. 위원회는 보고서에서 "애정이 깊은 환경에서 자란 아이는 사회적·심리적 면에서 잘 성장했고, 동성 커플 가족인지 이성 커플 가족인지는 그와 전혀 관계가 없다"고 밝혔다.

북유럽 사람들은 사안에 접근할 때 과학적이고 실증적인 태도를 유지하는 것이 특징이다. 감정이나 여론에 쉽사리 동요되지 않는다. 1970년대부터 성소수자 문제에 접근하는 스웨덴 정부의 모습을 보면 이들이 얼마나 꾸준히 그리고 체계적으로 이 복잡한 문제를 풀어왔는지 알 수 있다.

북유럽 사람들이 성소수자 문제에 대해 이리도 진지한 관심을 가졌던 이유는 무엇일까. 소수자 역시 공동체의 일원이기 때문이다. 성소수자라는 정체성은 신체나 피부색처럼 쉽게 판별할 수 있는 것이 아니기 때문에 그들의 인권 문제는 오히려 음지로 숨어들 때가 많다. 전문가들은 "북유럽 국가들은 이들이 음지에서 질병이나 혐오 범죄 등의 표적이 되어 사회 문제가 되는 것을 바라지 않았기 때문에 이들을 위한 정책을 일찌감치 마련한 것"이라고 설명했다. 북유럽 사람들은 공동체 구성원 그 누구도 소외되거나 차별 받아서는 안 된다고 생각한다. 그들이 특별히 거룩하고 숭고한 이상을 가져서가 아니다. 차별과 혐오는 갈등을 일으키기 마련이고, 이는 결국 공동체의 안녕을 해치기 때문이다.

일본 오테몬가쿠인대 사회학부 요시즈미 교코 교수는 이러한 스웨덴의 모습을

Cecilia Larsson LantzImagebank.sweden.se

보고 다음과 같이 말했다. "일본의 상황에 견주어 스웨덴은 다양한 생활 양식을 허용하고 인권의식이 높아 깜짝 놀랄 때가 많다. 그러나 과거 스웨덴의 상황이 지금 일본의 상황과 비슷하다는 사실을 알고 한편으로는 안심하기도 한다. 오늘 날 스웨덴 사회는 개혁을 향한 여러 사람들의 노력이 가져온 결과라고 할 수 있다. 이런 사실을 생각하면 일본 사회도 바뀔 수 있을 것이라는 희망이 솟는다."[35]

한국 사회에도 그러한 희망을 가질 수 있을까.

a   우리는 차별에 찬성합니다

한국의 학력 차별은 심각한 수준이다. 임금 수준 통계가 이 차별을 객관적으로 말해준다. 2012년 OECD 통계에 따르면 고졸 학력 근로자가 중졸 이하 노동자에 비해 29%나 임금을 더 받는다. 고졸 학력 노동자는 전문대졸 이상 노동자에 비해 47% 적게 받는다. OECD 회원국 중 각각 8위, 10위에 해당한다. 문제는 이런 차이가 20여 년 동안 전혀 좁혀지지 않고 있다는 점이다. 2002년 중졸 이하와 고졸 간 임금 격차는 29%. 전문대졸 이상과 고졸 간 임금 격차는 43%였다. 10년이 지났는데 고졸과 전문대졸 이상 간 임금 격차가 3% 더 나게 된 것이다.

권순원 숙명여대 교수는 학력에 따른 임금 격차는 대부분 기업 규모에 따른 임금 격차와 맞물려 있다며 "중간 학력이나 저학력자는 중소기업이나 영세기업에 많이 취업해 있는 반면 고학력자는 대기업과 중견기업을 중심으로 취업해 있다"고 말했다. 또, 이러다 보니 고교생 대부분이 대학으로 진학하려 하고, 노동 시장이 왜곡되는 것이라며 기업 규모에 따른 임금 격차를 줄이는 것이 이중 노동 시장을 해소하는 지름길이라고 했다.[36]

2012년 기준 한국의 대학진학률은 71.3%다. 고교 졸업생 10명 중 7명이 대학에 간다. '가방끈 긴 사람'이 더 많은 돈을 버는 것이 사실이니 "대학에 가야 사람 구실 할 수 있다"며 자식 등 떠미는 부모를 누가 나무라겠는가. '학벌 철폐', '대학 평준화' 같은 이상적 구호를 외치는 진보적 인사들조차 사실은 명문대 출신인 경우가 대부분이다. 가정으로 돌아온 그들은 자식들에게 이렇게 말한다. "한국에서는 좋은 대학에 가야 원하는 삶을 살 수 있다."

'서연고 서성한 중경외시 건동홍 국숭세단 광명상가 한서삼……'. 고교생이라면 필수적으로 암기하는 이 대학 서열은 내가 고등학교 3학년이었던 2003년에는 들어본 적 없는 것이다. '태정태세문단세' 같은 조선 시대 임금 목록처럼 들리기도 하는 이 목록은 2010년대 한국 고교생이라면 누구나 암기하고 있는 일종의 주문(呪文)이나 다름없다. 문제는 때론 우스꽝스럽게 들리는 이 목록을 암기하면서 사람을 학력으로 차별하는 '학벌 카스트제'가 20대들의 마음속에서 공고해진다는 것이다.

현 20대의 학력 차별은 그 어느 세대보다 심각하다. 과거 기성 세대들은 집안 사정이 어려워 실업계 고등학교에 진학하거나, 서울로 유학할 경제력이 없어 지방 국립대에 진학하는 경우가 많았다. 졸업하고 사회에 진출한 이들은 비록 서울대 출신만큼의 인정이나 보상은 받지 못했어도, 최소한 '지잡대 출신'이라는 멸시를 받지는 않았다. 반면 극심한 경쟁 시대를 살고 있는 현 20대는 이러한 모멸적 타자화와 증오, 차별에 익숙하다. 남의 대학 간판을 깔보고 무시함으로써 내가 가진 간판의 가치를 확인하고 싶어하는 것이다. 서연고는 서성한을, 서성한은 중경외시를, 중경외시는 건동홍을, 건동홍은 국숭세단을, 광명상가는 한서삼을, 한서삼은 지잡대를 멸시한다.

사회학자 오찬호의 저서 『우리는 차별에 찬성합니다』는 거대한 학벌 구조에 기꺼이 올라탄 20대의 적나라한 모습을 고발한다. 어느 날 오찬호는 '인서울' 대학 열다섯 명과 영화 「내 깡패 같은 애인」을 본다. 번번이 취업에 실패하는 지방대 졸업생 세진과 삼류 건달 동철이 등장하는 영화다. 오찬호는 대학생들에게 "지방대생이 사회적 편견으로 인한 차별을 받는 것에 대한 의견을 물었다. 학생들은 모두 "차별이 없는 것이 말이 되느냐!"는 입장을 내보였다. 한 학생은 "에이, 그래도 지방대는 저희 학교보다 대학 서열이 낮아도 한참 낮은 곳인데, 제가 그쪽 학생들과 같은 급으로 취급을 받는 건 말이 안 되죠!"라고 말했고 다른 학생들도 여기에 동의했다.

서울대 졸업장을 가지고도 대기업 공채에 수십 번씩 떨어지는 것이 한국의 현실이다. 이러다 보니 과거 대학 이름 하나만으로도 만족했던 서울대·연세대·고려대 같은 곳에서도 입학 성적이 높은 학과 학생들이 그렇지 않은 학과 학생들을 멸시하는 일마저 발생한다. 수년 전 연세대에선 각 입학 전형별로 성골·진골·6두품·5두품으로 나눈 '연세대 골품제'가 논란이 됐다. 연세대 원주캠퍼스 학생들을 원세대, 고려대학교 세종캠퍼스 학생들을 세려대로 멸시하는 일은 한국의 '양대 명문 사학'으로 꼽히는 이 두 학교에서는 이미 상식에 속하는 일이다.

심지어 서울대에서마저 지역균형선발로 들어온 동급생을 '지균충', 저소득층·농어촌학생·장애인·북한이탈주민 등 사회적 약자를 대상으로 한 기회균등선발특별전형 출신 학생을 '기균충'으로 부르는 일이 발생했다. 동료를 '벌레'로 부르게 된 것이다. 2014년 2월 서울대 내부 커뮤니티 '스누라이프'에선 "타대 출신은 다 나가라. 서울대 학부 출신에게만 회원 자격을 주자"는 주장까지 나왔다. 타대 출신 대학원생이나 대학원 졸업생을 '서울대생' 또는 '서울대 동문'으로 인정하기 어렵다는 것이었다.

한국 사람들은 고졸이면 고졸에 맞는 직장을 다니고 대우를 받아야 하며, 대졸이라면 그에 합당한 대접을 받아야 한다고 생각한다. 기성 세대 대부분이 예전부터 그렇게 생각해왔고, '짧은 가방끈'에 맺힌 한이 '내 자식만큼은 이렇게 살게 할 수 없다'는 생각으로 이어져 세계 최고 수준의 교육열을 조성한 것도 사실이다.

그런데 이제 한국의 20대는 대졸자에 대한 대접도 서연고 서성한…… 순으로 달라야 한다고 생각하게 됐다. 'SKY에 맞는 인생', '서성한에 맞는 인생'에서부터 '지잡대에 맞는 인생', '전문대에 맞는 인생'이 모두 서열화되는 것이다. 상위권 대학 졸업생들은 자기보다 '낮은 대학' 졸업생이 더 외부적 조건이 좋은 직장에 다닐 경우 자괴감과 분노에 휩싸인다. "제가 그쪽 하고 같은 급으로 취급 받는 건 말이 안 되죠!"라고 외치는 학생들이 '계급 역전'의 현상을 용납할 리 만무한 것이다.

'내 꿈이 이루어지는 나라'. 2012년 7월 10일 당시 박근혜 후보가 대통령 선거 출마를 공식 선언하며 내놓은 선거 구호다. 박근혜 후보는 "국민 한 사람, 한 사람이 중요한 시대이고 국민 개개인이 행복해지고 자신의 잠재력과 끼를 최대한 발휘할 수 있어야만 국가가 발전할 수 있다"고 말했다. 그러면서 경제민주화 실현, 일자리 창출, 복지의 확대를 '국민 행복을 위한 3대 핵심과제'로 제시했다.[37]

내 꿈이 이루어지는 나라가 됐는지는 잘 모르겠지만 적어도 박근혜 대통령 임기

내에 1인당 국민소득 3만 달러를 달성하는 것은 확실해보인다. 현대경제연구원은 지난해 1인당 국민소득 2만8831달러, 올해 경제성장률 3.6%, 1040원대의 원·달러 환율 등을 전제로 한국이 올해 세계 7번째로 '30-50 클럽(1인당 국민소득 3만달러, 인구 5천만명)'에 진입할 것으로 전망했다.[38]

단순 계산해도 4인 가족 기준 1년 수입이 1억2000만원인 나라인 셈이다. 그런데도 수많은 무주택자들이 '전세 난민'이 돼 도심 외곽으로 밀려나고, 청년들은 한 달 50만원 가까운 원룸 월세를 내려 안간힘을 쓴다. 이렇게 집값을 벌기 위해 수십 년 동안 일하다가 갑작스런 질병이나 장애를 입으면 패가망신을 피할 수 없는 나라가 한국이다.

이 장에선 북유럽의 교육, 주거, 의료 분야를 살펴본다. 셋은 그 무엇보다도 삶의 행복도에 직접적인 영향을 주는 요소다. 특히 요즘 한국의 젊은이들이 바라는 '행복한 삶' 또는 '삶의 꿈'을 결정짓는 요소이기도 하다.

b 우리 애가 대학에 갈까 봐 걱정이에요

주 덴마크 한국 대사 부인으로 3년간 덴마크에 거주했던 김영희 씨는 어느 날 덴마크 고위 공직자 부인을 만났다. 그 부인은 아들 둘을 뒀는데 첫째는 고등학교를 졸업하고 한 해 쉬면서 인도 여행을 다녀와 다음 해 대학 진학을 목표로 하고 있다고 했다. 부인은 "첫째는 어려서부터 공부를 좋아해서 대학에 가도 문제가 없을 것"이라며 "그런데 초등학교 8학년 둘째는 큰애와 달리 공부에 취미가 없다. 대신 손으로 무엇인가 만드는 것을 좋아하는데, 9학년이 끝나면 그 애의 진로가 어떻게 될지 모르겠다"고 말했다.

김영희 씨는 "그래도 대학을 보내야 하지 않을까요?" 하고 한국식으로 물어봤다고 한다. 그러자 이 부인은 "오히려 둘째가 대학에 갈까 봐 걱정"이라며 "어차피 공부에 취미 없는 애가 대학을 가봤자 몇 년간 시간만 낭비할 테니 아이 적성에 맞는 교육을 받았으면 좋겠다"고 대답했다. 이 말을 들은 김영희 씨는 "한국의 학부모와는 사뭇 다른 태도였다"며 "이처럼 대학에 매달리지 않는 여유 있는 부모의 태도에서 덴마크 사회가 굳이 대학을 나오지 않아도 살 만하다는 사실을 짐작할 수 있었다"고 말한다.[39]

덴마크 학부모가 "애를 대학 안 보내겠다"고 쿨하게 말한 이유는 덴마크를 포함한 북유럽 사회가 학력이나 직업에 따라 사람을 차별하지 않기 때문이다. 배관공과 대학 교수, 버스 기사와 의사의 소득이 거의 비슷하다고 하면 어떨까? 전기공이 스포츠카를 몰고 배관공이 할리데이비슨 오토바이를 타고 다닌다고 하면 어떨까? 한국이라면 상상도 할 수 없는 일이지만 북유럽에서는 전혀 새로울 것 없는 일상이다.

핀란드에서는 정치인들이나 변호사 등 현실 문제에 민감한 엘리트층조차도 "대통령이 어떤 대학을 나왔냐"고 말하면 머리를 긁적이며 "잘 모르겠다"고 대답한다고 한다. 이 나라에선 고위 공직자나 국회의원이 장관에 임명돼도 약력에 출신 학교를 쓰지 않는다. 학위가 있을 경우 '정치학 박사', '경영학 박사' 등을 간단하게 쓴다. 1990년대 중반 이후에는 정치인들이 약력에 출신학교 이름을 쓰지 않게 됐다. ○○분야 학사, ○○분야 석사, ○○분야 박사 정도로만 쓴다고 한다. 기업들의 신규 직원 채용 때도 출신 대학과 출신 지역은 합불에 전혀 영향을 주지 않는다고 한다.[40]

스웨덴으로 가보자. 최연혁 쇠데르턴대 교수는 지하실 개수공사를 하기 위해 43세 전기공을 부른다. 전기공이 타고 나타난 차는 값비싼 스포츠카. 호기심에 그와 대화를 나누던 최 교수는 어떻게 해서 이 직업을 갖게 됐는지 묻는다. 기술계 고등학교를 졸업하고 바로 이 직업을 선택했다는 전기공에게 최 교수는 왜 대학에 안 갔냐고 묻는다.

"기술계 고등학교를 선택하는 사람들은 대개 나중에 자영업자가 되고 싶다는 꿈을 가지고 있어요. 졸업과 동시에 잠시 취직을 해서 경험을 쌓은 후 바로 본인의 회사를 차리는 경우가 대다수입니다. 본인이 좋아서 선택한 것이기 때문에 고등학교 때는 다들 정말 진지하게 공부합니다."

이 길에 대한 후회는 없느냐는 질문에 돌아온 답은 이렇다.

"이 직업은 한번 발 들여놓으면 바꾸기가 힘들어요. 그만큼 인기 직종이기 때문이에요. 대기업에 취직해도 대학을 나온 사람과 임금이 같습니다. 대학을 나왔다고 더 빨리 진급시켜주는 것도 아니고요. 능력에 따라 고졸사원의 진급이 대졸사원보다 빠를 때가 있어요."[41]

지하실 보일러가 고장 나 부른 배관공은 할리데이비슨을 타고 나타났다. 그는 고교 졸업 후 바로 보일러 서비스 업체를 차려 돈을 모아 졸업 5년 만에 2500만 원짜리 할리데이비슨을 마련했다. 그 순간이 인생에서 가장 행복한 순간이라고 말한 배관공은 자신의 삶에 대해 이렇게 말했다.

"제가 지금까지 선택한 일들 중 제일 만족한 것이 두 가지가 있어요. 하나는 고등학교 때 아버지의 조언에 따라 배관공을 직업으로 선택한 것이었고, 다른 하나는 이 일을 통해 모은 것으로 저의 첫 할리데이비슨을 산 것이었어요. 두 가지 다 저에게 삶의 행복과 만족을 가져다 주었지요."

이 직업이 그렇게 좋으냐는 질문에는 이렇게 답했다.

"이 직업은 자유 그 자체예요. 제가 알아서 일의 완급을 조절할 수 있어요. 수입이 더 필요하면 좀 더 늦게까지 일을 하면 되지요. 몸이 안 좋을 때는 일하는 시간을 조금 줄입니다. 휴가도 제가 원할 때 낼 수 있어요. 오토바이를 타고 전국을 다니거나, 조금 더 욕심이 나면 남유럽까지도 내려갑니다. 이 직업은 저에게 경제적 자립과 자유를 가져다 주었어요. 행복한 선택이 아닐 수 없지요."[42]

이런 스웨덴에서 대학 서열을 묻는 사람들이 있다. 한국 관광객들이다. 스웨덴에서 한국인 관광객을 상대로 가이드를 하는 한 한국인 유학생은 "스웨덴에서 제일 좋은 대학이 웁살라 대학인가요?"라는 질문을 들을 때마다 뭐라 답해야 할지 난감해진다고 한다.

네가 특별한 사람이라고 믿지 말라.

네가 다른 사람보다 더 가치 있다고 믿지 말라.

네가 다른 사람보다 더 현명하다고 믿지 말라.

네가 다른 사람보다 잘났다고 믿지 말라.

네가 다른 사람보다 더 많이 안다고 믿지 말라.

네가 다른 사람보다 위대하다고 믿지 말라.

네가 무엇을 잘한다고 믿지 말라.

다른 사람을 비웃지 말라.

누가 혹시라도 너에게 관심을 갖는다고 믿지 말라.

네가 행여나 누구를 가르칠 수 있다고 믿지 말라.

덴마크에 전해지는 '옌트의 법칙'이다. 모세의 십계명을 본뜬 법칙인데 1933년 덴마크 작가 악셀 산드모스의 작품 속에 처음 나온다. 이 작가는 덴마크의 시골 마을에 살다가 '남보다 잘난 척하지 말라'는 사회적 압력에 싫증을 느끼고 노르웨이로 이주했다. 여기서 옌트라는 가상의 덴마크 마을을 설정하고 작품을 썼다고 한다. 이 마을을 다스리는 규율이 옌트의 법칙이다. 모난 돌에 사정 없이 정을 때리는 덴마크 사람들의 심성을 풍자한 것이다.

'덴마크 사람들은 시샘이 많다'고 하는 선입견을 줄 수 있는 법칙이라 새로운 옌트의 법칙도 나왔다고 하는데, 이런 덴마크 사람들의 무의식적 평등주의는 제도에도 영향을 끼쳤다. 덴마크 학교에는 시상이 없다고 한다. 최우수상, 우수상,

장려상 순으로 구령대에 올라가 상을 받는 풍경을 찾아볼 수 없는데, 바로 옌트의 법칙 영향 때문이라고 한다.[43] 공부 잘하는 아이가 선생님의 칭찬을 받아 우쭐거리고, 그렇지 않은 아이들은 의기소침해지는 일은 있을 수가 없다는 것이다.

이러한 사고방식은 이른바 엘리트의 자아 의식이나 이들에 대한 시민들의 시선에도 영향을 끼쳤다. 덴마크 노동자들은 자신들이 덴마크 복지의 원천이라는 자부심이 대단하다고 한다. 노동자들은 "우리들이 없다면 복지 사회를 유지할 수 없을 것"이라고 생각한다. 덴마크의 일반 시민들은 "우리들이 낸 세금으로 변호사, 의사, 검사 등 사회의 모든 엘리트를 '공부시켰다'고 자부한다.[44]

덴마크 작가 말레네 뤼달의 말을 들어보자. "덴마크의 교육 목표는 1~5%의 엘리트를 양성하는 데 있지 않다. 덴마크 사람들은 나머지 95~99%에 더 관심이 있다. 교육 수준은 모든 학생이 따라가야 한다. 수준은 최고가 아니라 기초에 맞춰져 있다. 덴마크 교육제도에서 가장 중요한 목적은 지식을 축적해서 뛰어난 사람이 되는 게 아니라 학생 각자가 능력과 개성에 따라서 스스로 가치 있는 존재라고 느끼는 것이다. 즉, 학생 각자가 사회에서 자신의 자리를 찾고 유용하게 쓰일 수 있다는 사실을 깨닫게 만드는 것이다."[45]

요즘 한국 교육계에선 '수포자(수학포기자)'가 문제다. 아이를 임신한 엄마들이 "내 아이만은 수포자로 만들지 않겠다"며 '수학의 정석' 책을 읽는 '수학 태교'를 하고 있을 만큼 수포자 문제는 심각하다. 덴마크는 다르다. 한 반에 수학을 못하는 학생과 수학을 잘하는 학생이 있으면 이 둘을 짝지어 잘하는 학생이 못하는 학생을 도와 수업을 잘 따라올 수 있도록 한다. 잘하는 학생은 친구를 가르치면서 자신이 익힌 개념을 다시 확인할 수 있고, 못하는 학생은 같은 학생 눈높이에서 배우니 더 이해가 쉽다. 덴마크 교육자들은 이러한 환경 속에서 서로 돕고 사는 시민 의식과 공동체 정신을 배울 수 있다고 확신한다.[46]

덴마크 사람들도 자신들의 이러한 교육 방식이 엘리트 양성에 취약하다는 사실을 인정한다. 뤼달이 만난 덴마크의 한 교감은 현재 덴마크 교육 제도에서 약 5%의 학생이 좋은 자극을 못 받는 것이 사실이라며, 지적으로 가장 뛰어난 학생에게는 도움이 필요 없다고 판단해 종종 방치한다고 고백했다. 그러면서 이 교감은 "몇몇 특별한 재능을 가진 아이들에게 초점을 맞추는 것보다 95%의 아이들에게 관심을 가지는 것은 중요하지만, 나머지 5%의 아이들의 잠재력을 개발할 수 있는 교육제도도 찾아봐야 한다"고 말했다.[47]

뤼달은 '95%의 행복'에 초점을 맞춘 이 교육제도가 효과가 있다고 생각하는 근거로 통계를 인용한다. 미국 젊은이의 31.15%, 영국은 19.1%가 '부모보다 물질적으로 더 풍요로운 생활'을 원했다. 덴마크는 11.8%였다. 앞으로 15년 동안 많은 돈을 버는 것이 목적이라고 답한 젊은이들은 이탈리아 33%, 프랑스 30%, 미국 29%였는데 덴마크는 18%였다. 덴마크 젊은이들은 자녀에게 재산보다 인내, 존중, 책임감, 정직, 독립심과 같은 가치를 물려주고 싶다고 답했다.

덴마크 학교는 학생들에게 '출세하는 삶', '남을 압도하는 삶'을 살라고 가르치지 않는다. 덴마크 교육이 중시하는 것은 '의미 있는 삶'이다. 덴마크 학교는 학생들의 바람과 적성을 종합적으로 고려해 직업 교육 또는 상급 학교 추천을 권유한다. 그 결과 덴마크 젊은이들의 주체성은 다른 유럽 국가들에 비해서도 월등하게 높다. '내가 살고 싶은 삶을 선택할 수 있다고 있다'고 응답한 프랑스 젊은 이가 26%, 독일은 23%에 불과했던 데 비해 덴마크는 60%가 그렇다고 답했다. 이 중 절반이 '내 미래를 스스로 선택하고 통제할 권한이 있다'고 말했다.[48]

스웨덴의 교육 목표 역시 동일하다. '평등하고 자율적인 시민 양성'이 목표다. 인종이나 사회적 출신에 상관없이 모든 학생에게는 시작부터 동등한 기회를 갖게 한다. 우열반이나 성적에 따른 구분은 존재하지 않는다. 공동체적 조화를 중시하는 스웨덴의 교육 지향이 가장 잘 드러나는 과목이 체육이다. 학생들은 체육 시간에 혼자 신체를 단련하거나 자기만의 기능과 재능을 연마하기보다는, 다른 사람들과 함께 협동하며 함께 조화를 이루는 능력을 배우게 한다.[49]

스웨덴 초등학교 4학년 교실 칠판에는 이런 질문이 적혀 있다. "우리가 행복하게 살기 위해서는 무엇이 필요할까, 그리고 우리의 불행은 무엇 때문에 일어날까?" 이어 다음 개념들이 제시된다. "법, 사랑, 관심, 관용, 권리, 의무, 봉사, 친구, 투표, 부모, 국가, 이웃, 전쟁, 질투, 경쟁, 왕따." 수업은 질문과 대답이 이어지면서 진행된다. 교사는 사회자 역할만 할뿐 아무런 답도 제시하지 않는다. "왜 답을 주지 않느냐?"고 질문하는 학생에게 교사는 이렇게 대답한다. "답은 이미 여러분이 이야기했잖아요."[50]

핀란드의 교육 철학은 '한 사람의 낙오자도 만들지 않겠다'다. 핀란드 헬싱키대에서 언어학을 공부한 정도상 언어과학 사장은 한국말밖에 하지 못하는 세 살배기 아이가 유치원에서 적응하지 못한다는 교사의 말을 들었다. 정 사장은 가능하면 빨리 아이에게 핀란드 말을 집에서 가르쳐 달라는 요청이 이어질 것이라고 생각했다. 그런데 유치원 교사는 전혀 뜻밖의 제안을 했다고 한다. "내가 한국말을 배워서 아이를 돌볼 테니 나에게 한국어를 가르쳐 달라"고 했다는 것이다.[51]

핀란드의 이러한 '낙오자 제로' 방침은 중고등학교에도 마찬가지로 적용된다. 중국어가 모국어인 학생이 수업을 잘 따라오지 못하면 중국어 구사자를 고용해 따로 수업을 진행하고, 베트남 사람이면 베트남 통역자를 동원한다는 것이다. 핀란드는 미래에 사회생활을 할 수 없는 핀란드인이 생겨나는 일 자체를 용납하지 못한다고 한다. 정 사장은 "이것이 핀란드라는 국가의 자존심"이라며 "그들은 한 사람이라도 그런 핀란드인을 만들어내는 것은 국가가 책임을 다하지 못한 결과라고 간주한다"고 말한다.[52]

북유럽 사람들의 인생의 꿈(목표)은 행복이다. 한국 사람들의 꿈 역시 행복이다. 그런데 그 행복의 내용이 다르다. 한국 사람들의 꿈은 최대한 돈 많이 벌고 최대한 높은 자리에 올라서 남들에게 떵떵거리며 사는 것이다. 용이 돼 승천하려면 공부를 잘해야 한다. 공부는 출세의 수단이다. 반면 북유럽 사람들의 꿈은 자신이 좋아하는 직업을 가지고 여유로운 삶을 누리면서 공동체와 조화를 누리는 것이다. 학교 교육은 그런 사람이 되기 위해 자기 자신을 발견하도록 도와주는 마당이다.

북유럽은 어떤 곳인가?

불과 수년 전까지 북유럽은 한국과 심리적 거리가 먼 '북방의 낯선 나라'였다. 이민 시장에서도 그다지 각광받지 못하는 '오지(奧地)'였다. 한국 사람들이 이민을 선택하는 이유는 우수한 복지 제도, 수준 높은 교육 환경, 깨끗한 자연을 선망하기 때문이다. 이민 시장의 '빅4'로 불렸던 미국·캐나다·호주·뉴질랜드는 이러한 조건을 두루 갖춘 데다 국가적으로도 이민 정책을 활발히 시행했다. 따라서 이민자들은 이들 국가로 몰렸고, 멀고 낯선 북유럽에까지 눈길을 주는 사람은 많지 않았다.

상황이 바뀐 건 2010년 이후였다. 국내에 '북유럽 디자인', '스칸디나비아 스타일' 바람이 불던 시기와 정확히 일치한다. 한국이 덴마크(2010년)·스웨덴(2011년)과 워킹홀리데이 협정을 맺으면서 북유럽 국가를 왕래하는 젊은이들이 늘기 시작했기 때문이다. 이 기간 300명에 이르는 젊은이들이 이 체험을 통해 한국 사회에 북유럽 문화를 전파하는 전도사 역할을 했다.[53]

한국 사회에선 '북유럽'이라는 말과 '스칸디나비아'라는 말이 혼용되는 경향이 있다. 북유럽은 말 그대로 북부 유럽을 가리키는 말이다. 독일, 영국, 발트 3국(에스토니아·라트비아·리투아니아)까지 북유럽에 포함된다고 말하는 사람도 있다. 하지만 일반적으로 북유럽이라고 하면 스웨덴·노르웨이·덴마크·핀란드·아이슬란드 5개국을 가리킨다.

스칸디나비아는 엄밀하게 말해 스칸디나비아 반도에 있는 노르웨이·스웨덴·덴마크 3개국을 가리키는 말이다. 의미를 확장시켜 핀란드·아이슬란드를 포함하는 의미로 쓰기도 하고, 그린란드·올란드 제도·페로 제도까지 아우르기도 하지만 엄밀한 의미에서의 스칸디나비아 국가는 위에서 언급한 3개국이라는 사실을 염두에 둘 필요는 있다.

'노르딕 국가'라는 말을 쓰는 사람도 있다. 노르딕(Nordic)이란 북쪽을 뜻하는 말로, '노르딕 국가'라고 하면 북유럽 5개 국가를 가리킨다. 1952년 북유럽 국가들의 지역 협력체인 노르딕 이사회가 결성됐다. 덴마크·스웨덴·노르웨이·핀란드·아이슬란드 5개 회원국이 군사와 정치 문제를 제외한 법률·경제·사회·통신·문화 등 5개 분야에 대해 의견을 조율한다. 페로 제도(덴마크령), 그린란드(덴마크령), 올란드 제도(핀란드령)가 준회원이며 소련 붕괴 후 1995년 에스토니아·라트비아·리투아니아가 참관국으로 들어왔다.[54]

노르딕 이사회 회원국 5개국의 국기는 모두 비슷해 처음 보는 사람은 구별이 쉽지 않다. 5개 국기에 공통적으로 들어가 있는 십자를 '스칸디나비아 십자', '노르딕 십자'라고 하는데 덴마크 국기에서 가장 처음 사용됐다. 전설에 따르면 1219년 덴마크의 발데마르 왕이 스페인 원정 중 고전을 겪고 있을 때 머리 뒤에서 붉은 바탕에 흰색 십자가 새겨진 깃발이 내려와 승리했다고 한다. 이후 덴마크 국기가 됐는데 이는 세계 최초의 국기로 '단네브로그(Dannebrog)'라고 부른다. 덴마크는 11세기 초 크누트 대왕 때 덴마크·노르웨이·잉글랜드를 모두 다스리는 대제국을 건설했다. 덴마크·스웨덴·노르웨이는 1387년부터 '칼마르 동맹'을 맺고 덴마크 마르그레테 여왕을 공동 임금으로 모셨다. 덴마크가 이 지역 맹주였던 까닭에 노르웨이와 스웨덴 국기 역시 덴마크 영향을 받았다. 20세기 들어 핀란드가 스웨덴으로부터, 아이슬란드가 덴마크로부터 독립했는데 국기는 역시 단네브로그 스타일을 답습했다. 북유럽 역사는 각국의 전성기를 중심으로 다시 한 번 살펴보자.

b 혹독한 기후와 깨끗한 자연 환경

북유럽 기후는 혹독하다. 따뜻한 날씨의 여름은 기껏해야 한두 달이고 겨울은 최장 6개월까지 지속된다. 게다가 여름엔 백야(白夜) 현상으로 잠을 이룰 수가 없고 반대로 겨울엔 흑야(黑夜) 현상으로 햇빛을 볼 수 없는 날이 이어진다. 일조량 부족으로 인한 우울증 비율도 높고 이로 인한 자살도 한때는 세계 최고 수준이었다. 각국별 기후는 다음 장에서 설명하겠지만 북유럽 이민을 생각하는 사람이라면 이러한 북유럽의 혹독한 기후를 반드시 중요 고려 사안으로 넣어야 한다. 역시 다시 언급하겠지만 햇볕을 좋아하는 사람이나 야외 활동을 즐기는 사람들에게 북유럽은 적합한 이민 대상국이 아니다.

하지만 깨끗한 자연 환경은 북유럽의 자랑이기도 하다. 스웨덴, 노르웨이, 핀란드는 한반도의 1.5~2배에 이르는 영토를 가지고 있지만 그 넓은 땅에 서울시 인구인 1천만명보다 적은 인구가 살고 있다. 국가 정책 자체도 친환경적으로 집행된다. 스웨덴의 경우 섬과 육지를 잇는 교량 건설이 자연을 파괴한다는 이유로 해상 교통 활성화를 장려할 정도다. 피오르드로 대표되는 노르웨이의 자연 환경은 유럽에서도 동경의 대상이다.

혹독한 기후와 장대한 자연 환경은 내면 중심적인 북유럽의 국민성을 만들어낸 주요한 원인이다. 단순하지만 튼튼하고 군더더기 없는 북유럽 제품의 특징, 그리고 화려하지는 않아도 내면적 사유가 탄탄한 문화적 전통 또한 이러한 자연 환경과 연관이 깊다.

c '신뢰'와 '합리'를 원칙으로 하는 바이킹의 후예

북유럽 하면 또한 빼놓을 수 없는 것이 '바이킹'이다. 바이킹은 '협곡(vik)'과 '사람(ing)'을 뜻하는 스칸디나비아어 낱말의 합성어로 '협곡에서 온 자'라는 뜻을 가진 말이라고 알려져 있다. 8세기 이후 스웨덴과 덴마크를 중심으로 등장해 발트해와 대서양을 중심으로 활동했다. 11세기까지 영국, 독일, 프랑스, 스페인, 포르투갈, 이탈리아는 물론이고 비잔티움 제국까지 진출한 거대 해양 세력이었다.

이들이 발트해와 대서양, 지중해까지 주름잡을 수 있었던 까닭은 조선술과 항해술이 뛰어났기 때문이다. '바이킹' 하면 우리나라에서는 뿔이 난 투구를 쓰고 커다란 도끼를 휘두르는 야만인과 같은 이미지였지만 실제 이들은 매우 냉정한 항해사였고 진취적인 모험가였으며 또한 이해 계산이 빠른 상인이었다. 전 유럽으로 흩어진 바이킹의 후손들은 프랑스, 영국, 러시아의 각종 왕조의 시조가 되기도 했다.

Ribe Vikingecenter/VisitDenmark

Ribe Vikingecenter/VisitDenmark

북유럽 사람들은 '바이킹의 후예'라는 점에 상당한 자부심을 가지고 있다고 한다. 단지 과거 전 유럽을 주름잡은 영광의 역사 때문이 아니다. 바이킹의 원칙은 '신뢰'였다. 땅이 아닌 바다를 무대로 살아가던 이들 사이에 신뢰가 없었다면 수백 년 동안 유럽의 중심 세력으로 활약할 수 없었을 것이다. 또 하나의 원칙은 '합리'다. 많은 사람들이 바이킹이라고 하면 호전적이고 야만적인 이미지를 떠올리지만 실상 이들은 서로 간의 문제는 물론 다른 나라와 빚는 갈등 역시 대화로 해결하는 일이 더 많았다고 한다. '신뢰'와 '합리'는 고립된 배 속에서 서로 부대끼며 살아가야 했던 북유럽 사람들이 수백 년 동안 '바이킹 전성기'를 열 수 있었던 열쇠였던 셈이다. 북유럽 정착자들은 사람 사이의 관계를 중시하고 서로를 믿어주면서도 공공의 이익을 추구하는 합리와 신뢰의 문화가 지금까지 북유럽 사람들 정서의 뿌리를 이루고 있다고 이야기한다.

d 겉모습은 차갑지만 속마음은 따뜻한 사람들

북유럽 사람들의 성격은 겉으로는 매우 차갑게 느껴진다. 모르는 사람을 만나도 마치 잘 아는 사이인 양 인사를 해주는 미국인들과는 전혀 다르다. 남을 쳐다보는 일도 없고 인사를 하는 일도 없다. 관공서에서 업무를 볼 때나 가게에서 물건을 살 때도 아무도 살갑게 대해주지 않고 필요한 말만 한다. 일부 이민자들은 '내가 동양인이라 인종 차별을 받는 것은 아닌가' 하는 생각까지 할 정도라고 한다.

여기에 북유럽 사람들의 외모 특징, 기후까지 영향을 끼쳐 이들의 성격이 더 차갑게 느껴지기도 한다. 여름이 지나고 가을이 되면 북유럽 도시는 을씨년스러운 분위기까지 풍긴다. 혈관이 비칠 만큼 창백한 피부, 은발(銀髮)에 푸른 눈, 남자의 경우 평균 신장이 190센티미터에 육박하는 북유럽 사람들이 무표정하다 못해 마치 화가 난 듯한 표정으로 거리를 걷고 있다고 생각해보라. 그 차가움이 어느 정도인지 상상이 될 것이다.

하지만 북유럽 사람들의 이러한 차가운 모습은 겉모습에 지나지 않는다. 북유럽 사람들은 기본적으로 타인 중심적으로 생각한다. 먼저 인사를 하지 않는 이유도 '저 사람은 나와 인사를 하기 바라지 않는데 내가 인사를 하면 피해를 줄지도 몰라'라고 생각해서다. 북유럽 이민자들은 "일단 친구가 돼 속을 터놓으면 평생 '바이킹식 우정'을 지속할 수 있는 사람들이 북유럽 사람들이다"고 말한다.

e 외화내빈보다는 실사구시

북유럽 사람들은 외화내빈보다는 실사구시를 추구한다. 북유럽 제품은 마케팅보다는 성능에 충실한 것이 특징인데 바로 이러한 성격 덕분이다. 북유럽 기업은 성능보다 과한 마케팅을 펼치는 법이 없다. 극단적으로 보일 만큼 완고해 보이는 이러한 실용주의는 때때로 북유럽 기업들이 마케팅에 취약하다는 지적을 받는 이유가 되기도 한다. 실속 없는 말이나 겉치장보다는 조용히 성과를 내는 것을 좋아한다. 북유럽의 전자제품, 가구, 패션 등이 극단적인 실용성을 추구하는 이유는 바로 이 때문이다.

덴마크 왕실 공식 맥주인 칼스버그(Carlsberg)의 광고 문구는 '아마도 세계 최고의 맥주'이다. 덴마크 사람들은 물론 자기네 나라의 간판 맥주에 대한 자부심을 갖고 있지만, 이를 노골적으로 드러내는 것 역시 꺼린다. 칼스버그가 영국에 진출해 런던에서 광고를 시작하자 다른 나라 맥주 브랜드는 일제히 긴장했다. 뉴질랜드의 스타인라거는 '확실한 세계 최고의 맥주'라는 광고로 대응했고 미국의 버드와이저는 '맥주의 제왕'이라는 카피로 맞받았다. 그런데도 칼스버그는 이런 '최고 마케팅'에 편승하기보다는 '조금 더 나은', '예전보다 더 나아진' 같은 표현에 머물렀다고 한다. 서구 사람들에게 이러한 북유럽식 사고는 종종 자신감이 없다는 의미로 다가가기도 한다.[55]

2013년부터 스웨덴 스톡홀름에서 디자인 연구소 '노르딕후스'를 운영하고 있는 이종한 씨는 원래 한국에서 미국 캘리포니아에 이민했던 사람이었다. 그는 "미국과 북유럽의 문화 차이는 확연하다"고 했다. 미국에선 비싼 옷이나 자동차, 화려한 집을 '성공의 상징'으로 여기고 동경한다. 부자들이 부유함을 과시하는 것도 자본주의 사회에서 당연한 일로 여겨 아무도 문제삼지 않고 그것은 한국도 마찬가지다. 그러나 그는 "북유럽에선 다르다"고 했다. 그는 "북유럽 사람들은 비싼 옷이나 자동차, 집 따위로 부를 과시하는 사람들을 가장 경멸한다"고 했다. 그 다음이 권력을 자랑하는 사람들이라고 한다. 이종한 씨는 이렇게도 말했다. "어떤 직업을 가졌든 사회를 위해 봉사하는 사람을 가장 훌륭하다고 생각한다. 진정한 삶의 목표, 직업의 의미를 찾을 수 있는 곳이 북유럽이다."

고집스럽고 우둔해 보일 정도로 원칙에 충실하고, 정직과 신의를 중시하는 것도 북유럽 5개국 사람들이 공유하는 특징이다. 한국이나 미국 사람들은 "언제 또 보자(See you around)"라는 말을 자주 사용한다. 의례적 작별 인사인 이 말을 듣고 "그래. 그럼 언제 어디서 봐?"라고 되묻는 한국이나 미국 사람들은 거의 없다. 그러나 북유럽 사람에게 "또 봐요"라고 말했다간 "언제? 어디서?"라는 질문을 듣기 십상이다. 그만큼 말과 약속을 무겁게 여긴다.

약속을 한 번 했으면 바꾸는 법이 없다. 한국에서는 1개월 전쯤 중요한 약속을 잡아뒀다면 일주일 전, 또는 약속 당일 변동 사항은 없는지 확인하는 경우가 일반적이다. 북유럽에서 사업을 하고 있는 한 한국인 이민자는 "사업 파트너와 만남 약속을 확정하고도 혹시 어떤 사정이 생길지 몰라 여러 번 확인했는데 나중에 알고 보니 다소 불쾌감을 느꼈다고 하더라"고 했다. 북유럽인 사업 파트너는 나중에 이 한국인과 친해졌을 때 이렇게 얘기했다고 한다. "이제야 친해졌으니 하는 말이지만, 그렇게 자꾸 확인하지 마. 1년 전 약속이든 3개월 전 약속이든 우린 반드시 지켜. 이미 한 약속을 자꾸 물어보는 건 '너를 믿지 못한다'는 뜻으로 받아들여질 수도 있어."

북유럽에선 구두증언도 법적 효과가 있다. 한국에서는 중요한 계약이나 약속은 반드시 계약서 공증서, 내용증명 등 문서 증거로 남겨두는 것을 당연하게 생각한다. 그러나 북유럽에서는 사람 사이에서 오가는 '말'도 신뢰할 수 있는 증거로 생각한다. 거짓말을 하는 것을 매우 수치스러워하는 문화가 강하기 때문에, 두 사람의 말이 엇갈려 법정에 가는 일은 상상하기 어렵다는 것이다.

g 북유럽 국가별 성격 비교

북유럽 나라 사람들의 성격을 나타내는 우스갯소리가 있다. 덴마크, 스웨덴, 노르웨이, 아이슬란드, 핀란드 사람이 비행기를 탔다. 좌석이 하나 모자란다. 어떻게 될까? 답은 "덴마크, 노르웨이, 아이슬란드, 핀란드 사람들이 힘을 합쳐 스웨덴 사람을 창 밖으로 던진다." 북유럽의 맹주 노릇을 하려는 스웨덴을 다른 나라들이 시샘하는 구도를 풍자한 이야기다.

이런 이야기도 있다. 덴마크, 스웨덴, 노르웨이, 핀란드 사람이 배를 타고 가다가 어느 무인도에 난파했다. 어떻게 될까. 노르웨이 사람은 즉시 나무를 베고 뗏목을 만들어 고향으로 돌아간다. 핀란드 사람은 아무하고나 닥치는 대로 싸운다. 덴마크 사람은 해변에서 예쁜 돌을 주워 섬의 원주민에게 팔기 시작한다. 그러는 동안 스웨덴 사람은 그 자리에 서 있기만 한다. 아직 그 섬을 정식으로 소개받지 못했기 때문이다.

항해술에 익숙하고 고향을 사랑하는 노르웨이 사람, 다소 뚱하고 급한 성격을 가진 핀란드 사람, 덴마크 사람들의 상인정신, 격식을 중시하는 스웨덴 사람들의 고지식함을 이야기하는 유머이다. "회사를 세우면 스웨덴 사람은 사장이 되고 노르웨이 사람은 회계를 맡고 덴마크 사람은 영업을 한다"는 말도 있다.[56]

한국에선 그저 '북유럽'이라고 뭉뚱그려 말하지만 각 나라 사람들은 저마다 고유한 성격을 갖고 있다고 한다. 스웨덴 사람들의 성격은 '적당'과 '안전'이라는 단어로 정의된다. 신중, 중용, 과유불급 같은 말과 가장 어울리는 사람들이다. 덴마크 사람들은 실용적이고 좀 더 개방적이다. 북유럽 나라 중 유일하게 미국, 캐나다, 호주, 뉴질랜드 식의 '점수제 이민제'를 실시하는 것을 봐도 그렇다.

노르웨이 사람들은 덴마크나 스웨덴 사람들보다 순박하고 친절하다는 평가를 받는다. 기술력이 뛰어나고 깨끗하고 아름다운 자연 환경을 자랑스럽게 생각하는 국민들이다. 핀란드 사람들은 가장 말수가 적기로 유명하다. "핀란드 사람의 이야기를 듣고 싶으면 휴대폰을 쥐어줘라"라는 말이 있을 정도다. 대면했을 때는 '예', '아니요' 대답만 하지만 막상 친한 친구와 전화를 할 때는 수다쟁이가 되는 핀란드 사람들의 성격을 두고 하는 말이다. 핀란드 사람의 별명도 '북유럽의 외로운 늑대'다.

◇ **북유럽 5개국 알아보기**

a **'국민의 집' 스웨덴**

국명	**스웨덴/스베리예왕국**
	영어 Kingdom of Sweden
	스웨덴어 Konungariket Sverige
언어	**스웨덴어**
정치 체제	**입헌군주제·의원내각제**
국가	**그대의 조상, 그대의 자유(Du gamla, Du fria)**
수도	**스톡홀름**
면적	**44만9964㎢(한반도의 약 2배)**
인구	**약 970만명**
1인당 GDP	**5만8491달러(세계 7위, 2014년 IMF 기준)**
통화	**스웨덴 크로나(SEK)**
EU 가입일	**1995년 1월 1일**

노르웨이
스웨덴
핀란드
에스토니아
라트비아
리투아니아
덴마크
Oslo
오슬로
Drammen
드람멘
Moss
Fredrikstad
Kristiansand
크리스티안산
Stavanger
Bergen
Trondheim
트론헤임
Steinkjer
Molde
Kristiansund
Lillehammer
Hamar
Åre
Östersund
Sundsvall
순스발
Mora
모라
Falun
팔룬
Borlänge
Gävle
예블레
Uppsala
웁살라
Västerås
Stockholm
스톡홀름
Örebro
Karlstad
칼스타드
Norrköping
노르셰핑
Linköping
린셰핑
Jönköping
옌셰핑
Göteborg
예테보리
Vendsyssel
뱅쉬셀 섬
Klitmøller
Aalborg
올보르그
Aarhus
오르후스
København
쾨벤하운
Sjælland
셸란 섬
Malmö
말뫼
Gotland
고틀란드
Kaunas
카우나스
Vilnius
빌니우스
Kaliningrad
칼리닌그라드
그드니아
Klaipėda
클라이페다
Riga
리가
Jūrmala
유르말라
Cēsis
제시스
Pärnu
Tartu
타르투
Tallinn
탈린
Saaremaa
사아레마
Helsinki
헬싱키
Helsingfors
Turku
투르쿠
Åbo
Lahti
라티
Kouvola
코우볼라
Mikkeli
미켈리
Tampere
탐페레
Pori
포리
Vaasa
바사
Jyväskylä
이위베스퀼레
Kuopio
쿠오피오
Kokkola
콕콜라
Karleby
코콜라
Oulu
오울루
Raahe
Umeå
우메오
Örnsköldsvik
Skellefteå
셸레프테오
Luleå
Piteå
Boden
Haparanda
하파란다
Kemi
케미
Rovaniemi
로바니에미
Arvidsjaur
Arjeplog
Jokkmokk
Gällivare
옐리바레
Pajala
Kiruna
Nikkaluokta
Akäslompolo
Sirkka
Kakslauttanen
Saariselkä
Inari
이나리
Lemmenjoen
kansallispuisto
Kilpisjärvi
Käsivarren
erämaa
Finnsnes
Narvik
나르비크
Harstad
Sortland
Stokmarknes
Leknes
Svolvær
Røst
Bodø
보되
Mo i Rana
모이라나
Mosjøen
모쇠엔
Sandnessjøen
Brønnøysund
Lycksele
발트 해
보트니아 만

스웨덴은 남부 그린란드, 알래스카, 시베리아, 캐나다 북부와 같은 위도에 있지만 멕시코만 난류의 영향으로 이들 지역보다는 따뜻한 편이다. 사계절은 뚜렷한 편이지만 겨울이 길고 강설량도 많다. 보통 11~3월을 겨울로 치는데 북부의 경우 4월 말까지 겨울이 지속된다. 이 지역에서 12~1월 동안에는 하루에 일조 시간이 몇 시간에 불과할 정도다. 해를 아예 볼 수 없는 극야(極夜) 현상이 나타나는 지역도 있다. 6~9월 여름은 비교적 야외 활동을 하기 좋은 계절이지만 일교차가 심해 긴 옷을 입어야 한다. 6~7월에는 백야를 볼 수 있다.

스웨덴 중부에 있는 스톡홀름의 기후는 이 나라 기준으로는 온화한 편이지만 한국 사람이 살기에는 좀 쌀쌀하다. 연평균 기온은 6.6℃. 가장 추운 1월 평균 기온은 -2.9℃이고 가장 따뜻한 7월 평균 기온은 17.8℃이다. 스웨덴 제2도시인 예테보리의 연평균 기온은 7.6℃, 1월 평균 기온은 -1.1℃, 7월 중 평균 기온은 17℃다.[57]

한국의 연평균 기온이 12.5℃, 가장 추운 1월 평균 기온이 -2.4℃, 가장 따뜻한 8월 평균 기온이 25.7℃임을 생각해볼 때 스웨덴은 한국보다 훨씬 추운 나라다. 햇빛이 많고 따뜻한 기후를 좋아하는 사람들은 북유럽의 이러한 기후 상태를 좀 더 심각하게 고려해볼 필요가 있다.

스웨덴은 현재 명실상부한 북유럽 대표 국가다. 1천만명에 달하는 인구는 북유럽 5개국 중 가장 많다. 그러나 일찍이 강력한 통일국가를 구축한 덴마크와 노르웨이에 비해 국가 성립이 상당히 늦었다. 덴마크가 800년경, 노르웨이가 870년경 왕국을 구축한 데 비해 스웨덴의 통일 왕조는 1060년이 돼서야 등장한다.

스칸디나비아 3국의 얽히고 설킨 역사를 살펴보면 '북유럽 삼국지'라는 이름을 붙이고 싶어진다. 스웨덴은 한국의 삼국시대로 치면 신라와 비슷한 느낌을 준다. 신라는 고구려나 백제보다 국가 형성이 늦었지만 삼국통일을 달성했다. 스웨덴 역시 가장 늦게 통일 국가를 구축했지만, 이후 19세기 후반까지 지속되는 치열한 각축전에서 끝까지 물고 늘어져 한때 노르웨이를 병합하는 등 저력을 보여 지금에 이르렀다는 점에서 신라와 닮은 면이 있다.

14세기, 독일의 상인 조합인 한자 동맹이 세력을 넓히며 북상했다. 덴마크와 스웨덴의 주요 항구에는 독일 상인들이 가득했고 까딱하다가는 스칸디나비아 3국의 경제권이 한자 동맹에 넘어갈 판이었다. 위협을 느낀 스칸디나비아 3국은 1397년 칼마르 동맹을 결성했다. 이 동맹을 결집시킨 사람은 덴마크와 노르웨이의 여왕이었던 마르그레테 1세였다. 본래 덴마크 공주였던 마르그레테 1세는 노르웨이 왕 호콘 6세와 결혼해 아들 올라프를 낳았다. 덴마크 국왕인 아버지 발데마르 4세가 죽자 아들을 덴마크 왕위에 앉혔고, 얼마 뒤 노르웨이 왕인 남편이 죽자 이미 덴마크 왕을 하고 있었던 아들 올라프에게 노르웨이 왕관까지 넘겨주고 자신은 섭정이 돼 두 나라를 실질적으로 다스렸다.

그런데 1387년 아들 올라프가 요절했다. '대비 마마' 마르그레테 1세에게는 덴마크와 노르웨이의 차기 국왕을 선출할 권리가 주어졌다. 그는 내친 김에 스웨덴 왕위에도 욕심을 내기로 했다. 당시 스웨덴 국왕 알베르트에게 불만을 품은 세력을 부추겨 결국 스웨덴 국왕을 축출해버린 것이다. 마르그레테 1세는 언니의 손자 에리크에게 3국의 왕관을 모두 씌워주고 자신은 섭정으로 모든 국사를 처리하게 된다. '대비마마의 3국 통일'인 것이다.

이후 통합 왕국의 왕위를 누가 계승할 것이냐를 놓고 세 나라는 늘 분쟁을 벌이게 된다. 15세기에 이르러서는 덴마크와 스웨덴에서 각각 왕을 하겠다고 나서 왕위 계승 전쟁을 벌인다. 처음에 스웨덴을 지지했던 노르웨이가 갑자기 덴마크 편으로 돌아서면서 스웨덴은 패배하고 만다. 1520년 덴마크 국왕 크리스티안 2세가 스톡홀름으로 개선해 스웨덴 귀족 80여명을 집단 학살하는 사건이 발생한다. 이를 계기로 스웨덴의 젊은 귀족 구스타브 바사가 덴마크와 독립 전쟁을 벌인 끝에 승리, 1523년 구스타브 1세로 즉위하면서 현재 스웨덴 왕가의 시조가 된다.

스웨덴의 전성기는 17세기에 찾아왔다. 구스타브 2세 아돌프는 17세의 어린 나이로 왕위에 올랐지만 군사적 감각을 타고난 천재였다. 각종 새로운 전법(戰法)을 개발한 구스타브 2세 아돌프는 '근대전의 아버지'라고도 불린다. 그는 러시아·폴란드와의 전쟁에서 승리를 거두며 스웨덴 전성기의 발판을 닦았다. 이후 유럽 본토에서 가톨릭과 프로테스탄트 간의 30년 전쟁이 벌어졌다. 가톨릭의 맹주인 신성로마제국의 영향력이 북유럽까지 확대되는 것을 경계한 구스타브 2세 아돌프는 독일의 프로테스탄트를 후원하며 신성로마제국을 상대로 연전연

승을 거뒀다. 당시 스웨덴은 에스토니아·라트비아·핀란드·러시아·독일 북부에 이르는 광대한 영토를 다스렸다.

스웨덴의 세력이 이토록 강대해지자 18세기 러시아·폴란드·덴마크·독일 등이 스웨덴을 잇따라 침공해 발트 해 연안 영토를 내주기도 했다. 19세기 초반에는 나폴레옹의 영향력 아래 들어가기도 했으나 이후 덴마크를 침공해 노르웨이를 빼앗는 등 끝까지 스칸디나비아 패권을 놓지 않았다.

1905년 노르웨이가 스웨덴에서 독립하면서 스웨덴은 영세중립국을 표방했다. 제1차 세계대전 때는 중립국이라는 이유로 큰 피해를 입지 않을 수 있었다. 제2차 세계대전 때는 스웨덴 외교관 라울 발렌베리가 유대인 수만 명의 생명을 구했다.

한국에서도 유명한 발렌베리 가문의 일원이었던 그는 헝가리 부다페스트 스웨덴 대사관에서 일하던 외교관이었다. 그는 대사관 인근에 20여 곳 건물을 매입하고 스웨덴 망명을 신청한 헝가리 유대인에게 임시 여권과 거처를 제공했다. 나치 독일이 이들을 체포하려 했지만 발렌베리는 "이들은 귀국을 기다리고 있는 스웨덴 시민"이라며 보호했고 독일군 사령관에게는 "전범으로 고발하겠다"고 으름장을 놓았다. 이렇게 가스실 행을 피한 유대인이 7만명이 넘는 것으로 추산된다.

미·소 냉전 시절에도 NATO(북대서양조약기구)나 WTO에 가입하지 않고 중립 정책을 표방했다. 스웨덴은 냉전 시대 북유럽 국가들의 중립 즉 '노르딕 밸런스(Nordic Balance)'를 주도한 국가였다. 소련 붕괴 이후에는 EU에 가입했지만 아

직도 유로화 대신 독자 통화인 크로나를 사용하는 등 중립국 시절의 정책을 고
수하고 있다.

스웨덴어는 스웨덴과 핀란드의 공용어다. 핀란드는 20세기 초까지 스웨덴 영토
였던 까닭에 스웨덴어를 공용어로 채택했다. 스웨덴어는 덴마크어·노르웨이어(
보크몰)와 함께 동스칸디나비아어에 속하며 별도의 통역 없이 덴마크·네덜란드
어와도 소통이 가능할 정도로 언어 체계가 비슷하다. 성(性)·수(數)·격(格)이 있는
독일어보다는 단순하다는 평가다. 영어와 달리 명사에 성(性) 구분이 있다. 하지
만 영어에서 동사가 인칭 변화하는 것과 달리 스웨덴어는 인칭 변화를 하지 않기
때문에 전체적인 난도는 영어와 비슷한 수준이라는 것이 경험자들의 이야기다.

영어 알파벳 26개에, 'å', 'ä', 'ö'를 합쳐 29개 알파벳을 사용한다. '위하여'를 뜻
하는 스웨덴어는 'för'인데 영어(for), 독일어(für)와 유사하다는 것을 알 수 있다.
'자유로운'은 'fri'라고 하는데 역시 영어(free), 독일어(free)와 비슷한 모양이다.

문법보다는 발음이나 억양이 까다롭다는 이야기가 많다. 한국에서 일반적으로
배운 알파벳과는 다른 형식으로 발음하는 경우가 많다. 스웨덴어 특유의 '무성
치조후연구개마찰음' 역시 쉽게 따라 할 수 없다. 일상 회화에서 묵음이 상당이
많고 성조와 액센트를 현지인 수준으로 구사하려면 상당한 노력이 필요한 편
이라고 한다.

b '휘게'의 나라 덴마크

국명	덴마크/단마르크 왕국
	영어 Kingdom of Denmark
	덴마크어 Kongeriget Danmark
언어	덴마크어
정치 체제	입헌군주제·의원내각제
국가	아름다운 나라(Der er et yndigt land)
수도	코펜하겐
면적	4만3094㎢(남한의 약 43%)
인구	약 560만명
1인당 GDP	6만564달러(세계 6위, 2014년 IMF 기준)
통화	덴마크 크로네(DKK)
EU 가입일	1973년 1월 1일

Uppsala
드람멘
Drammen
Oslo
Vasteras
스톡
Stock
Haugesund
칼스타드
Karlstad
Moss
Orebro
Fredrikstad
스타방에르
Stavanger
노르셰핑
Norrköping
크리스티안산
Kristiansand
린셰핑
Linköping
예테보리
Göteborg
옌셰핑
Jönköping
벤쉬셀뤼 섬
Vendsyssel
Klitmøller
올보르그
Aalborg
북해
오르후스
Aarhus
코벤하운
København
덴마크
셸란 섬
Sjælland
말뫼
Malmö
킬
Kiel
로스토크
Rostock
함부르크
Hamburg
브레멘
Bremen
슈체친
Szczecin
암스테르담
Amsterdam
하노버
Hannover
베를린
Berlin
포즈나뉴
Poznań
덴하그
Den Haag
네덜란드
도르트문트
Dortmund
브라운슈
바이크
Braunschweig
포츠담
Potsdam
라이프치히
Leipzig
드레스덴
브로츠와프

덴마크는 북유럽 5개국 중 가장 남쪽에 자리하고 있어 가장 온난한 기후를 보인다. 덴마크의 6~8월엔 낮 최고 기온이 20℃를 넘을 정도로 좋은 날씨가 이어진다. 그러나 10~4월 기간의 날씨는 한국의 초겨울 날씨와 맞먹을 만큼 쌀쌀하다는 점을 감안해야 한다. 가장 추운 1월 평균 기온은 -1.5℃, 가장 더운 7월 평균 기온은 17℃다. 5~8월은 낮이 거의 18시간 지속된다. 덴마크 기후의 또 하나의 특징은 바람이다. 편서풍이 강하게 불기 때문에 덴마크 전역에서 풍차를 볼 수 있다. 다만 서쪽 지대에서는 강한 바람을 피하기 위해 방풍림(防風林)을 조성하는 경우도 있다.

1년 365일 중 약 160일간 비가 온다. 9월 이후 가을과 겨울, 3~4월 봄에 강수량이 집중된다. 빗줄기가 굵지 않은 데다 날씨가 하루 종일 오락가락 하기 때문에 덴마크 사람들은 방수가 되는 점퍼를 입고 그냥 비를 맞고 다니는 경우가 흔하다고 한다. 선선한 여름이나 비를 좋아하는 사람에게는 추천할 만한 기후라고 말할 수 있다.

덴마크는 스칸디나비아 3국 중 가장 먼저 통일된 왕권 국가를 수립했다. 811년 당시 강성해지고 있었던 프랑크 왕국이 북쪽으로 확장해오자 아이더 강을 국경으로 하는 조약을 체결하기도 했다. 이후 유럽을 제패한 프랑크 왕국의 샤를마뉴

대제의 공격을 구드프레드 왕이 막아냈다. 11세기 초에는 크누트 대왕 때 덴마크·노르웨이·잉글랜드를 제패하고 3개 왕국의 왕위를 모조리 차지했다.

서유럽 본토와 국경을 맞댄 덴마크는 한국의 삼국시대로 치면 고구려 비슷한 나라다. 고구려가 중국의 공격을 막아내는 동안 백제와 신라가 발전할 수 있었듯, 덴마크는 역시 프랑크 세력에 맞서는 '방파제' 역할을 했다. 14세기 칼마르 동맹 결성 이후 마르그리테 1세 여왕이 스칸디나비아 3국을 통일했다는 이야기는 스웨덴 역사 항목에서 기술했다. 지금 북유럽 지도를 펼치면 덴마크 영토가 이웃에 비해 굉장히 작아 보이지만, 당시에는 현재의 노르웨이·스웨덴·핀란드·아이슬란드 지역을 대부분 다스리던 대왕국이었다.

덴마크의 이러한 독주 체제는 16세기 스웨덴의 독립으로 깨졌다. 이후 스칸디나비아의 중세·근대사는 덴마크와 스웨덴 두 왕국의 양강(兩强) 체제로 전개된다. 두 나라가 맞붙어 노르웨이가 두 나라 중 한쪽의 지배 아래로 들어가거나 독일·프랑스·러시아·폴란드 등 주변 열강과 동맹을 맺어 카운터 펀치를 주고받는 식이었다. 덴마크는 1814년 스웨덴과 전쟁을 벌인 끝에 패배, 노르웨이를 스웨덴에 넘겨줬다. 1864년에는 슐레스비히-홀슈타인 지역을 놓고 프로이센·오스트리아 등 범(汎) 독일 세력과 전쟁을 했지만 역시 진 탓에 영토를 포기했다.

제2차 세계대전 시기에는 나치 독일의 지배권 아래로 들어갔다. 전 유럽에서 유대인 학살 움직임이 일고 있었다. 당시 덴마크 국왕 크리스티안 10세는 독일군이 유대인의 가슴에 노란색 별을 달게 했다는 사실을 알고 이렇게 말했다고 한다. "만일 덴마크에서 그런 일이 일어난다면 내가 제일 먼저 제복에 별을 달 것이고 내 주변 사람들에게도 똑같이 달게 할 것이오." 당시 덴마크는 왕실에서 일반 국민에 이르기까지 유대인을 보호하기 위해 일치단결했다. 당시 덴마크에 살던 유대인은 7,800명이었는데 이 중 7,200명을 중립국인 스웨덴으로 탈출시켰다.[58] 1944년 아이슬란드가 덴마크로부터 독립했다. 1945년 5월 연합군이 덴마크에 진주함으로써 덴마크는 나치 독일 지배에서 벗어났다.

언어

덴마크어는 덴마크에서 공용어로 쓰인다. 19세기 독일로 강제 할양된 슐레스비히홀슈타인 주에서도 덴마크계 주민 5만 명이 덴마크어를 사용하므로 독일 내 공식 소수 언어이기도 하다. 스웨덴어·노르웨이어와 함께 북게르만어군 언어이고 양국 사람들과 어느 정도의 의사 소통이 가능하다. 덴마크가 유럽에서 유일하게 20진법을 채택하고 있는 나라이기 때문에 덴마크어 숫자 체계 역시 20진법으로 구성돼 있는 것이 특징이다.

어휘와 문법 등 구조는 스웨덴어·노르웨이어와 비슷한 편이다. 라틴 알파벳 26개에 'æ', 'ø', 'å' 세 글자를 넣어 29개 알파벳을 쓴다. 특히 'ø' 발음은 목구멍에서 걸리는 듯한 '꺽꺽' 소리가 나는 것이 특징인데 외국인은 거의 따라 하기 어려울 정도로 난도가 높다.

C '해양 왕국' 노르웨이

국명	노르웨이/노르게 왕국
	영어 Kingdom of Norway
	노르웨이어 Kongeriket Norge
언어	노르웨이어
정치 체제	입헌군주제·의원내각제
국가	그래, 우린 이 땅을 사랑한다(Ja, vi elsker dette landet)
수도	오슬로
면적	32만4220㎢(한반도의 약 1.7배)
인구	약 510만명
1인당 GDP	9만7013달러(세계2위, 2014년 IMF 기준)
통화	노르웨이 크로네(NOK)
EU 가입일	미가입

Nordkapp
Honningsvåg
함메르페스트
Hammerfest
Øksfjord
Lakselv
Alta
Varangerhalvøya
nasjonalpark
Vadsø
Nuorgam
키르케네스
Kirkenes
시르케네스
Zapolyarny
Заполярный
Nikel
Никель
Kaldoarvin
erämaa
Tromsø
Storslett
Yngsedet
이나리
Inari
Nellim
Andenes
Kilpisjärvi
Birtavarre
Finnsnes
Kilpisjärvi
Kaaresuvanto
erämaa
Lemmenjoen
kansallispuisto
Saariselkä
Harstad
나르비크
Narvik
Kakslauttanen
Urho
Kekkosen
kansallispuisto
Sortland
Stokmarknes
Leknes
Svolvær
Kovdor
Ковдор
Nikkaluokta
Kiruna
Sirkka
Åkäslompolo
Röst
부뵈
Bodø
옐리바레
Gällivare
Pajala
로바니에미
Rovaniemi
모이라나
Mo i Rana
Jokkmokk
Kuusamo
Sandnessjøen
오즈엔
Mosjøen
Myrlog
하파란다
Haparanda
케미
Kemi
코스토묵샤
Костомукша
Brønnøysund
Boden
Luleå
Arvidsjaur
Piteå
Sotpa
Софпа
셸레프테오
Skellefteå
오울루
Oulu
Steinkjer
Lycksele
Raahe
카야니
Kajaani
토론헤임
Trondheim
Åre
우메오
Umeå
코콜라
Kokkola
Karleby
Kristiansund
Östersund
Örnsköldsvik
바사
Vaasa
쿠오피오
Kuopio
Molde
올레순
Ålesund
스웨덴
순스발
Sundsvall
위위베스퀼레
Jyväskylä
사본린나
Savonlinna
노르웨이
Flora
핀란드
포리
Pori
탐페레
Tampere
미켈리
Mikkeli
Lillehammer
라티
Lahti
라펜란타
Lappeenranta
Hamar
오라
Mora
코우볼라
Kouvola
베르겐
Bergen
보룬
Falun
투르쿠
Turku
Åbo
비보르크
Выборг
오슬로
Oslo
Borlänge
헬싱키
Helsinki
Helsingfors
상트
페테르부르크
Санкт-Петербург
드람멘
Drammen
웁살라
Uppsala
푸시킨
Пушкин
Haugesund
프레드릭스타
Fredrikstad
칼스타드
Karlstad
Västerås
스톡홀름
Stockholm
탈린
Tallinn
나르바
Narva
가치나
Гатчина
스타방에르
Stavanger
Örebro
노르셰핑
Norrköping
사아레마
Saaremaa
에스토니아
Pärnu
벨리키
Великий
Новгород
Новгород
크리스티안산
Kristiansand
예테보리
Göteborg
옌셰핑
Jönköping
Linköping
타르투
Tartu
프스코프
Псков

노르웨이의 기후는 북유럽 5개국 중 한국과 가장 가깝다고 볼 수 있다. 멕시코만 난류의 영향을 가장 직접적으로 받기 때문이다. 연 평균 기온은 6.9℃, 여름 최고 기온은 28.2℃, 겨울 최저기온은 -19.7℃다. 내륙 산간지방을 제외하면 겨울에는 한국보다 조금 더 춥고, 여름에는 평균 25~26℃로 한국보다 덜 덥다. 게다가 습하지 않고 다소 건조해 매우 쾌적한 여름을 보낼 수 있다. 다만 내륙의 산림 지역 기후는 특히 11~3월에 매우 혹독하다.

노르웨이에서 날씨가 가장 좋은 시기는 5~7월 여름이다. 일조 시간이 16시간이 넘는다. 북극과 가까운 지방은 5월 중순부터 2개월간의 백야 현상이 나타난다. 겨울에는 최대 4개월 동안 극야 현상이 나타나 햇빛을 볼 수 없다. 북부 지방에서 나타나는 극야·백야 현상은 스웨덴·핀란드와 공유하는 공통점이라고 생각하면 되겠다. 남서부 해안 지역의 경우 1년 중 200일 이상 비가 내리기도 한다.

872년 노르웨이의 하랄 1세가 노르웨이의 여러 부족장을 제압하고 통일 왕국을 세웠다. 노르웨이(Norway)란 '북쪽으로 향하는 길'이라는 뜻인데, 서부 해안을 따라서 북쪽으로 향하는 항로를 노르게(Norge)라고 불렀던 데서 연유한다. 이 길은 바이킹 시절 중요한 통상로였는데, 이 길을 놓고 여러 부족장들끼리 벌인 경쟁에서 하랄 1세가 승리해 노르웨이 왕국의 기틀을 세웠다.

마그누스 1세 때는 덴마크를 정복하며 잠시 스칸디나비아의 패권을 잡는 등 수백년간 안정을 누렸지만, 덴마크의 크누트 대왕의 지배, 칼마르 동맹 이후 덴마크 왕국으로의 편입 등으로 인해 독립국으로서의 노르웨이 역사는 20세기가 돼야 시작된다. 16세기 스웨덴이 덴마크로부터 독립한 뒤에도 노르웨이는 계속 덴마크와 연합 왕국을 형성하고 있었다. 1814년 나폴레옹 전쟁 때 스웨덴이 덴마크에 승리, 이 대가로 노르웨이는 스웨덴에 양도된다.

그러나 노르웨이 사람들은 스웨덴 지배권에 들어가는 것을 반대했다. 노르웨이 독립 세력이 스웨덴과 전쟁을 벌였고, 이 결과 스웨덴은 노르웨이가 스웨덴 왕을 국가 원수로 섬기는 대신 노르웨이만의 독자적인 헌법을 가질 수 있도록 승인했다. 그럼에도 두 나라 사이의 정치적 불평등이 해소되지 않자 노르웨이 사람들은 1905년 덴마크의 왕자를 데려와 호콘 7세로 즉위시키고 독자 왕국으로 독립했다. 이쯤 되자 스웨덴 역시 노르웨이의 독립을 받아들일 수밖에 없었는데 호콘 7세가 스웨덴 국왕 칼 15세의 외손자이기도 했기 때문이다.

제1차 세계대전 때는 중립국을 표방해 전화(戰禍)를 피했다. 그러나 제2차 세계대전이 발발하자 왕실과 정부가 피난을 갔고 서부 해안 전체가 나치의 폭격을 당하는 아픔을 겪었다. 국가의 통치권이 마비된 사이 국방장관을 지낸 비드쿤 크비슬링이 라디오 뉴스를 통해 쿠데타를 선언하고 친(親) 나치 정부를 수립했다. 1943년 총리에 취임했지만 2년이 지난 1945년 독일이 패망하고 노르웨이가 해방되자 반역죄로 총살당했다. 이후 '크비슬링'이라는 이름은 반역자라는 뜻과 동의어로 쓰이기 시작했다.

1948년 NATO에, 1960년 EFTA(유럽자유무역연합)에 가입했지만 EU 가입은 1972년, 1994년 두 차례 국민 투표 때 모두 부결됐다. 북유럽 5개국 중 아이슬란드와 함께 EU 소속이 아닌 나라다.

노르웨이어는 스웨덴어·덴마크어의 중간자적 성격이 강하다. 세 나라 사람이 모여 자기네 나라 말로 이야기를 하면 가장 잘 알아듣는 사람이 노르웨이 사람이라는 말이 있을 정도다. 노르웨이어 역시 북게르만어파로 영어와 독일어의 성격을 스웨덴어·덴마크어와 공유한다.

노르웨이어 학습의 가장 큰 걸림돌은 표준어가 2개라는 점이다. 이는 오랫동안 덴마크의 통치를 받았던 역사와 관련이 깊다. 20세기 초 덴마크로부터 독립하고 보니 덴마크와 가까운 동부와 멀리 있는 서부의 언어적 간극이 심해져 있었다. 수도 오슬로를 중심으로 사용하고 있는 언어는 거의 덴마크어에 가까웠고, 서부에서는 아이슬란드어에 가까운 사투리를 사용하고 있었다.

노르웨이 학자들은 어떤 말을 표준어로 삼아야 할 것인가를 놓고 격론을 벌였는데 동부 지방의 덴마크식 노르웨이어인 보크몰(Bokmål)과 서부 지역 방언에 기반한 뉘노르스크(Nynorsk) 중 하나를 골라야 한다는 의견이 팽팽하게 맞섰다. 보크몰 지지자들은 수도 오슬로에서 쓰는 말이 표준어가 돼야 한다는 이유를 들었고, 뉘노르스크 지지자들은 덴마크 잔재를 청산하고 노르웨이 고유의 언어를 써야 한다는 이유를 댔다. 노르웨이 정부는 결국 결론을 내지 못하고 두 언어를 모두 표준어로 정하게 됐다.

문제는 보크몰과 뉘노르스크가 말이 노르웨이어지 같은 언어로서의 의사 소통이 어려울 만큼 언어적 격차가 크다는 데 있다. 게다가 보크몰과 뉘노르스크가 다양한 분파로 나뉜다는 사실 역시 노르웨이 이민 희망자들의 발목을 잡는다. 보크몰은 보수적 보크몰, 중도적 보크몰, 진보적 보크몰로 나뉘고 뉘노르스크 역시 보수적 뉘노르스크와 진보적 뉘노르스크가 있다.

노르웨이 사람들은 의무교육을 마치면 기본적으로 3개의 노르웨이어(출생지 방언, 뉘노르스크, 보크몰)를 구사할 수 있다고 한다. 한국 사람이 노르웨이로 이민을 떠나 이 모든 종류의 노르웨이어를 능통하게 구사하는 일은 거의 불가능에 가깝다고 할 수 있다. 노르웨이 체류 경험자나 이민자들은 영어와 중도적 보크몰을 배우는 데 만족하라고 말한다.

국명	핀란드/수오미 공화국
	영어 Republic of Finland
	핀란드어 Suomen tasavalta
언어	핀란드어·스웨덴어
정치 체제	이원집정부제
국가	우리의 땅(Maamme)
수도	헬싱키
면적	33만8145㎢(한반도의 약 1.5배)
인구	약 540만명
1인당 GDP	4만9497달러(세계 16위, 2014년 IMF 기준)
통화	유로(EUR)
EU 가입일	1995년 1월 1일

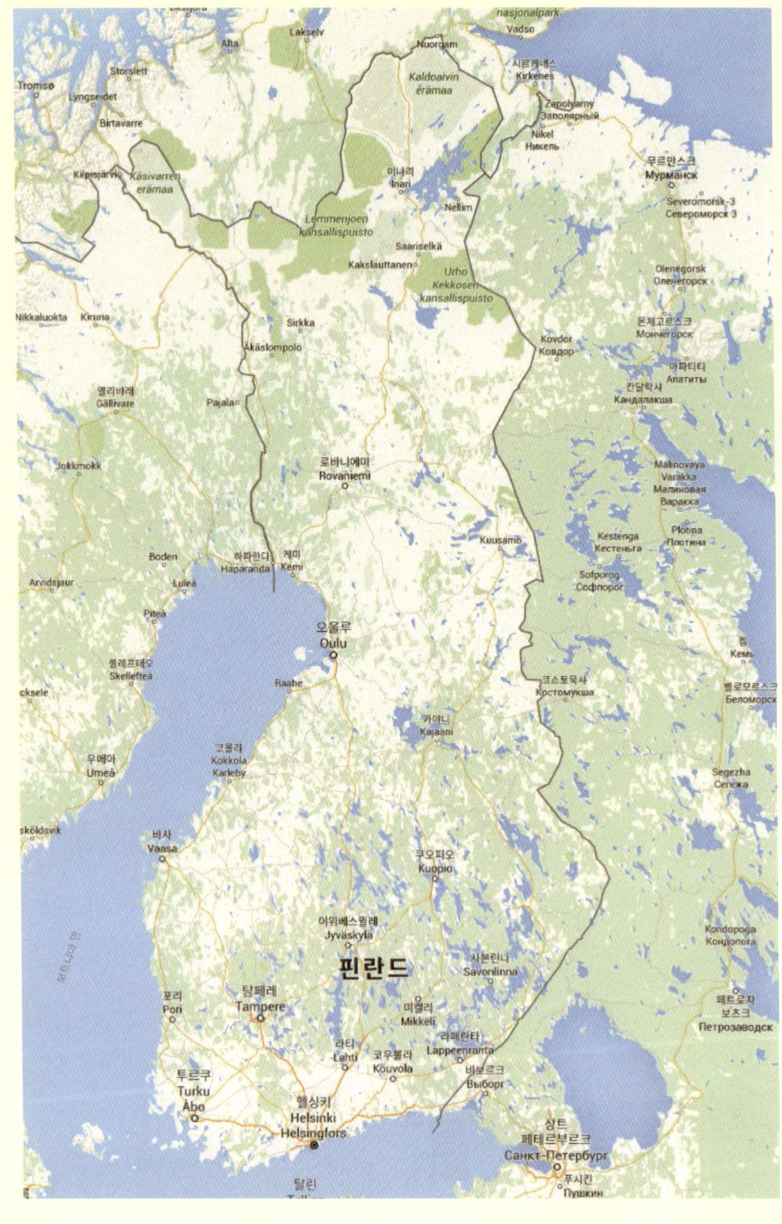

Tromsø
Storslett
Lyngseidet
Birtavarre
Alta
Lakselv
Nuorgam
nasjonalpark
Vadsø
시르캐네스
Kirkenes
Kaldoaivin
erämaa
Zapolyarny
Заполярный
Nikel
Никель
무르만스크
Мурманск
Kilpisjärvi
Käsivarren
erämaa
이나리
Inari
Nellim
Severomorsk-3
Североморск 3
Lemmenjoen
kansallispuisto
Saariselkä
Kakslauttanen
Urho
Kekkosen
kansallispuisto
Olenegorsk
Оленегорск
Nikkaluokta
Kiruna
Sirkka
Kovdor
Ковдор
몬체고르스크
Мончегорск
아파티티
Апатиты
엘리바래
Gällivare
Akäslompolo
Pajala
칸달락샤
Кандалакша
로바니에미
Rovaniemi
Malinovaya
Varakka
Малиновая
Варакка
Jokkmokk
Kuusamo
Plotina
Плотина
Kestenga
Кестеньга
Boden
하파란다
Haparanda
케미
Kemi
Sofporog
Софпорог
Arvidsjaur
Luleå
Pitea
켐
Кемь
오울루
Oulu
코스토묵샤
Костомукша
벨로모르스크
Беломорск
cksele
Skelleftea
셸레프테오
Raahe
우메아
Umeå
카야니
Kajaani
Segezha
Сегежа
코콜라
Kokkola
Karleby
sköldsvik
바사
Vaasa
쿠오피오
Kuopio
Kondopoga
Кондопога
외위배스퀼래
Jyväskylä
시본린나
Savonlinna
핀란드
포리
Pori
탐페레
Tampere
미켈리
Mikkeli
페트로자
보츠크
Петрозаводск
라티
Lahti
라펜란타
Lappeenranta
투르쿠
Turku
Åbo
헬싱키
Helsinki
Helsingfors
쿠오볼라
Kouvola
비보르크
Выборг
상트
페테르부르크
Санкт-Петербург
탈린
Tallinn
푸시킨
Пушкин

핀란드는 스칸디나비아 3국(스웨덴·덴마크·노르웨이)보다 북쪽에 있다. 북위 60~70도에 자리하므로 겨울이 6개월 이상으로 매우 길고 연평균 기온은 5.3℃로 6~7℃ 분포를 보이는 3국보다 낮은 편이다. 겨울철엔 폭설이 내리고 여름에는 비가 잘 오지 않지만 7~8월 초 20~30mm 폭우가 내리는 경우도 있다. 봄에서 가을에 해당하는 5~9월 날씨가 가장 활동하기 좋다. 7~8월은 한여름인데 역시 일교차가 심한 편이다.

수도 헬싱키의 연평균 기온은 5.6℃. 한겨울에는 -30℃까지 떨어지고 한여름에는 30℃까지 올라가는 경우도 있다. 북쪽 지방의 여름은 70일 동안 밤이 없는 백야 현상이 나타나며, 겨울에는 약 6개월 동안 햇빛 대신 오로라를 보고 살아야 할 수도 있다. 남쪽 지방 기준 겨울엔 오전 11시에 해가 떴다가 오후 3시에 지고, 여름에는 오후 11시에 잠시 해가 졌다가 오전 3시에 다시 밝아진다. 백야·극야 현상이 핀란드에서는 특히나 극단적이기 때문에 불면증을 앓는 사람이라면 이 사실을 염두에 두는 것이 좋다.

핀란드는 '핀(Finns)족이 사는 땅'이라는 뜻이다. 현재 핀란드 사람의 90%가 핀족이다. 흔히 '북유럽' 하면 금발에 푸른 눈, 창백한 피부 같은 외모를 연상하지만 스칸디나비아 3국만 그럴 뿐이다. 핀란드 사람들은 작은 눈에 검은 눈동자를 가지고 있어 유럽 사람이라기보다는 한국 사람과 닮았다는 생각이 들 정도다. 학자들은 핀족이 아시아에서 우랄 산맥을 넘어 에스토니아를 거쳐 1세기쯤 지금의 핀란드 남부 지역에 정착했고, 이후 스칸디나비아 사람들과 교류하며 혼혈이 발생한 것으로 보고 있다.

독립 국가로서 핀란드의 역사는 매우 짧다. 1918년 핀란도 공화국이 성립됐다. 그 전까지 핀란드는 스웨덴의 속국이었다. 12세기 스웨덴 십자군이 핀란드를 침공해 이곳의 지배권을 확립했다. 칼마르 동맹 이후 스웨덴이 사실상 덴마크의 속국이 됐을 때는 덴마크령이 됐고, 스웨덴이 덴마크로부터 독립하자 다시 스웨덴 영토가 됐다. 스웨덴의 전성기를 이끈 구스타브 2세 아돌프는 핀란드를 러시아·폴란드를 상대로 한 동방 전초기지로 활용했다.

핀란드의 역사는 중국과 일본 등 강대국의 침략에 시달린 뒤 동족상잔의 아픔을 겪은 한국 역사와 비슷한 데가 있다. 1809년, 나폴레옹 전쟁의 여파로 핀란드의 지배권은 러시아로 넘어갔다. 러시아 황제는 핀란드에 '대공국' 칭호를 주고 자신이 대공에 즉위해 핀란드를 다스렸다. 스웨덴의 속국에서 이젠 러시아의 지배를 받게 된 핀란드 사람들의 마음속에서 이때부터 독립 의식이 싹텄다. 1918년, 러시아가 내전에 휘말린 틈을 타 핀란드는 독립을 선언한다.

독립의 기쁨은 오래가지 않았다. 소련 공산당의 지원을 받던 사회민주당(적군)과 독일 제국의 지원을 받던 보수당(백군)은 정국 주도권을 놓고 내전에 돌입했다. 양측의 병력은 8~9만이었고 대부분이 14~17세의 소년병이었다. 4개월도 안 되는 짧은 전쟁은 백군의 승리로 끝났다. 피해는 막심했다. 300만 핀란드 인구 중 3만7000명이 사망했다. 인구의 1%가 넘는 사람이 죽은 것이다. 이러한 역사의 아픔은 핀란드 사람들에게 "갈라져서 싸우면 공멸한다"는 메시지를 각인시켰고 이후 핀란드 정계는 급속히 중도화되는 경향을 보였다.

제2차 세계대전이 한창이었던 1939년 소련의 스탈린이 핀란드를 침공했다. 히틀러와 스탈린이 독일·소련 불가침조약을 맺을 때 독일은 이미 핀란드를 소련에게 주기로 밀약하기도 했거니와, 스탈린은 내심 핀란드 내전에서 적군이 패배한 것을 아쉬워하고 있었다. 스탈린은 24개 사단 병력 54만명을 동원해 핀란드를 침공했지만 전쟁 초반 2만5000명 이상의 전사자를 내며 고전했다. 핀란드의 추위와 울창한 숲 때문에 전차가 기동할 수 없었고 여기에 핀란드의 저격수 공격까지 겹쳐 전선은 수 개월 동안 고착 상태였다. 전 세계의 웃음거리가 된 스탈린은 이듬해 봄 병력 90만명을 더 투입한 끝에야 핀란드의 항복을 받아내게 된다. 핀란드군의 피해는 전사 2만5000명에 부상 4만5000명, 소련군은 전사 12만7000명에 부상 18만9000명이어서 이후 스탈린은 핀란드라는 말만 들어도 치를 떨었다고 한다.

소련에 항복한 핀란드는 영토 일부를 소련에 빼앗겼다. 1945년 제2차 세계대전이 종전하자 소련은 승전국 자격으로 핀란드에 6억 달러를 부과했다. 핀란드 국민들은 소련에 대한 증오심으로 똘똘 뭉쳐 이 금액을 6년 만에 모두 갚았다고 한다. 1966년 사회민주당 내각이 선출되면서 복지 국가의 기틀을 잡았고 1995년 EU에 가입했다.

핀란드의 공용어는 핀란드어와 스웨덴어다. 핀란드가 500년 넘게 스웨덴 속국이었던 데다가 핀란드 독립 당시의 지배층 역시 스웨덴 귀족 출신이 많았기 때문에 스웨덴어도 공용어로 채택했다. 다만 스웨덴어 사용 인구는 10%도 되지 않는다. 90% 이상이 핀란드어를 사용한다.

스웨덴어·덴마크어·노르웨이어가 인도·유럽어족 게르만어파에 속하는 데 비해 핀란드어는 우랄어족 핀우그리아어파에 속한다. 핀란드는 민족·언어적으로 북유럽 5개 국가 중에서 가장 이질적인 국가다. 핀란드어는 에스토니아어와 매우 유사해 의사 소통이 가능할 정도라고 한다. 핀란드어는 스웨덴과 러시아 카렐리야 주에서 공식 소수민족 언어로 지정돼 있고, 에스토니아에서도 인구의 2%가량이 모국어로 사용하고 있다고 한다.

핀란드 사람들은 "핀란드어는 어렵지 않다. 단지 다를 뿐이다"고 말한다지만 핀란드어는 세계에서 가장 배우기 어려운 언어라고 한다. 격(格) 변화가 15종인데 독일어(4격)나 러시아어(6격)를 간단히 압도하고도 남을 만큼 복잡하다. 또 동사는 6가지 형태로 변형돼 문법을 익히기가 매우 복잡하다.

하지만 한국 사람이 배우기 쉬운 언어라는 견해도 있다. 인도·유럽어족이 굴절어인데 반해 한국어와 핀란드어는 교착어이기 때문에 어순상으로는 한국어에 더 가깝다는 것이다. 예를 들어 핀란드어로 자동차를 'auto'라고 한다. '자동차 위에서'라고 표현하려면 영어로는 전치사를 사용해 '온 어 카(on a car)'로 표현

해야겠지만 핀란드에서는 전치사 없이 바로 의미를 부여해 'autolla'라고 쓴다. 'autossa'는 '자동차 안에서'라는 뜻이다. 또한 스웨덴어·덴마크어·노르웨이어어처럼 발음이 복잡하지 않다는 점도 핀란드 이민 희망자에게 용기를 준다.

국명	아이슬란드/이슬란드 공화국
	영어 Republic of Iceland
	아이슬란드어Lýðveldið Ísland
언어	아이슬란드어
정치 체제	이원집정부제
국가	찬가(Lofsöngur)
수도	레이캬비크
면적	10만3000㎢(남한과 비슷)
인구	약 33만명
1인당 GDP	5만1262달러(세계 14위, 2014년 IMF 기준)
통화	아이슬란드 크로나(ISK)
EU 가입일	미가입

이사피
외르뒤르
Ísafjörður
Bíldudalur
Patreksfjörður
쇠이다우르크
로퀴르
Sauðárkrókur
닭비크
Dalvik
후사비크
Húsavik
아쿠레이리
Akureyri
Blönduós
Reykjahlíð
Borgarfjörður
Eystri
에이윌
스타디르
Egilsstaðir
세이디스파
외르뒤르
Seyðisfjörður
Reyðarfjörður
Ólafsvík
Hellnar
보르가르네스
Borgarnes
아이슬란드
Vatnajökulsþjóðgarður
Fáskrúðsfjörður
Djúpivogur
회픈
Höfn í
Hornafirði
레이캬비크
Reykjavik
Reykjanesbær
Kirkjubæjarklaustur
비크어뷔르달
Vik

햇빛이 매우 적고 날씨가 변덕스러운 편이다. 날씨가 맑은 날이 거의 없다. 섬나라의 특성상 저기압이 자주 발생하고 안개가 끼거나 흐린 날이 대부분이다. 아이슬란드에는 "지금 날씨가 마음에 안 든다 하더라도 15분만 기다려라"라는 말이 있을 정도로 날씨가 변덕스럽다고 한다. 연평균 기온은 3℃로 북유럽 5개 국가 중 가장 춥다. 가장 따뜻한 7월 평균 기온이 11℃로 한국의 초겨울 수준이다. 1월 평균 기온은 0℃다. 수도 레이캬비크 1월 평균 기온은 -0.4℃, 7월 평균 기온은 11.2℃다. 아이슬란드 인근에서 발생하는 저기압은 북유럽 3국뿐 아니라 영국과 독일 특유의 우중충한 날씨를 형성하는 원인이기도 하다.

역사

'얼음의 땅'이라는 뜻을 가진 아이슬란드의 역사는 9세기에 시작한다. 872년, 처음으로 바이킹이 들어왔다. 아이슬란드는 본래 사람이 살기 적합한 땅이 아니다. 국토의 10%가 용암이고 11.5%는 빙하라는 혹독한 지형 조건에다 바람과 비가 잦고 저온다습한 혹독한 기후 때문이다.

잘 알려지지 않은 사실이 있다. 흔히 의회민주주의의 발상지가 영국(14세기)이라고 알려져 있지만 사실 세계 최초의 의회가 설립된 곳은 아이슬란드다. 930년 팅그벨리르 평원에서 소집된 '알팅그'라는 모임이 바로 그것이다. 장엄한 산맥을 배경으로 바위와 초원이 늘어진 이 평원은 아이슬란드의 역사가 시작된 곳으로 2004년 유네스코 세계유산으로 지정되기도 했다.

아이슬란드는 1262년 노르웨이의 속국이 됐다가 칼마르 동맹 성립 직전인 1380년 덴마크의 영토가 됐다. 덴마크는 아이슬란드의 자치권을 회수하고 덴마크 이외 국가와의 무역을 금지했다. 아이슬란드 의회의 역할 역시 유명무실해졌다. 1918년 자체 헌법을 만든 뒤 덴마크 왕을 국가 원수로 하는 형태로 독립했다. 그러나 아이슬란드·덴마크 연합왕국은 제2차 세계대전 당시 해체됐고 1944년 공화국이 수립됐다.

'북쪽 변방의 섬나라'라는 인식이 강하지만 그린란드와 영국 사이에 자리한 입지 때문에 북대서양의 전략 요충지이기도 하다. 1951년부터 2006년까지 미국과 방위협정을 맺고 군사 기지를 제공하기도 했다. 냉전 시기 미국은 이곳에서 소련 잠수함을 감시했다고 한다.

아이슬란드 수입의 상당 부분이 고기잡이에서 얻어진다. 주변 수역에 대량 서식하고 있는 대구가 수입원이다. 이 대구를 놓고 영국과 세 차례(1958, 1972, 1976년)나 전쟁을 했다. 영국인의 주식인 '피시 앤 칩스'의 재료인 대구를 잡기 위해 영국 어선들이 아이슬란드 해역에서 조업하자 아이슬란드 해양경비대가 영국 어선들의 그물을 모조리 끊어버리는 식으로 대응한 것이다. 양측 군함이 포격전을 벌였고, 국교를 단절한 양국은 선전포고 직전까지 갔지만 NATO의 중재로 전쟁까지 치닫지는 않았다.

아이슬란드는 2008년 세계 금융위기 때 부채가 GDP의 11배에 육박하는 등 국가 부도 직전까지 가기도 했다. 은행 재국유화, 가계부채 탕감 등의 조치로 위기를 진정시켰고 현재는 1인당 GDP 5만 달러가 넘는 복지국가로 자리매김하고 있다.

아이슬란드는 2014년 개봉한 크리스토퍼 놀란 감독 영화 「인터스텔라」의 무대가 되기도 했다. 온통 물로 뒤덮여 있는 '밀러 행성'은 아이슬란드의 브뤼나산뒤르 호수에서 촬영한 것이다. 척박한 얼음별인 '만 행성'은 역시 아이슬란드의 스비나펠스이외퀴들에서 촬영했다. 「인터스텔라」 개봉 이후 한국의 방송사들도 아이슬란드에서 예능 프로그램을 촬영했다.

═══════════════════ 언어 ═══════════════════

어쩌면 아이슬란드어가 핀란드어보다 더 배우기 어렵다고 말하는 사람도 있다. 핀란드어는 언어의 구조 자체가 복잡할 뿐이어서 사용자의 노력과 의지로 이를 극복할 수 있지만 아이슬란드어는 현대 언어라기보다는 고대 언어에 가깝기 때문이다. 아이슬란드어는 스웨덴어·덴마크어·노르웨이어처럼 게르만어파에 속하지만 고립된 환경에 있다 보니 변화가 거의 없었다. 사람에 따라서는 아이슬란드어가 고대 노르드어, 고대 영어와 비슷하다고 말할 정도다. 외국인이 한국에 들어와 현대 한국어가 아닌 신라 향가나 고려 가요가 쓰인 고대·중세 한국어를 배워야 한다고 생각해보면 이해가 빠를 것이다.

아이슬란드어가 배우기 어려운 또 하나의 이유는 극도의 순수주의 때문이다.

18세기 말 아이슬란드가 덴마크로부터 자치권을 얻어내려고 하면서 독립 정신이 나타났다. 영어나 독일어에 대량 흡수된 라틴어와 그리스어를 모조리 배제하고 아이슬란드 고유어만 사용하기 시작했다. 예를 들어 전기(電氣)는 다른 스칸디나비아 국가에선 그리스어 'ἠλεκτρον'에서 온 영어 'Electricity'와 비슷하게 쓴다. 덴마크·스웨덴·노르웨이에서 모두 'Elektriciteit'라고 쓰고 독일에서는 'Elektrizität'라고 쓰는데 아이슬란드에서는 'Rafmagn'이라고 쓴다. 번개와 힘의 합성어다. 아이스크림을 '얼음보숭이', 콜라를 '단물'이라고 쓰는 북한과 유사한 기조라고 볼 수 있겠다.

gettyimagesBank

a 북유럽식 사회민주주의

북유럽 5개국이 채택하고 있는 정치 체제는 사회민주주의다. 사회주의를 마르크스주의에서 제시하는 프롤레타리아 혁명이 아니라 의회민주주의를 통해 실현하고자 하는 정치 체제다. 한국이 채택하고 있는 자유민주주의와는 대척점에 있다. 민주주의를 통해 사회주의를 구현하는 정치 체제가 사회민주주의라고 말할 수도 있다. 한편으론 정치적으로는 민주주의, 경제적으로는 사회주의를 추구한다고 이야기할 수 있다.

사회주의는 개인의 자유보다는 공동체의 평등을 중시한다. 경제 정책 역시 성장보다는 분배를 추구한다. 현재 사회민주주의를 채택하고 있는 북유럽 국가들의 지향의 실체가 진짜 사회주의인지에 대해서는 논란이 있지만, 자유민주주의를 운영하고 있는 한국이나 미국 같은 나라와 국가 운영의 목표가 다른 것은 확연하다. 자유민주주의 선도 국가인 미국에선 종종 북유럽 사람들을 '공산주의자'라고 비꼬는 사람들이 있다. '공산주의자'라는 말은 북유럽 사람들이 가장 싫어하는 비난 중 하나라고 한다.

한국의 많은 지식인이 북유럽의 사회민주주의 제도를 동경한다. 한국이 나아가야 할 길이 스웨덴식 사회민주주의라고 주장하는 사람들도 적지 않다. 그러나 북유럽의 강력한 복지제도를 뒷받침하는 이 사회민주주의가 어느 날 갑자기 하

늘에서 뚝 떨어진 것은 아니다. 스웨덴과 노르웨이의 사회민주주의 확립 과정을
지켜보면 상당한 희생과 비용을 치렀다는 사실을 알 수 있다.

북유럽 국가들은 19세기 중반까지만 해도 빈곤에 시달리는 2등 농업 국가였다.
작황이 좋지 않을 때마다 굶어 죽는 사람이 속출했다. 스웨덴에선 1860년대부
터 1930년까지 미국으로 이민을 간 인구가 150만명에 육박했다. 1900년대 초
스웨덴 인구가 450만이었다고 하니 전 국민의 3분의 1이 이민을 간 것이다.[59]
핀란드 역시 전쟁과 추위로 굶고 병들어 죽는 신생아가 속출했는데, 이 때문에
만든 제도가 앞서 소개했던 머터니티 패키지다.

스웨덴은 1920~30년대까지만 해도 노사 갈등이 가장 심한 나라였다. 세계에서
파업일이 가장 길었던 국가로, 1931년 이른바 '오달렌 사태' 때는 군대가 노동자
에게 발포해 사상자가 발생하기도 했다. 노동자들은 유혈 혁명을 주장하기까지
했다.[60] 당시 북유럽 국가들은 노동자와 고용주 사이의 거친 대결로 몸살을 앓
고 있었다. 스웨덴과 노르웨이가 특히 심해서 재계의 이익뿐 아니라 의회민주주
의 체제 자체까지 위협당하고 있었던 상황이었다.[61]

스웨덴 사회민주노동당 당수 알빈 한손은 1928년 '국민의 집' 이론을 주창했다.
그는 의회에서 이렇게 연설했다.

"이제 우리는 시민사회를 특권 계층과 소외 계층, 지배 계층과 피지배 계층, 부자
와 빈자, 지주와 빈농, 수탈자와 피수탈자로 갈라놓는 장벽을 깨고, 구성원 서로
배려하는 양질의 국민의 가정을 건설해야 한다."[62]

사회민주노동당은 이후 선거에서 노조와 농민 지지를 받으며 국민기초연금제(1935년), 자녀수당(1947년), 일반의료보험(1955년), 9년제 의무교육(1966년) 등 정치·경제·사회 개혁을 단계적으로 이뤄갔다. 이 과정에서 스웨덴 노동자와 고용주는 서로 간의 극심한 갈등을 대화와 타협으로 풀어나가며 의회 세력에 사태를 해결할 만한 여유를 줬다. 스웨덴 왕실도 이러한 사회 통합을 지지하고 나섰다. 스웨덴에서 시작된 이러한 복지 국가 운동은 주변국의 모델이 됐다.

이 결과 북유럽에서 사회민주주의 정당들이 이후 안정적으로 집권해 국가를 운영해나갈 수 있었던 것이다. 관련 연구자들은 1930년대 이전까지만 하더라도 유럽에서 가장 사회 갈등이 극심했던 북유럽 나라들이 노사 간 합의를 지속적으로 이뤄 사회민주주의 체제를 다진 것을 '기적'이라고 평가하기도 한다.

사실 북유럽의 사회민주주의 체제에 대한 동경이 환상에 지나지 않는다고 주장하는 사람들도 있다. 스웨덴이나 노르웨이 같은 나라들은 5만 달러가 넘는 1인당 GDP를 바탕으로 세계 최고 수준의 행복을 누리지만, 사실상 제3세계의 약소국을 착취해 사회민주주의를 지탱한다는 비판이다. 앙골라, 방글라데시, 알제리 등 약소국 시민들에게 저임금을 강요해 창출해낸 부로 국가를 운영하니 본질적으로 제국주의적일 수밖에 없다는 것이다. 이런 비판을 시야에 넣고 보면 북유럽식 사회민주주의라고 해서 완전무결한 유토피아(본디 세상에 그런 곳이 존재할 수 없겠지만)가 아님은 자명해진다. 다만 높은 수준의 사회적 합의를 통해 갈등을 해결하고 사회민주주의 체제를 다진 이들의 공동체 의식만큼은 높이 평가해도 될 것 같다.

2016년 미국 대통령 선거에서 돌풍을 일으킨 버니 샌더스는 자신을 '민주사회자(Democratic Socialist)'라고 지칭한다. 그는 뉴햄프셔 주 유세에서 북유럽 국가들을 언급하며 "부와 소득이 더 고르게 분배되는 국가를 바란다"며 "북유럽 국가들의 사회보장제도는 공짜가 아니다"라고 했다. 샌더스는 "북유럽 국가 국민들은 더 많은 세금을 내고, 부자들은 훨씬 더 많은 세금을 낸다"고 했다.[63] 미국이 소수 부유층이 아닌 모든 시민들의 나라가 돼야 한다며 돌풍을 일으킨 샌더스는 부자 증세, 복지 강화 등의 공약으로 '샌더스 신드롬'을 일으켰다.

미국 대선 후보마저 언급한 북유럽 국가들은 모든 국민에게 이른바 '세금 폭탄'을 부과하는 것으로 유명하다. 가난한 사람도 부유한 사람도 세금을 피할 수가 없다. 물론 북유럽의 세금 제도는 부자에게 훨씬 가혹하다. 2000년 핀란드 노키아 부사장의 '오토바이 벌금 사건'이 대표적이다. 핀란드 헬싱키에서 할리데이비슨 오토바이를 몰던 안시 반요키는 시속 50km 제한 구역에서 75km로 달리다가 경찰에 적발됐다. 벌금이 무려 11만6000유로(약 1억6000만원)가 나왔다. 핀란드의 벌금은 소득과 비례해 책정되는 '누진제'인데 당시 안시 반요키의 연봉이 1400만유로(약 193억원)였기 때문이다.[64]

실제 북유럽 국가들의 세율은 세계 최고 수준이다. 소득세 기준으로 스웨덴(29~59%), 덴마크(36~60%), 노르웨이(최고 47.8%), 핀란드(22.5~51%)다. 한국(6~38%)에 비해 훨씬 많은 세금을 걷고 있는 것이다. 돈을 많이 벌수록 세율은 점점 높아진다. 여기에 부가세 등 각종 명목의 세금까지 더하면 북유럽의 '

체감 세율'은 최고 70~80%까지 높아진다는 것이 현지 이민자들의 이야기다.

세금을 이리도 혹독하게 걷다 보니 북유럽 내에서도 반발이 있었다. 스웨덴의 이케아 창업주 잉바르 캄프라드는 1973년 스웨덴 정부가 부유세를 신설하자 이에 반발하며 스위스로 떠났다. 그는 스웨덴의 높은 세금을 피해 각종 세금 혜택을 주는 네덜란드로 옮기기까지 했다. 하지만 잉바르 캄프라드는 자신의 스웨덴 국적만큼은 계속 유지했고 2014년 스웨덴으로 돌아와 1770만 크로나(약 23억6680만원)의 근로 소득을 신고하고 600만 크로나(약 8억원)의 세금을 냈다. 스웨덴 우파 정부가 부유세를 폐지하고 소득세와 복지 비용을 낮추자 다시 고국으로 돌아온 것이다.[65] 이 밖에도 스웨덴의 세계적인 영화감독 잉마르 베리만은 독일로, 테니스 챔피언 비욘 보그는 모나코로 떠났다.[66]

일부 유명인들이 고국을 떠날 만큼 높은 세율이지만 대다수의 북유럽 사람들은 소득의 절반 가까이를 세금으로 떼어가도 괜찮다고 생각한다. 세금을 낸 만큼 각종 사회 보장 혜택을 받는다고 생각하기 때문이다. 덴마크 사람 10명 중 7명은 세금과 국가가 주는 서비스 균형에 만족한다. 세금이 지나치게 많다고 생각하는 사람은 20%에 불과하다. 66%는 적당한 수준이라고 생각하고 심지어 12%는 세금을 덜 내고 있다고 생각할 정도다. 덴마크 사람들의 61%는 절세에 관심이 없다는 조사 결과도 있다.[67]

세금을 성실하게 납부해야 한다는 시민 의식도 높다. 스웨덴에서는 자동차 번호만 알면 소유자의 이름, 주소, 사고 경력 등을 누구나 조회할 수 있다. 핀란드에서는 차량을 얼마에 샀는지 세금 금액과 납부 여부까지 조회할 수 있다.

노르웨이 국세청은 모든 납세자의 연간 소득과 자산을 홈페이지를 통해 공개한다. 스웨덴은 매년 전국의 모든 납세자들의 소득, 자산 규모를 '세금 달력(Taxeringskanlendern)'이라는 이름의 책자로 인쇄해 배포한다. 책자 광고 문구도 놀랍다.

"당신 봉급을 다른 사람 소득과 비교해보세요."

"곧 연봉 협상 하십니까? 이 책자로 당신 동료가 얼마나 버는지 금방 확인할 수 있습니다."

"새로 취직하셨습니까? 이 책자는 당신이 얼마를 받아야 할지 도와줍니다."

"당신이 누군가를 안다면 이 책자를 통해 그가 얼마나 버는지 쉽게 확인할 수 있습니다."[68]

내가 얼마나 버는지 남들이 모르게 하고 싶다고? 북유럽에서는 누구도 그럴 권리가 없다.

c 실직해도 다쳐도 병들어도 늙어도 망가지지 않는 삶

이렇게 어마어마한 세금을 거두는 북유럽 사회는 국가 재정의 상당 부분을 사회 복지에 사용한다. 북유럽 국가들의 GDP 대비 복지 지출 현황을 살펴보면 덴마크 29.2%, 스웨덴 28.9%, 핀란드 24.8%, 노르웨이 23.9%로 세계 최고 수준이다. 이에 비해 일본은 16.9%, 미국은 14.8%, 한국은 6.1%다. 한국에선 일자리를 잃거나, 갑작스런 장애 또는 질병을 얻거나, 늙어서 신체 능력이 떨어지면 그 즉시 경제력을 상실한다. 어지간한 직장에 다니던 사람이라도 이러한 재해를 입으면 삶은 나락으로 떨어지고 만다. 국민들로부터 막대한 세금을 거둬들이는 북유럽 국가들은 공동체 구성원의 삶이 어떤 조건 하에서도 인간다운 존엄성을 잃지 않도록 돕는다. 북유럽 국가가 특별히 다른 나라보다 더 자비로워서가 아니라 그래야만 국가라는 공동체가 유지될 수 있다고 믿기 때문이다.

한국의 한 병원에서 일하던 황순재 씨는 2011년 덴마크로 기술 이민을 떠났다. 학부에서 경영학을, 국제금융 전공 경제학 석사를 보유하고 있던 그는 IT 분야의 자격을 인정받아 덴마크에 입국할 수 있었다. 그런데 막상 덴마크에 IT 관련 일자리가 없었다. 황씨는 덴마크 당국이 주선하는 직업 교육을 받았고 그 결과 요리사로 전직, 지금은 코펜하겐 근교의 한 도시 일식당에서 근무하고 있다. 그는 "취업이 안 되다 보니 새로운 길을 가기 위해 요리사의 길을 선택했다"며 "현재 생활에 만족한다. 일을 열심히 하면 부주방장, 주방장도 될 수 있고 나중에 새 레스토랑도 차릴 수 있다"고 했다.

북유럽 국가들은 외국인이라 할지라도 자기네 공동체의 자격을 얻은 다음엔 결코 실업 상태로 내버려두지 않는다. 북유럽에서는 부득이한 사유로 직장을 잃었더라도 재취업할 때까지 수당을 주는 것은 물론이고 국가가 재취업을 적극적으로 알선한다. 한국에서는 직장에서 잘리는 것이 곧 '사회적 죽음'을 의미하는 것이지만 북유럽에서는 전혀 그렇지 않은 것이다. 스웨덴의 경우 정리 해고를 할 경우 1년치 연봉, 1년 재취업 교육 책임, 회사 상황이 회복되면 재고용 보장, 창업비 지원 및 컨설팅 등의 조건을 제시하는 회사도 있다. 1년이 지났는데도 재취업을 하지 못하면 국가에서 연봉의 80%를 보장한다. 실업 후 세계여행을 떠나며

재충전을 하는 사람들도 흔하게 찾아볼 수 있다.[69]

질병이나 장애 역시 마찬가지다. 스웨덴 고등학교 2학년생 에바는 스키선수가 꿈이었다. 어느 날 스키를 타던 도중 부상을 당해 전신 마비 장애를 입었다. 국가는 에바를 돌볼 보조원과 휠체어 등 보장구를 무상으로 지원했고 장애 연금도 지급했다. 재활 치료가 효과가 있어 자동차를 몰 수 있게 된 에바에게 자동차 구입 보조금과 차량 개조비도 지원했고, 보호자가 집에서 계속 돌봐야 될 때를 대비해 보호자 보조금도 지급했다. 한쪽 팔을 움직일 수 있게 된 에바는 음악 치료사의 꿈을 갖게 됐고 대학에서 심리학을 공부해 장애인 관련 회사에 입사하게 됐다. 전신 마비를 입은 스키 선수가 장애인이 돼서도 대학 교육을 받고 직장을 얻을 때까지 국가가 돌봐준 것이다.[70]

노인들 역시 지금까지 낸 세금을 노후 연금으로 되돌려 받는다. 노후 연금은 물론 생활하기 부족함이 없을 정도로 주어지는데 여기에 질병이나 거동 수준에 따라 각종 생활 서비스(식사, 세탁, 배달) 등을 제공해준다. 건강이 악화돼 요양원에 들어가야 할 때도 국가가 금액을 지원해주거나 연금에서 공제하는 형식으로 혜택을 받을 수 있다. 한국 사람들은 남녀노소를 막론하고 "이렇게 살다가 늙어서 독거 노인이 된 뒤 폐지를 줍다가 고독사하면 어떡하지"라는 불안감을 가지고 있다. 이런 죽음은 북유럽 사람들의 입장에선 국가의 실패이자 공동체의 실패이므로 결코 용납할 수 없는 것이다.

잡초 뽑고 낙엽 쓰는 재벌가 자제들

한국에서는 '재벌'이라는 말을 '막장'과 짝지어 쓸 때가 많다. 2014년 대한항공 '땅콩회항' 사건이나 2015년 '롯데그룹 왕자의 난', 2016년 삼성 이부진, 임우재 이혼 소송전, 몽고·현대·대림 등 대기업 오너들의 운전기사 폭행 사건을 지켜본 한국 국민들은 재벌가를 소재로 한 막장 드라마가 TV 화면 속이 아닌 진짜 현실에서 펼쳐진다는 사실을 알게 됐다.

한국의 언론이 삼성그룹에 대해 조언을 할 때 약방의 감초처럼 등장하는 소재가 스웨덴의 발렌베리 가문이다. 삼성그룹 이건희 회장이 모델로 삼았다고도 하는 이 그룹은 스웨덴 GDP의 30%를 차지하고 있는 스웨덴의 최대 재벌이다. 스웨덴의 금융, 자동차, 항공, 방위산업 통신, 건설, 가전, 제약 등을 장악하고 있다. 종사자는 40만명, 스웨덴 전체 인구의 4.5%다.

발렌베리 그룹의 실질 창업주는 스웨덴 해군 장교 출신의 앙드레 오스카 발렌베리다. 루터교 목사의 아들로 태어난 그는 17세에 해군사관학교에 입학해 해군 장교가 된 뒤 미국에서 2년 동안 체류했다. 그 시절 은행 사업에 자극을 받았고 1856년 오늘날의 스톡홀름 엔스킬다 은행(SEB)을 창립하며 현재까지 이어지는 발렌베리 그룹의 터를 닦았다.

발렌베리 그룹은 150년이 넘는 세월 동안 5대째 세습을 이어가고 있다. 그러나 '금수저'를 물고 태어났다는 사실로만 그룹을 이끌 자격이 주어지는 것은 아니다. 최고경영자 자리에 오르려면 가문의 엄격한 승계 원칙을 만족시켜야 한다. 부모

도움 없이 명문대를 졸업할 것, 혼자 힘으로 해외 유학을 마칠 것, 해군 장교로 복무할 것 등이다. 150년 동안 창업주에서 5대까지 이어져온 10명의 경영자 중 9명이 모두 이 요건을 갖추었다고 한다. 이 조건을 갖췄다고 해도 바로 오너 경영자가 될 수 있는 것은 아니다. 세계 금융의 중심지 뉴욕, 런던, 파리 등의 금융 회사에 취직해 지식을 쌓아야 한다.[71] 후계자 평가엔 10년 이상이 걸리고 견제와 균형을 위해 오너는 언제나 2명으로 뽑는다. 경험과 능력 없이 단지 '혈통'만 가지고 후계자가 될 수는 없는 것이다.

발렌베리 가문의 후계자들은 또한 어려서부터 책임감과 검소함을 배우며 자란다. 부모들은 매주 월요일 아침 아이들과 숲을 걸으면서 선조들의 업적을 이야기해주며 책임감과 사명감을 심어준다. 또한 노동의 가치와 돈의 소중함을 알려주기 위한 훈육도 엄격하다. 여름에는 정원의 잡초를 뽑고 가을엔 낙엽을 쓸어야 하며, 형제의 옷을 물려가며 입는다. 용돈을 받으면 상당 부분 저축하게 한다.[72] 재벌가에 태어났다는 특권의식에 젖지 않게 하기 위한 노력이다.

발렌베리 가문의 가훈은 'Esse, Non Videri'다. '존재하나 드러내지 않는다'라는 뜻의 라틴어다. 발렌베리가 스웨덴 경제를 좌지우지한다는 비판은 언제나 있어 왔다. 이들 역시 그러한 시각을 의식해 엄격한 후계자 교육과 막대한 기부를 통해 공동체의 질서를 지키려고 노력해왔다. 그 노력이 바로 가훈에서도 드러나는 것이다.

가훈을 실천하기 위해 발렌베리 사람들은 오래전부터 공동체를 유지하기 위한 기부에 앞장서왔다. 2대 경영자인 크누트가 세운 '크누트 앤드 앨리스 발렌베리 재단'은 2009년에만 7억1600만 크로나(약 1200억원)를 스웨덴 대학과 연구소 등에 기부했다. 이 재단이 1917년 설립 이래 지금까지 기부한 돈은 총 135억 크로나(약 2조3000억원). 스웨덴의 과학자치고 발렌베리 재단의 연구 자금을 받지 않은 사람이 없다고 한다. 발렌베리 재단은 노벨상 위원회에도 거액을 기부하고 있다.[73]

스웨덴 사람들은 이런 발렌베리 가문에 대해 많은 호감을 가지고 있다. 이케아 등 여러 대기업 소유주들이 스웨덴의 높은 세금이 싫어 외국으로 도망가는 와중에서도 자기 나라에 남아 책임을 다하는 이 가문을 국민들이 인정한 것이다.

a　토르와 엘사의 땅

영화 「토르」와 「어벤져스」 시리즈에 등장하는 '토르'는 사실 북유럽 신화의 주인공이다. 영화에선 북유럽 신화의 주신(主神)인 오딘의 아들로 설정됐는데, 망치 모양의 무기인 '묠니르'를 가지고 다니는 것이 가장 큰 특징이다. 매우 저돌적이고 거친 성격의 토르는 이복 동생인 로키에게 속아 거인족 땅에 무작정 쳐들어 갔다가 아버지의 노여움을 사게 되고 지구로 추방돼 다른 영웅들을 만난다는 이야기가 펼쳐진다.

사실 토르는 북유럽 신화에서 가장 인기가 많은 신이었다. 토르는 천둥의 신이었고 무적의 전사였다. 또한 농업의 수호신이었던 까닭에 농민들에게서 가장 큰 인기를 끌었다고 한다. 천둥 번개는 반드시 비를 동반하기 때문에 토르의 존재 자체가 풍요와 번성을 상징했다는 것이다. 목요일을 뜻하는 영어 'Thursday' 역시 토르(Thor)에서 왔다고 한다. 토르가 오딘의 아들이라는 신화도 전해지는데, 신화학자들은 농민과 피지배층들에게서 인기를 끌던 토르를 지배층의 신인 오딘으로 대체하는 과정에서 토르를 격하시키고자 이러한 이야기가 만들어 졌다고도 한다.

영화에서 간교한 이복 동생으로 설정돼 있는 로키는 신화 속에서는 친구로 설정돼 있다. 엄청난 양의 주량을 자랑했던 토르는 어느 날 로키에게 속아 바다를 술인 줄 알고 마셨는데 바다가 마를 정도였다고 한다. 화가 난 토르가 묠니르로 땅을 내려치니 계곡이 생겨났다고 할 정도다. 토르 신앙은 스칸디나비아뿐 아니라 게르만족이 살던 독일까지 퍼져 있었는데 전파 초기의 기독교와 경쟁했다고도 한다. 할리우드에선 지금도 '토르' 시리즈가 제작 중이니 북유럽 신화가 생각보다 우리 곁에 가까이 있는 셈이다.

2014년 겨울, 한국에 '엘사 열풍'을 몰고 왔던 디즈니 애니메이션 「겨울왕국」 역시 북유럽 이야기를 기본으로 한 작품이다. 디즈니의 53번째 장편 애니메이션이자 월드 디즈니 컴퍼니 창립 90주년을 기념하는 이 영화는 덴마크의 동화 작가 안데르센의 『눈의 여왕』을 원작으로 한다. 안데르센이 1845년에 처음 발간한 이 동화는 '카이'와 '겔다'라는 소년소녀와 온 세상을 지배하는 눈의 여왕 사이에서 벌어지는 일을 다루고 있다.

『눈의 여왕』은 안데르센이 어렸을 때 어머니에게 들은 이야기를 바탕으로 한 것이다. 안데르센의 아버지가 나폴레옹 전쟁에서 돌아온 뒤 사망하자 어머니는 어린 그에게 '눈의 요정이 아버지를 데려갔다'는 이야기를 해줬다고 한다. 나중에 안데르센은 이를 바탕으로 『눈의 여왕』을 집필했다. '동화의 아버지'라고 불리는 안데르센은 우리가 잘 알듯 『인어 공주』, 『미운 오리 새끼』, 『성냥팔이 소녀』, 『백조 왕자』, 『벌거벗은 임금님』 등의 걸작을 집필했다. 안데르센이 없었다면 월트 디즈니도 태어나지 않았을 것이다. 토르에서 엘사까지, 21세기 할리우드에 없어서는 안 될 캐릭터들의 고향이 북유럽이다.

하얀 밤이여, 나뉘어라. 슬픔도 아닌 것이, 회한도 아닌 것이, 물이 되어 내 눈에서 밀려나온다. 밤은 그제야 출렁이듯 왜곡되며 둥글게 소용돌이친다. 밤의 하얀 폭이 세로로 쪼개지며, 그 틈으로 검붉게 질퍽이는 덩어리들이 뭉클뭉클 밀려 나온다. 나는 내 목소리가 들리지 않도록 손바닥으로 귀를 감싸며 혼자 중얼거린다.

2006년 이상문학상을 받은 소설가 정미경의 단편 '밤이여 나뉘어라'의 한 구절이다. 이 소설은 노르웨이 오슬로에 사는 옛 친구 P를 만나러 간 주인공 '나'의 이야기를 다루고 있다. 주인공은 성공한 영화 감독이지만 한평생 P에 대한 열등감과 동경에서 빠져 나오지 못했다. 그러나 그는 뜻밖에 마주한 P의 몰락과 파멸 앞에서 허무와 좌절을 느낀다는 것이 소설의 줄거리다.

이 소설은 노르웨이 화가 에드바르트 뭉크의 대표작 <절규>가 도난 당한 사건을 소재로 이야기를 풀어나간다. 실제 오슬로 국립박물관에 전시되어 있던 이 작품은 1994년 도난 당했다가 석 달 만에 돌아왔고 2004년에는 2인조 무장 괴한에게 강탈당했다가 2006년 되찾았다. 정미경은 바로 이 사건을 모티프로 소설을 전개한 것이다. 이상문학상 심사위원회는 "빛과 어둠을 경계 지을 수 없는 북구의 황량한 풍경을 배경으로 기억과 욕망을 소재 삼아, 이 소설이 도달하고 있는 참 주제는 사랑에 대한 미망으로부터 벗어나지 못한 채 나락으로 빠져든 인간의 비극적 파멸"이라고 했다.

공황발작에 시달리고 있던 뭉크는 마구 일그러지는 선으로 얼굴을 묘사함으로써 내면에 흘러나오는 불안을 묘사했다. 그림을 보고 있으면 날카로운 비명이 들려오는 것 같다. 마음속에서 공포의 소용돌이가 마구 몰아치는 듯한 기분도 든다. 뭉크의 이 작품은 19세기 말 인간 이성의 붕괴와 제2차 세계대전이라는 대비극의 전조를 감지한 수작으로 평가 받는다. 세계적으로 유명해진 이 작품을 보려 해마다 수만 명의 관광객이 오슬로를 찾는다. 2013년 뭉크 탄생 150주년을 맞아 개최된 회고전에는 노르웨이 국민 500만명의 10분의 1인 50만명이 전시를 찾았다고 한다.

뭉크가 북유럽 미술을 대표한다면 북유럽 극작가 중 가장 유명한 사람은 아마 헨리크 입센일 것이다. 북유럽 근현대극의 창시자로 꼽히는 그는 20세기 북유럽의 '현대극의 아버지', '위대한 거인'으로 불린다. 노르웨이 시엔에서 한 상인의 아들로 출생했지만 여덟 살 때 아버지가 파산, 약국의 도제로 일하며 생활했다. 그의 대표작 『인형의 집』은 여성 해방 운동의 씨앗이 된 것으로 평가 받는다. 마초주의적 사회에서 태어나 현실에 순응하던 한 여성의 각성을 그려낸 이 작품은 당시의 사회 관습과 종교의 부패와 위선을 고발했다는 점에서 큰 반향을 불러일으켰다. 입센은 이외에도 『유령』, 『브란트』, 『페르귄트』 등의 작품으로 북유럽 근대극의 기반을 닦았다.

핀란드 출신의 장 시벨리우스는 북유럽 작곡가의 대표라고 말할 수 있다. 어렸을 때부터 독일과 오스트리아로 유학을 다녀온 그는 1899년 발표한 교향시 <핀란디아>로 일약 국민 작곡가에 등극한다. 우리나라의 음악 교과서에도 유럽의 '국민악파'를 대표하는 인물로 소개돼 있다. 북유럽 국가들 중에서도 변방에 속해 있었고, 북유럽 맹주인 스웨덴 그리고 이웃 강대국인 러시아의 등쌀에 늘 시달리던 핀란드의 국민적 자존감을 드높인 인물이라고 할 수 있다. 음악사에서도 후기 낭만주의를 자기만의 문법으로 재발전시킨 독창적인 작곡가로 평가 받는다. 1957년 92세의 나이로 세상을 떠났을 때 핀란드 사람들은 그의 장례를 국장으로 치르며 국민 작곡가의 죽음을 애도했다.

c 실존주의 철학의 키르케고르

덴마크의 철학자 쇠렌 키르케고르는 실존주의 철학의 선구자다. 쇼펜하우어, 니체 등과 더불어 기존의 플라톤주의 철학에 도전한 철학자다. 『이것이냐 저것이냐』, 『불안의 개념』, 『죽음에 이르는 병』 등의 저작으로 잘 알려져 있다. '신(神) 앞의 단독자'라는 말로 설명되곤 하는 그의 철학은 유신론적 실존주의의 뿌리가 됐다. 쇼펜하우어와 니체가 신의 존재를 적극적으로 부인하며 자기네들의 철학을 펼친 반면, 케르케고르는 신 그리고 신에 대한 믿음은 그 실체를 나타내거나 증명할 수 없어도 여전히 그 존재론적 의미의 가치가 있다고 봤다.

키르케고르는 평생 우울하게 살았다. 부유한 상인의 아들로 태어났으나, 가정부였던 어머니를 후처로 들인 데 대한 아버지의 죄책감이 그에게도 유전됐다. 키르케고르 스스로도 술회하기를 '광기에 가까운 교육'을 받았다. 그는 열 살 연하 연인과 약혼했으나 1년 만에 파혼했고 이후 결혼을 거부하고 죽을 때까지 독신으로 살았다. 외로움과 불안이 그의 인생과 철학 전반을 지배했다. 그의 철학 책을 펼치면 흘러나오는 음울함과 죄책감이 뭉크의 <절규>가 주는 그것과 묘하게 닮았다는 사실을 알 수 있다. 생전 키르케고르는 주로 가명으로 출판했고, 내용이 지나치게 자학적이고 급진적인 탓에 덴마크에서 인기를 끌지는 못했다. 사후 그의 저작이 영어와 독일어 등으로 번역되면서 비로소 인정받게 됐고 20세기 기독교 신학에도 큰 영향을 끼쳤다.

덴마크를 비롯한 북유럽 사람들은 서양철학사의 중요한 물줄기를 발원시킨 그를 자랑스럽게 생각한다. 자기 내면에 대한 진지함, 운명과 직업에 대한 성찰 등은 키르케고르를 배출한 북유럽의 공통적 심성이라고 말할 수 있다. 때문에 북유럽 사람들은 출세나 돈이 아닌 적성과 즐거움을 기준으로 직업을 선택한다. 이를 두고 키르케고르의 영향이라고 이야기하는 사람들도 있다.

'내면에 대한 진지함'이라는 키워드로 키르케고르를 설명한다면, 최근 한국에도 활발하게 소개되고 있는 북유럽 현대 문학도 확실히 그렇다. 총인구 500만명의 노르웨이에서 50만명이 읽은 노르웨이 작가기 있다. 칼 오베 크나우스고르라는 이 작가의 자전 소설 『나의 투쟁』이 최근 한국에도 번역됐다. 다음과 같은 작가의 고백은 말 그대로 '절대 고독'이다.

> 난 그 어떤 사람도 내 속에 들어오는 것을 허용하지 않는다. 누군가가 나를 보는 것도 좋아하지 않는다. 그렇다. 나는 그렇게 변해버렸다. 내게 다가오는 사람도, 나를 봐주는 이도 없다. 바로 이것이 내 얼굴을 헤집고 들어온 것이다. 바로 이것이 내 얼굴을 그토록 뻣뻣하게 만든 것이다. 이젠 길을 걷다 우연히 상점의 유리창에 비친 내 얼굴을 보면, 그게 나라는 생각도 들지 않는다.[74]

이런 문장을 쓰는 작가의 글을 전 국민의 10분의 1이 읽는 노르웨이를 보면, 북유럽 사람들의 내면 풍경이 어떠한지 조금은 짐작이 된다.

d 아바, 말괄량이 삐삐, 무민

북유럽 사람들의 성격이 내성적이고 조용한 편이라고는 하지만 이들이 탄탄한 음악 교육으로 쌓아 올린 내공은 세계적인 수준이다. 어린 시절부터 악기 교육이 활성화돼 있어 대부분의 국민이 악기 한둘쯤은 다룰 줄 안다. 그런 까닭에 시내 곳곳에서 수준 높은 공연이 펼쳐진다. 스웨덴의 음악 프로듀싱 수준은 미국과 영국에 이어 세계 3위권이라고 한다.[75]

1974년 데뷔한 아바(ABBA)는 스웨덴 출신의 세계적 팝 그룹이다. 1977년 4집 '어라이벌(Arrival)'에 수록된 <댄싱 퀸(Dancing Queen)>이 미국 빌보드 1위에 오르면서 전 세계적인 인기를 얻었다. 아바의 노래 20여 곡을 사용한 뮤지컬 「맘마미아」는 2008년 동명의 영화까지 개봉하며 40여 년 가까운 명성을 이어 갔다. 아바는 2014년 데뷔 40주년을 맞았다. 우리나라에서도 아바가 스웨덴 출신이라는 것을 모르는 사람은 있어도 <댄싱 퀸>의 멜로디는 누구나 알 정도다. 2015년 개봉한 영화 「마션」에서도 한 등장 인물이 아바의 팬으로 등장한다.

여담으로 아바는 활동 당시 우스꽝스러워 보일 정도로 파격적인 의상을 입었는데 이는 '길거리에서 입을 것 같지 않은 옷'을 입어야만 세금을 공제받을 수 있다는 당시 스웨덴 세법을 지키기 위해서였다고 한다. 아바 멤버들이 스웨덴의 살인적인 세율을 피하기 위해 미국으로 귀화했다는 루머도 있었는데 모두 40여 년 넘게 모범 납세(?) 하며 현재까지도 스웨덴 국적으로 활동 중이다.

1970년대에 우리나라에 소개된 드라마 「말괄량이 삐삐」도 스웨덴에서 만든 작품이다. 스웨덴 동화작가 아스트리드 린드그렌이 쓴 아동 소설을 원작으로 한 드라마다. 주근깨가 난 빨간머리 소녀 삐삐 롱스타킹(Pippi Longstocking)은 늘 긴 양말에 커다란 구두를 신고 다닌다. 이웃집 토미와 아니카와의 에피소드를 중심으로 펼쳐지는 이야기에 스웨덴은 물론 유럽, 소련, 미국의 시청자들까지 즐거워했다. 삐삐의 스웨덴 이름은 '삐삐로타 빅투알리아 룰가디나 크루스뮌타 에프라임스도텔 롱스트룸프(Pippilotta Viktualia Rullgardina Krusmynta Efraimsdotter Långstrump)'로 어마어마한 길이를 자랑한다. 말괄량이 삐삐 이야기는 일본에서도 큰 사랑을 받아 미야자키 하야오 감독의 애니메이션으로도 만들어졌다.

삐삐 역시 세금 문제에서 자유롭지 않았다. 원작자 린드그렌은 자신의 인세에 지나치게 많은 세금을 부과한다고 푸념하는 칼럼을 써서 당시 총리와 재무장관의 반발을 사기도 했다. 당시 그녀가 번 돈의 97.5%를 세금으로 냈다고 하는데 당시 재무장관은 "그 정도 벌면 세금도 그만큼은 감수해야 하는 것"이라는 반응을 보였다고 한다.

하마를 닮은 핀란드 캐릭터 '무민'을 몇 년 전부터 국내 커피숍 기념품 등으로 심심찮게 찾아볼 수 있게 됐다. 귀여운 모습의 무민을 처음 봤을 때 최근 나온 캐릭터가 아닌가 했더니 핀란드 작가 토베 얀손이 1947년에 처음 만들어낸 캐릭터

PiPPi
Lena Granefelt/imagebank.sweden.se

라고 한다. 2016년 기준 우리 나이로 일흔을 넘긴 셈이다. 하마를 닮았지만 사실은 북유럽 설화에 나오는 요정인 트롤(Troll)을 모티프로 삼았다. 초기작에서는 얼굴과 코가 긴 괴상한 모습으로 나왔지만 이후 수정을 거듭하면서 지금과 같은 귀여운 모습으로 바뀌었다. 타르야 할로넨 전 핀란드 대통령의 별명도 '무민 마마'였다. 퇴임 지지율이 80%가 넘었던 그의 푸근한 이미지를 반영한 이름이다.

무민 골짜기에 사는 무민 가족의 모험을 다룬 이 책은 소설과 만화, 그림책 등으로 다양하게 출간되었다. 그런데 2015년 국내에서 출판한 무민 그림책에서 작가 소개란에 "작고 외딴 섬에 집 한 채를 짓고 홀로 살아가다 세상을 떠났다"고 기재한 것이 논란이 됐다. 일부 독자들이 여성 동성애자였던 토베 얀손이 동성 파트너였던 툴리키 피아틸라와 죽을 때까지 함께 살았던 사실을 의도적으로 숨긴 것 아니냐는 문제를 제기한 것이다. 토베 얀손은 실제 무민 캐릭터 중 하나를 자신의 연인을 모델 삼아 그렸던 것으로도 알려졌다.[76]

e 스칸디나비아 디자인

스칸디나비아 디자인이 한국에서 주목 받기 시작한 것은 2000년대 말부터다. 그때까지만 해도 북유럽에 대한 관심이 지금에 비해 매우 적었고 심리적 거리 역시 멀었다. 사람들은 기존의 프랑스나 이탈리아 등의 명품 느낌과는 전혀 다른 스칸디나비아 디자인에 매료되기 시작했다. 스칸디나비아 디자인에 대한 관심은 점차 높아졌다. 2014년 스웨덴 가구 브랜드 이케아가 경기도 광명에 매장을 개장하면서 한국에서 '스칸디나비아 디자인', '북유럽 디자인'은 가구, 의류, 인테

리어 등에서 어느새 주류(主流)를 차지하게 됐다.

스칸디나비아 디자인의 가장 큰 특징은 간결성과 단순성이다. 앞서 언급했듯 북유럽 국가들의 기후 조건은 혹독하다. 이러한 환경에서 화려하고 장식이 많은 건축물이나 가구, 의복 등을 만들어 유지하기는 어려운 일이다. 또 밤과 겨울이 길고 낮과 여름이 짧은 기후 특성상 광장이나 살롱 등에서 대규모의 사교 생활을 하기보다는 집에서 가족 단위로 시간 보내기를 좋아한다. 실용적이고 튼튼한 디자인의 건축물과 가구를 선호할 수밖에 없는 것이다.

스칸디나비아 디자인의 또 다른 특성은 자연스러움이다. 북유럽에선 원목의 질감과 곡선, 직물의 거친 질감, 건물의 투박한 골조를 그대로 노출시키는 디자인을 찾아보기 어렵지 않다. 자연을 정복하거나 변형하기보다는 함께 어울려 존재하기를 원하는 북유럽 사람들의 심성이 디자인에도 반영된 것이다. 간결하고 단순하며 실용적이고 튼튼한 물건을 만들려는 북유럽 사람들의 집념은 어떤 면에서는 독일이나 일본의 장인 정신을 압도하는 데가 있다. 지난해 만난 덴마크 오디오 회사 뱅앤올룹슨 관계자는 "우리 제품은 100년 그 이상이 지나도 끄떡 없다는 목표로 만든다"며 "3대를 물려줘도 문제가 없는 제품이 우리 것"이라고 했다.

20세기 초 독일에서 발흥한 모더니즘 운동인 '바우하우스' 역시 인근 북유럽에 영향을 끼쳤다. 유럽에선 이미 1950~60년대부터 스칸디나비아 디자인이 주목을 받았다. 이 시기 활동했던 사람의 대표 주자가 요즘 어느 카페에서나 자주 볼 수 있는 치프테인(Chieftain) 의자를 디자인한 덴마크 출신의 핀 율(Finn Juhl)

Simon Paulin/imagebank.sweden.se

nyhet
4.995:-
APPLARÖ
IKEA
IK

Simon Paulin/imagebank.sweden.se

이다. 그가 1949년 디자인한 치프테인 의자는 덴마크 국왕 프레드릭 9세가 앉았고 이후 덴마크 대사관에 공급되는 것으로 유명하다. 우리나라에서도 이 의자를 복제한 물건들이 엄청나게 잘 팔리고 있다. 핀 율을 비롯해 한스 베그너(Hans Wegner), 아르네 야콥센(Arne Jacobsen) 등이 스칸디나비아 디자인의 대가로 꼽힌다.

◇ 알고 보면 한국과 인연 깊은 북유럽

a 경주 고분 발굴에 참가한 스웨덴 황태자

아직도 북유럽은 한국 사람에겐 낯설고 생소한 나라다. 하지만 역사를 살펴보면 의외로 한국과 인연이 깊다. 경주에 서봉총(瑞鳳塚)이라는 고분이 있다. 1926년 일제가 발굴한 경주 고분이다. '서봉'이란 '상서로운 봉황'이라는 뜻이지만, 당시 고분 발굴에 스웨덴의 구스타프 황태자가 참가한 것을 기념하여, 스웨덴의 한자 명인 서전(瑞典)의 '서'자와 출토 금관의 봉황 장식에서 '봉'자를 따서 이 같은 이름이 붙었다. 현 스웨덴 국왕 칼 구스타프 16세의 할아버지인 구스타프 6세가 왕세자였을 때 경주를 방문한 것이다.

구스타프 6세는 대학에서 동양미술사와 고고학을 전공했는데, 신혼여행차 한국을 방문해 금강산을 둘러보던 중 경주 고분 발굴 소식을 들었다. 왕세자는 경주로 내려가 석굴암, 불국사 등을 관람한 뒤 고분 현장을 찾아 양복 차림으로 발굴 작업을 도왔다. 금관과 금제 허리띠를 직접 꺼내는 기회가 구스타프 6세에게 주어졌다고 한다. 이를 기념하기 위해 서전의 서(瑞) 자를 고분에 붙였던 것이다. 구스타프 6세는 당시 조선 총독이었던 사이토로부터 서봉총에서 발굴된 금귀고리 한 쌍을 선물로 받았다.

스웨덴 왕실과 한국과의 인연은 계속 이어진다. 2012년 스웨덴 스톡홀름의 동아시아박물관에서 상설 한국관이 문을 열었다. 여기에 서봉총 금귀고리가 전시

됐다. 중국, 일본실에 이어 이 박물관에 세 번째로 설치된 상설 국가 전시실 설립은 한국·스웨덴 수교 50주년이었던 2009년부터 추진됐다가 2012년에야 결실을 맺은 것이다. 국권 침탈기, 우리 문화 유산이 일제에 의해 스웨덴 왕실에 넘겨진 것은 분명 안타까운 일이다. 뒤늦게나마 그 금귀고리가 한국·스웨덴 친선을 나타내는 유물이 된 것을 다행스럽다고 해야 할까.

한국과 스웨덴의 이러한 인연은 2015년 3월 스웨덴 빅토리아 왕세녀 내외가 한국을 첫 공식 방문하고 박근혜 대통령을 만난 자리에서 다시 한 번 화제가 되기도 했다.

b 한국에 밀입국했던 스웨덴 신문기자

그런데 한국을 방문한 최초의 북유럽인은 구스타프 6세가 아니다. 이보다 22년 전인 1904년 12월 24일 부산항에 모습을 드러낸 스웨덴 신문기자 아손 그렙스트가 한국 땅에 발을 딛은 첫 북유럽 사람이다. 러일전쟁 취재차 도쿄를 방문했던 그렙스트 기자는 일본이 한국 취재를 금지하자 영국인 무역상으로 위장해 한국 땅을 밟았다. 여기서 약 두 달간 한국 방방곡곡을 여행한 그는 1912년 스웨덴에서 여행기를 펴냈다.

국내에는 『스웨덴 기자 아손 100년 전 한국을 걷다』라는 제목으로 번역된 그렙스트 기자의 취재기는 러일전쟁에서 을사조약으로 이어지는 격동기를 살아가던 한국과 한국 사람에 대한 사실적 기록으로 가득하다. 그는 몰락을 앞둔 한국의 모습을 애정 어린 필치로 섬세하게 묘사한다. 우리는 그렙스트 기자의 호기심과 용기, 선입견 없는 관찰력 덕분에 100년 전 한국의 모습을 눈으로 마주보듯 경험할 수 있다. 몇 문단을 옮겨본다.

> 대한제국의 수도 서울은 갈색의 동산들과 검고 거친 화강암으로 이루어진 산들에 둘러싸여 마치 거대한 독의 밑바닥에 자리를 잡고 있는 것 같았다. 겨울 동안 동산들은 헐벗고 황량하나 이른 봄이면 아름다운 꽃들이 만발하여 산비탈을 덮고, 그윽한 꽃향기는 바람에 실려 시내에 두루 퍼져 평소에는 그렇게 좋은 냄새를 풍기지 않는 도시에 마치 향수를 뿌린 듯하다고 한다. 남동쪽의 몇몇 고지대에 있는 숲은 사시사철 푸르고 싱싱하며 서울 교외의 서편으로 폭 넓은 한강이 도도히 흘러간다. 그리고 북동쪽에는 거대한 북한산이 하늘을 찌를 듯 군림하며 험준하고 웅대한 자태를 자랑한다.^(93쪽)

> 이방인이 아무리 파리나 런던의 찬란함을 늘어놓고 뉴욕의 고층 빌딩이나 열대 지방에 있는 풍성한 화원의 호화로움에 대해 침을 튀겨가면서 자랑하더라도, 코레아인이 꿈에 그리는 서울의 대로와 굳건한 성곽과 장엄한 성문들, 임금이 사는 대궐, 우아한 시민들, 그 전투적인 서울의 위용 등에 비하면 아무것도 아닌 것이다. 이탈리아 사람들이 '나폴리를 보고 죽어라' 하고 외친다면 코레아 사람들은 '서울을 보고 천국을 알아라'라고 할 것이다.^(107쪽)

서울의 아름다움을 묘사하던 그렙스트는 문득 다음과 같은 분석을 내놓는다. 100년이 넘은 지금 봐도 한국 사회의 지나친 중앙집중화 문제를 제대로 짚고 있다. 단 두어 달 한국을 여행한 스웨덴 이방인이 어떻게 이런 통찰을 할 수 있었는지 조금 놀랍기도 하다.

서울의 광채가 다른 지방을 절대적으로 압도하고, 모든 코레아 사람이 꼭 서울에 살고 싶어하는 데는 여러 가지 이유가 있다. 서울 내에서만 궁과 임금의 눈길을 끄는 것이 용이하고 또 눈길을 끌게 됨으로써 공직의 문이 열리는 것이다. 또한 공직자의 신분으로서만 권력과 명예 그리고 부를 획득할 수 있다. 이뿐만 아니라 국사를 연구하고 방방곡곡에서 일어나는 사건을 가장 신속하게 접할 수 있는 곳으로도 서울이 코레아에서 유일한 장소이다.(105~107쪽)

C 조선 최초 스웨덴 경제학사 최영숙

1932년 4월 25일, 『조선일보』에 28세 여성의 부음이 실렸다. <구십춘광(九十春光)을 등지고 애석(哀惜)!>이라는 기사의 주인공은 최영숙. 불과 4개월 전 '조선 초유의 여류 경제학사', '한국어·일본어·중국어·영어·독일어·스웨덴어 등에 능통한 재원'으로 소개됐던 최영숙이 과로와 곤궁을 이기지 못해 숨을 거뒀다는 내용이었다. 집이 너무 가난해 시신을 매장할 비용이 없었다고 당시 기사는 전하고 있다. 잡지 『삼천리』에 따르면 최영숙은 어학교수·교사·기자직 등을 구했으나 모두 실패하고, 결국 야채 상점을 차려 배추와 감자, 미나리와 콩나물 단을 다듬는 일을 하다 과로에 심장염으로 죽었다.[77]

최영숙은 한국 최초로 북유럽 유학을 떠난 사람이다. 1905년 경기도 여주의 유복한 기독교 집안에서 태어난 최영숙은 1919년 서울 이화여고보(현 이화여자 중고등학교)에 들어갔는데, 입학하자마자 3·1운동이 터졌다. 1년 선배인 유관순이 옥중에서 사망하는 등 아픔을 겪은 최영숙은 임시정부가 있는 중국에서 독립운동을 하기로 결심한다. 1923년 난징으로 유학을 떠났는데 이미 중국어·영어·독일어 실력이 발군이었다고 한다. 중국에서 최영숙은 도산 안창호 등 여러 인사를 만났다.[78]

최영숙은 중국에서 스웨덴으로 유학을 떠난다. 1926년 9월이다. 당시로선 이름도 생소한 서전(瑞典, 스웨덴의 음역어) 유학을 결심한 이유는 스웨덴 여성 사상가 엘렌 케이(스웨덴의 여류 사상가이자 교육자)를 만나고 싶어서였다. 여성과 아동 해방 운동을 주창했던 그는 당시 조선의 신여성 사이에서 최고의 인기를 끌고 있었다. 엘렌 케이는 이광수의 소설 『무정』에도 등장한다. 주인공 이형식이 '자신이 가장 훌륭한 교육가'라고 자처하는 '배 학감'에게 "선생의 신 학설은 뉘 학설을 근거로 한 것이오니까? 페스탈로치오니까, 엘렌 케이오니까?"라고 묻는 것이다.

스웨덴에 무사히 도착하긴 했지만 엘렌 케이는 이미 저세상 사람이었다. 실의에 빠졌지만 낙담만 하고 있을 수는 없었다. 당시 최영숙은 빈털터리였다. 당시 아버지는 명태 무역에 손을 댔다가 엄청난 손해를 본 상태였다. 스스로 학비를 벌어야 했다. 최영숙은 낮에는 시골 학교 청강생 신분으로 스웨덴어를 공부하고 밤에는 생계를 위해 자수를 놓았다. 1927년 스톡홀름 대학에 입학한 후에는 왕세자 도서실에서 연구보조원으로 일했다. 서봉총을 발굴한 구스타프 왕세자가 아시아 각지에서 모아온 자료를 정리하고 주요 내용을 스웨덴어로 정리하는 업무였다. 한·일·중·영·독·스웨덴어에 모두 능통했던 최영숙에겐 최적

의 업무였다.[79]

스톡홀름대학 경제학 학사 학위를 받은 최영숙은 고국행을 서두른다. 스웨덴 왕실에선 그의 재주를 아깝게 여겨 귀국을 만류했지만 최영숙은 귀국해 독립에 보탬이 될 생각이었다. 1931년 금의환향하고 언론의 주목도 받았지만 그녀는 아무런 일자리를 구할 수 없었다. 거리에서 나물 장사를 하며 생계를 잇던 최영숙은 과로와 질병으로 결국 행려병자에 가까운 몰골이 돼 숨을 거두고 만다. 6개 국어에 능통한 '스톡홀름대 경제학 학사', 한국 최초의 북유럽 유학파에게 단지 여성이라는 이유 하나만으로 일을 주지 않았던 것이다.

d 6·25전쟁 때 의료진을 파견해준 북유럽 3개국

1950년 6·25전쟁이 발발했을 때 스웨덴·덴마크·노르웨이 3개국이 한국에 의료진을 파견했다. 덴마크는 UN회원국 중 가장 먼저 의료진 파견 의사를 밝혀왔고, 병원선 유틀란디아(Jutlandia)호를 부산항과 인천항에 보냈다. 스웨덴 역시 영세중립국을 표방하고 있었지만 부산에 야전병원단 1개를 파병해 1950년 9월부터 1957년 4월까지 6년 6개월 동안 한국에 머무르며 진료했다. 의료지원부대 중 최장기 체류 기간이었다. 노르웨이 역시 적십자를 통해 의료진과 구호물자를 보냈는데, 노르웨이 외과병원은 동두천 미 제1사단을 직접 지원하기도 했다.[80]

『국립의료원 50년사』에 따르면 이들 3개국이 진료한 전쟁 부상자들은 민간인을 포함해 210만명에 이르렀다고 한다. 전쟁은 끝났지만 아직도 전상자와 피란민 환자들이 많았다. 한국 정부는 북유럽 3국에 의료지원 활동을 계속해달라고 요청했다. 세 나라는 서울에 국립의료원을 설립하여 5년간 운영하기로 했다. 당시로서는 동양 최고 수준의 장비와 시설을 갖춘 것은 물론, 경험 많은 의료진을 파견했다. 이는 환자 치료뿐만 아니라 의료인 양성에도 큰 역할을 했다.

변광수 한국외국어대 스칸디나비아어과 명예교수는 국립의료원장을 지낸 한 원로 의사의 말을 전한다. "의료원 초창기 인턴 수련을 스칸디나비아 의사들에게 제대로 받은 것은 행운이었다. 그들의 정성 어린 지도에 감복했다. 동족 간의 싸움으로 상처투성이인 한 후진국에 파견된 의료진은 인턴이나 레지던트 같은 초년병 의사들이 아니고 노련한 과장급 수준의 베테랑 의사들이었다."[81]

국립의료원의 소유권은 1968년 한국 정부로 넘어갔지만 1971년까지는 스칸디나비아의 원조를 받았다. 초창기 10년 동안 스칸디나비아인 367명이 근무했다. 노르웨이인 139명, 스웨덴인 134명, 덴마크인 94명이었다. 주한 노르웨이 대사관은 "이 병원은 수년 동안 한국 최고의 병원이었다"며 자부심을 드러내기도 했다.[82]

국립의료원엔 한국 최초의 뷔페 식당이 있었다. '스칸디나비안 클럽'이라고 불리는 이 식당은 국립의료원 구내식당으로 한국 최초의 본격 북유럽 요리를 내놓는 곳이었다. 그러나 2010년 국립중앙의료원이 법인화된 뒤 식당은 손님이 급감해 재정난에 처했고 2012년에 문을 닫았다. 이 자리엔 새로운 이름의 식당이 들어섰는데, 한국과 스칸디나비아 3국의 우애를 상징하는 공간이었다는 역사성을 고려해 '스칸디나비안 클럽'이라는 이름은 고수하려고 했지만 여의치 않았다고 한다. '북유럽 디자인', '스칸디나비아 스타일'이 관심을 끌기 시작할 때 '54년 전통의 바이킹 뷔페'가 사라졌다는 사실은 역설적이다.

박찬욱 감독의 영화 「공동경비구역 JSA」를 보면 이수혁 병장을 심문하는 역할을 중립국 감시위원단 소속 소피 E 장 소령이 맡는다. 1953년 7월 27일 체결된 정전협정에 따르면 이 협정의 준수 여부를 감독·조사하기 위해 중립국 4개국으로 구성된 감시위원단이 구성됐다. UN측은 스웨덴과 스위스, 공산권은 폴란드와 체코슬로바키아를 추천했다. 공산권 붕괴 후 북한이 폴란드와 체코를 중립국으로 인정하지 않아 철수한 상태지만 스웨덴·스위스 대표단이 현재도 판문점에 주재하며 중립국 감시위원단 업무를 수행하고 있다. 「공동경비구역 JSA」에 나오는 장 소령은 한국계 스위스 입양아 출신으로 설정돼 있지만, 6·25전쟁 이후 많은 한국인이 스웨덴 등 북유럽으로도 입양을 떠났다.

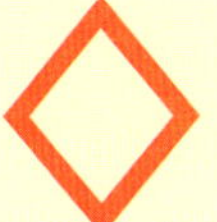

북유럽 이민 가이드

왜 떠나려고 하는가

a 이민 트렌드의 변화

장강명의 장편소설 『한국이 싫어서』는 2015년 한국 소설 시장에서 폭발적 호응을 얻었다. 이 소설의 주인공은 20대 후반의 직장 여성 '계나'다. 금융회사 신용카드팀 승인실에서 근무하던 계나는 참다 못해 사표를 제출한다. 남자친구까지 버린 뒤 호주로 이민을 가겠다는 계나를 주위에선 '외국병'에 걸렸다며 비아냥거린다. 호주 이민을 감행한 계나는 처음엔 설거지 아르바이트를 하며 온갖 고초를 겪지만, 결국 회계학 대학원에 입학해 안정을 찾는다. 자신을 찾아 호주로 건너온 옛 남자친구에게서 청혼을 받은 그를 호주 사람들은 '키에나'라고 부른다. 한국인 '계나'는 이제 먼 이국에서 '키에나'로서의 새 삶을 찾아 나선다.

'헬조선', '지옥불반도'로 불리는 한국의 현실을 첫 장에서 살펴봤다. 한국에서 젊은이로 산다는 것은 더는 언급하기도 지칠 만큼 가혹한 일이라는 사실에 많은 사람들이 공감한다. '여기서 못살겠다'는 마음이 '떠나고 싶다'는 심리로 이어지는 것은 자연스러운 현상이다. 이민 전문가들은 "요즘 젊은이들의 이민 열풍은 과거와는 전혀 다른 양상을 보인다"고 말한다. 일제 강점기와 6.25전쟁 직후에 미국, 독일 등으로 떠났던 이민자들의 경우 '먹을 것이 없어서' 떠날 수밖에 없었던 '생계형 이민'이었다.

이후 1990~2000년대 미국·호주·캐나다·뉴질랜드 이민은 주로 중산층 이상 여유 있는 사람들이 많이 떠났다고 한다. 쾌적한 자연환경도 자연환경이지만 무엇보다 자녀 교육을 영어권 국가에서 시킴으로써 '영어'라는 엄청난 권력을 자녀에게 물려주기 위해서였다. 이 점에서 이 시기 이민은 '영어교육형 이민'이라고 할 수 있다. 이 세대 자녀 출신으로 외국 대학을 졸업한 수많은 '영어 능통자'들이 2010년대 이후 한국의 취업 시장에 몰려들기 시작했다.

최근 이민 트렌드를 두고 전문가들은 좋게 말해 '행복형 이민'이고 나쁘게 말해 '도피형 이민'이라고 말한다. 헬조선에서 찾을 수 없는 삶의 여유를 누리고 싶다는 점에서 '행복'을 찾으러 떠나는 이민이고, 더는 한국이라는 좁고 번잡한 나라에서 아등바등 경쟁하고 싶지 않다는 점에서 '도피'라는 것이다. 도피라는 말에서 얼마간 패배주의적인 느낌이 묻어 나오긴 하지만, 한국이 싫어서 이민을 간다는 심리 자체는 한국의 20~30대 젊은이들이 광범위하게 공유하고 있다.

문제는 이민이라는 것이 단지 한국이 싫어서 떠날 수 있을 만큼 호락호락하지 않다는 점이다. 소설은 결국 꿈과 사랑과 행복을 모두 찾는 해피 엔딩으로 끝나지만 말 그대로 소설에서나 나올 법한 이야기다. 실제 호주 이민자를 꼼꼼하게 취재한 결과를 바탕으로 상당히 사실적으로 이민 생활을 묘사하기는 한다. 하지만 실감나는 묘사와 이민의 성공 가능성은 사실 아무런 관계가 없다는 점을 알아야 한다.

전문가들과 경험자들은 '왜 떠나려고 하는가?'라는 질문에 대해 완벽하지는 않더라도 어느 정도 명확한 답을 내린 다음에야 비로소 본격적인 이민 준비를 해야 한다고 조언한다. '왜?'라는 질문에 대한 답이 막연히 '한국이 싫어서'라면 이유를 더 생각해야 한다. '한국이 싫어서'는 일차적인 동기가 될 수는 있을지언정 이민을 떠나는 이유 그 자체가 될 수는 없다. 이민은 단순한 여행이 아니다. 삶의 모든 조건을 송두리째 바꾸는 실존적 결단이다. 삶의 시간과 공간을 바꾸는 것은 물론이고, 언어·음식·친구 등 문화의 모든 조건을 바꾸는 대사건이다. '나는 누구인가?', '나는 왜 떠나려 하는가?', '떠나서 나는 어떤 삶을 살고 싶은가?' 같은 진지한 질문에 대한 나름의 답이 준비돼 있어야 한다.

b 미국식 삶이냐 유럽식 삶이냐

그러한 답을 내리려면 북유럽이 어떤 나라인지 정확히 알아야 한다. 2부에서 북유럽 5개국의 특징을 설명했다. 하지만 그것만으로는 부족하다. '왜 다른 나라가 아니라 북유럽을 가야 하는가?'라는 물음에 대한 답을 세워야 한다.

북유럽 이민에 대한 관심은 사실 옥시덴탈리즘(Occidentalism)적 이국 취향과도 관계가 있는 것 같다. 미국, 호주, 캐나다, 뉴질랜드는 그간 '이민 대국'으로 잘 알려진 탓에 좀 식상한 감이 있었다. 북유럽이 주목 받는 이유는 그간 잘 알려지지 않았기 때문이다. 뭔가 막연하지만 새로운 느낌 그 자체가 북유럽 이민에 대한 관심의 원동력이다. 그러나 진지하게 이민을 고민하고 있다면 북유럽에 대한 지나친 낭만이나 환상은 거둬야 한다.

어떤 삶을 살고 싶은가? 이 물음은 결국 '미국식 삶이냐, 유럽식 삶이냐'로 좁혀진다. 거칠게 말해 미국식 삶은 '화려한 자유'를 추구하고 유럽식 삶은 '소박한 평등'을 지향한다. '성공한 삶이란 무엇이냐?'고 물었을 때 '남들보다 더 탁월한 성과를 내는 것', '그에 따른 합당한 보상을 내는 것'이라고 답한다면 미국식 삶이 맞는 사람이다. 이런 사람이라면 굳이 미국까지 갈 필요도 없이 한국에서 계속 살면 된다. 좋은 집, 좋은 차, 좋은 옷으로 사회적 지위를 과시하는 것이 체질에 맞는 사람들 말이다. '시시한 인생 살기 싫다', '인생은 한 방이다' 같은 말을 좋아한다면 역시 한국에서 계속 사는 것을 추천한다.

북유럽 사람들의 삶은 '소박한 평등'이 극대화된 삶이다. 북유럽에서 '인생 대박'은 결코 일어나지 않는다. 세금을 50% 가까이 거두는 나라에서의 삶은 '현상 유지의 연속'이다. 현지 이민자들은 "월급은 많이 받지만 그만큼 물가가 비싸 저축은 엄두도 못 낸다"고 말한다. 넓은 집, 비싼 자동차, 명품 옷을 바라는 마음, 또는 '열심히 해서 출세하겠다'는 마음이 조금이라도 있다면 북유럽 이민에 대한 마음을 접어야 한다.

앞서 말했듯 북유럽 사람들은 비싼 자동차나 옷으로 부를 과시하는 사람을 가장 천박하다고 경멸한다. 권력이 크거나 지위가 높다고 자랑하는 사람 역시 속물 취급 받기는 마찬가지다. 북유럽 사회의 공동체 의식은 세계 최고 수준이다. 공동체 의식이 높다는 것은 좋은 말이기는 하지만, 그만큼 개인의 개성이나 자유를 드러내는 데 조심스러운 사회라는 말이다. 겸손과 신중을 최고 덕목으로 생각하는 국민성 역시 한국 사람이 처음부터 적응하기는 어렵다는 점을 고려해야 한다.

'미국식 삶'과 '유럽식 삶'이라는 편리한 도식으로 설명했지만, 사실 북유럽 사람들은 이조차도 마음에 들어 하지 않을 것 같다. 북유럽 사람들은 서유럽식 삶을 좋아하지 않는 편이다. 덴마크 출신으로 프랑스에서 일한 덴마크 여성의 이야기다. "프랑스 정신은 너무도 '이국적'이었고 내가 알고 있던 것과 너무도 달랐다. 프랑스 사람들은 어떤 희생을 치르더라도 최고가 되기를 원했고 아이들은 부모에게 더 의존적이었다. 나는 사람들이 엘리트 의식을 가지고 권세를 꿈꾼다는 것을 알았다. 그리고 무엇보다 겸손을 가장 중요한 자질로 여기지 않을 수도 있다는 사실에 놀랐다."[83] 한국에 '평등주의'가 강한 나라로 알려져 있는 프랑스를 보는 북유럽 사람들의 관점이 이 정도라는 점을 참고할 필요가 있다.

c 날씨, 결코 무시 못할 요소

북유럽 이민 관련 취재를 하면서 '나도 이민을 갈 수 있을까?'라는 생각을 해봤지만 하루 만에 관심을 접었다. 날씨 때문이다. 2장에서 북유럽 각국의 기후가 어떤지 간략히 설명했지만 실제 북유럽 날씨를 경험해본 사람들은 "실제 겪어보지 않으면 절대 상상하지 못할 고독과 적막"이라고 표현할 정도로 북유럽의 기후는 혹독하다. 일반적으로 오후 3~4시만 돼도 해가 떨어지고 겨울엔 하루 종일 밤이라고 해도 무방할 정도로 긴 흑야가 펼쳐진다. 여름에는 잠을 잘 수 없을 만큼 심각한 백야를 견뎌내야 한다. 흔히 영국과 독일의 기후가 우울하다고들 한다. 그런데 북유럽 사람들이 휴가를 내서 영국이나 독일에 다녀온 뒤 날씨가 좋다, 햇볕이 따뜻해서 좋았다고 말하는 모습을 보면 북유럽의 '자살을 부르는 날씨'가 어느 정도인지 알 수 있다.

이러한 탓에 우울증을 앓는 사람도 많고 자살률도 낮은 편이 아니다. 2010년 WHO(세계보건기구)에 따르면 핀란드의 10만명당 자살자는 14.8명으로 세계 33위였다. 아이슬란드는 35위, 스웨덴은 58위였다. 물론 같은 해 28.9명으로 세계 2위를 차지한 한국에 비할 바는 아니지만 어쨌든 한때 인구 10만명당 자살자가 50명에 달해 세계 최고 자살 대국이라는 오명을 썼던 핀란드가 이후 획기적으로 자살률을 줄였다며 '자살 방지 대책'의 모범 사례로 보도되는 일이 잦은 이면을 보면 북유럽 자살의 주범이 날씨라는 분석은 틀린 것이 아니다.

전문가와 경험자들은 "날씨는 복지 제도 못지 않은 이민국 선택의 조건"이라고 조언한다. 혹독한 날씨를 견딜 수 있느냐가 북유럽 이민의 제1조건이라고 말하는 사람도 있을 정도다. 이민업계에선 복지 제도가 잘 갖춰진 유럽 국가의 기준을 대체로 '알프스 산맥 이북'으로 잡는다. 영국·프랑스·독일·네덜란드·벨기에 같은 나라들의 사회보장제도도 북유럽 못지 않은데다 날씨 또한 훨씬 쾌적하기 때문이다.

d 나는 '북유럽 스타일'에 적합한가

삶의 철학과 기후뿐 아니라 북유럽의 일상 문화에 적응할 수 있는지도 미리 점검해야 한다. 북유럽 이민자들이 공통적으로 하는 이야기가 있다. 처음 1년이 너무도 고독하고 외롭더라는 것이다. 고향 어디냐, 학교 어디 나왔냐, 부모님은 뭐 하시냐, 애인은 있냐, 결혼은 했냐, 애는 몇 살이냐 등등 한국에서 사회 생활 하면서 들어야 하는 이런 오지랖 넓은 질문을 지긋지긋해하던 사람들도 어느 순간 한국을 그리워할 만큼 외로움에 치를 떤다고 한다.

한 북유럽 이민자는 "현지 기업에 취직을 하고 1년이 지나도록 아무도 나에게 관심을 보이지 않아서 인종차별을 받는다고 느낀 적도 있다"고 말했다. 그러고 나서 그는 "나중에 알고 보니 인종차별이라기보다는 그냥 이 나라 사람들이 타인이나 이방인이 차갑다고 느낄 정도로 무관심했을 뿐"이라고 말했다. 새로운 직원이 와도 '환영식'이나 '상견례' 같은 것은 존재하지 않는다. 아침에 만나 의례적인 인사를 한 뒤 점심은 대부분 알아서들 해결하고 저녁에 헤어졌다가 다음 날 만나는 일상이 지나치게 삭막하고 기계적으로 느껴질 수도 있다. 이민자들은 "그럴 때면 내가 얼마나 한국식 정(情) 문화에 익숙해져 있는지 알게 된다"고 말한다.

이는 북유럽 국가에서도 여느 서구 국가와 다름없이 개인주의가 발달했기 때문이다. 개인주의가 발달한 나라에서는 누군가가 공동체의 질서인 법을 어겨 타인에게 피해를 끼치는 행위를 하지 않는 한 누가 어떤 생각을 하고 말을 하고 행동을 하는지 무관심한 경우가 대부분이다. 게다가 북유럽 국가들의 개인주의는 다른 유럽 국가들에 비해서도 좀 강한 편이라는 시각도 있다. 일정 부분 기후의 영향이다. 해가 짧다. 일이 끝나면 모두 집으로 들어간다. 오후 6시만 지나면 거리는 유령도시처럼 적막해진다. 24시간 편의점이 골목마다 불을 밝히고 언제 어디서 주문해도 배달 음식이 도착하는 한국과는 완전히 다른 밤 풍경이 펼쳐진다.

그래서 북유럽 사람들이 가족을 중시하는지도 모른다. 아침부터 오후까지는 일을 하고 저녁에는 가족과 밥을 먹는 일상의 반복이다. 고깃집에서 시작된 1차가

맥줏집 2차로 이어지고 3차 노래방에서 대망의 클라이맥스를 맞이한 뒤 '부장님 사랑해요'를 외치며 어깨동무를 한 채 함께 귀가하는 풍경은 적어도 북유럽에서 는 상상하기조차 어려운 기괴한 풍경이다. 한국처럼 새벽까지 불야성을 이루는 대형 환락가는 북유럽에 거의 존재하지 않는다. 핀란드에 유학을 떠났던 한 한 국 여대생의 말이다. "얘네들은 대체 무슨 낙으로 인생을 사는 건지 모르겠어."

'한국식 환락의 역동성'이 좋다는 사람도 있다. 그런 성격의 소유자에게 북유럽 은 적합한 나라가 아니다. 유럽식 삶의 가치, 높은 수준의 사회보장제도, 양호한 기후, 그리고 '역동적 환락 문화'를 모두 고려한다면 독일이나 네덜란드, 벨기에 같은 나라가 가장 바람직하다고 전문가들은 조언한다.

북유럽 사람들은 명랑하거나 살갑지 않다. 타인에게 먼저 손을 내밀어주는 스타 일도 아니다. 그들은 조용하고 과묵하며 냉정하고 무표정하다. 그들의 일상 문 화도 이러한 사람들의 성격과 닮아 있다. 하지만 시간이 지나고 이민자가 진심 으로 이 나라 사람들을 좋아하고 북유럽 공동체에 기여하는 일원이라는 생각이 들면 기꺼이 마음을 열어준다. 북유럽 사회의 성실한 구성원이 돼 신뢰를 얻을 수 있는지 잘 생각해봐야 한다.

짧더라도 외국 체류 경험이 있는 사람일수록 이민 성공 확률이 높다. 북유럽처 럼 특수한 기후를 가지고 있는 지역이라면 더더욱 그렇다. 북유럽 사회의 분위 기도 알아보고 기후도 체험해볼 겸 반드시 북유럽을 방문해볼 것을 권한다. 북 유럽 5개국은 모두 관광 목적으로 90일 이내 무비자 입국이 가능하다.

Carolina Romare/imagebank.sweden.se

a　영어, IELTS 6.0(토익 800) 이상

영어는 북유럽 이민을 떠나기 전 가장 먼저 해결해야 할 선결 조건이다. 당신이 영어에 서투르다면 북유럽 이민의 장벽을 결코 넘을 수 없다. 다음에 설명하겠지만 북유럽 이민을 떠나려면 현지 대학(원) 입학 허가나 현지 기업의 취업 허가가 필요하다. 학교나 기업에 지원을 하고 서류와 면접 평가를 받고 최종 통과돼 학생·취업 비자를 받는 일련의 모든 과정이 영어로 이뤄진다. 당신이 북유럽 학교나 기업의 면접관이라고 생각해보자. 당장 영어마저 서투른 학생을 받아들이고 싶은 마음은 전혀 없을 것이다.

비자를 받고 거주권(Residence Permit)을 얻어 북유럽 이민에 성공한 뒤에도 영어는 현지 정착의 징검다리 역할을 한다. 관청에 외국인 등록 신고를 하고, 사회보장번호를 받고, 부동산 계약을 하고, 중고차 계약을 할 때 등등 모든 과정에서 영어가 사용된다. 그리고 북유럽 국가들은 거주권을 받은 외국인에게 무료로 자기네 나라 말을 가르쳐주는데, 현지어를 가르쳐주는 수단이 영어다. 이제 어떤 영어가 필요한지 느낌이 올 것이다. 북유럽 국가들은 당신의 토익 점수엔 관심이 없다. 영어로 자신의 의사소통이 어느 정도 가능한지 살펴볼 뿐이다. 만일 스웨덴 이민을 꿈꾼다면 스웨덴어를 영어로 배운다 생각하고 영어를 준비해야 한다.

그렇다면 어느 정도의 수준이 돼야 북유럽에서 무리 없는 의사 소통이 가능할까? 북유럽 5개국 중 유일하게 미국·캐나다 식의 점수제 이민 제도를 수년 전부터 시행하고 있는 덴마크 이민 제도의 기준을 참고해볼 필요가 있다. 이민 전문가들은 IELTS 6.0(토익 800점) 이상이면 덴마크 이민의 어학 자격을 통과하는 데 무리가 없다고 말한다. 이 점수를 받으면 북유럽 이민을 떠날 수 있다는 말이 아니다. 평균적으로 최소 이 정도로 유창한 영어를 구사했을 때 북유럽 이민 추진이 가능하다는 뜻이다. 토익 점수는 만점에 가까운데 외국인과는 회화 한 마디도 하지 못하는 '한국식 영어' 점수로는 아무리 만점짜리 성적표를 들고 가도 북유럽 이민에 성공할 수 없다.

b 현지어는 반드시 배워야 한다

북유럽에 대해 한국 사람들이 갖는 가장 초보적인 선입견은 '영어가 공용어'라고 생각한다는 점이다. 그래서 골치 아픈 현지 언어쯤은 몰라도 영어만 능통하면 북유럽에서 살아갈 수 있다고 생각하는 사람이 많다. 반은 맞고 반은 틀린 생각이다. 90% 이상의 북유럽 사람들이 영어를 구사할 수 있는 것은 맞다. 의사, 변호사 같은 전문직 종사자부터 버스 운전사, 환경 미화원에 이르는 거의 모든 계층의 사람들이 영어를 큰 불편 없이 사용한다. 또 영어를 알아도 자국어를 사용하지 않으면 대접이 좋지 않은 몇몇 자존심 센 유럽 국가들과는 달리, 영어를 사용하는 이방인에게 비교적 친절하게 대해주는 것도 사실이다.

'그렇다면 영어만 알아도 생활에 불편이 없는 것 아니냐'고 묻는다면 답은 '그렇다'다. 문제는 북유럽 국가들의 공용어가 영어가 아니라는 것이다. 영어는 북유럽에서 어디까지나 '제1외국어'다. 엄연히 자국어를 공용어로 지정하고 있고 도로 표지판에서부터 각종 안내문, 공문서, 인터넷 등이 자국어 중심으로 되어 있다. 며칠 머무르다 떠날 여행객이라면 기초적인 영어만 구사해도 아무런 불편 없이 생활할 수 있다. 그러나 북유럽 이민은 단순한 생활 영위의 연속이 아니라는 점에 유념해야 한다. 북유럽 사람들은 자국어를 사용하지 않는 사람들을 어디까지나 이방인으로 본다. 그 나라 말을 배워야 공동체 의식을 중시하는 북유럽 커뮤니티의 한 일원으로 편입될 수 있다는 사실을 염두에 두어야 한다.

무엇보다 북유럽의 대학에 입학하거나 기업에 취직하려면 현지어 능력은 필수적이다. 대학의 경우 영어 전용 강의를 제외하면 모두 현지어로 강의가 진행된다. 영어 강의를 제공하는 대학으로 유학을 간다 하더라도 현지에서 아르바이트를 해 생활비를 벌려면 반드시 현지어를 구사할 줄 알아야 한다. 북유럽 취업 역시 마찬가지다. 영어를 사내 공용어로 채택한 몇몇 국제적 기업을 제외하면, 북유럽의 대부분 기업이 자국어를 사용한다. 현지에서 사업을 하는 경우라면 현지어의 중요성은 더 말할 필요가 없을 것이다. 따라서 '영어만 잘하면 된다'는 생각은 버려라. 북유럽 이민 과정에서 영어는 징검다리일 뿐이다.

c 여유를 갖고 천천히 준비하라

북유럽 이민에 대한 질문을 받는 전문가와 경험자들이 공통적으로 하는 말이 "한국 사람들 성격이 너무 급하다"는 것이다. 다른 나라 이민도 마찬가지겠지만,

북유럽 이민은 1년이나 몇 개월 안에 뚝딱 해치울 수 있는 문제가 아니다. 이민 청에서 거주 허가를 받거나 대사관에서 유학·취업 비자를 받거나, 현지 기업체 입사 절차를 밟으면서 기다리라는 말을 수도 없이 듣게 된다. 절차 하나가 처리 되는 데 최대 몇 개월까지 기다려야 할 수도 있다. 이 과정을 기다릴 수 있는 마음의 여유와 시간의 여유가 모두 필요하다.

먼저 마음의 여유다. 한국은 전 세계에서 공공과 민간 분야의 업무 처리가 가장 빠른 나라다. 이 부문에서 세계적으로 깔끔하고 빠른 일처리를 자랑하는 일본인 들조차 한국에서 운전면허증을 즉석에서 빵 굽듯이 찍어내는 모습을 보면서 경악할 정도다. 세금 신고를 인터넷으로 하고 대출까지 집 안에서 클릭 몇 번으로 해결하던 한국에서 북유럽 이민 준비를 하려면 자신이 떠나려는 국가가 북유럽 이라는 사실을 명심해야 한다.

북유럽의 공무원과 기업인들은 나를 위해 '서비스'를 하는 사람들이 아니다. 정해진 기준에 맞춰 업무를 처리할 뿐이고 우리에겐 말도 안 될 정도로 업무 처리가 느리게 느껴져도 그들에겐 그것이 지극히 정상적인 속도다. 그렇기 때문에 북유럽의 사람들이 적게 노동하면서 여가를 즐길 수 있는 것이다. 한국의 지나치게 빠른 일처리 속도가 편리하기는 하지만 이는 거의 모든 노동자의 노동 시간을 늘리는 결과로 이어진다. 결국 한국 사람들은 서로가 서로를 착취하면서 '초고속 편의'를 누리고 있는 셈이다. 왜 북유럽으로 이민을 떠나려고 하는지 그 이유를 다시 생각해본다면 북유럽 이민 준비 과정에서의 기다림을 이겨 낼 수 있을 것이다.

다음, 시간적 여유다. 다음 장에서 설명하겠지만 학기를 정해놓고 지원서를 넣는 북유럽 대학 유학의 경우 입학 시기를 어느 정도 가늠해볼 수 있겠지만, 경력과 자격증을 바탕으로 현지 기업에 취업을 하겠다고 결심한다면 준비 기간으로 최대 3~4년은 잡아야 할지도 모른다. 노르웨이를 제외한 나머지 4개국은 모두 EU 가입 국가고, 경력직 직원을 뽑을 때 EU 국가 출신을 우대한다. 한국 같은 아시아 출신자는 특별히 한국과 아시아와 관련된 업무 특수성이 없다면 EU 국가 출신에게 우선 순위가 밀린다. 우선 순위가 밀린다고 채용이 불가능하다는 것은 아니다. 다만 기다림의 시간이 길다는 것이다.

따라서 북유럽 취업을 생각하는 직장인이라면 "그래 결심했어!"라고 외치고서 섣불리 사표부터 던지는 행위는 자살골을 넣는 것과 다름 없다는 사실을 알아야 한다. 회사를 다니면서 준비해도 전혀 문제가 없다. 북유럽 취업과 관련한 거의 대부분의 질의·응답 등을 한국에서 이메일로 직접 해결할 수 있다. 해당 기업에서 뽑으려고 하는 기준에만 부합한다면 인터뷰 또한 전화로 짧게 해결하기도 한다.

인사 담당자가 당신의 얼굴을 꼭 보고 뽑아야 하는데 한국 회사에서 쉽사리 몸을 뺄 수 없는 상황이라면 진심을 다해 그 상황을 설득하면 된다. 최대한 당신의 편의를 봐주려 노력할 것이다. 북유럽 사람들은 "0월 0일까지 출근하지 않으면 합격을 취소하겠다" 식의 무지막지한 통보는 잘 하지 않는다. 그러므로 직장인의 경우 최소 1년 이상의 여유를 두고 차근차근 이민을 준비하는 것이 좋다.

d   저축하라

당신이 만일 북유럽 이민을 결심했다면 자금을 준비해야 한다. 학생, 직장인, 사업가 등 저마다 처한 형편은 다르지만 어쨌든 돈은 필요하다. 북유럽은 이민이 대체로 까다로운 나라다. 미국이나 캐나다처럼 '이민 시험'에만 통과하면 바로 그 나라로 건너가 돈을 벌 수 있는 나라가 아니다. 현지 대학에 유학을 가더라도 1000~2000만원의 재정 증명을 요구할 뿐더러, 거주 비용과 식비는 자신이 해결해야 한다. 현지에서 사업을 한다고 해도 북유럽 국가에서 통장 잔고를 꼼꼼히 확인하니 이민 자금을 마련하는 일은 필수적이다.

북유럽 물가가 세계 최고 수준이라는 사실도 잊지 말아야 한다. 북유럽 대학의 입학 면접 또는 기업의 취업 면접시 직접 해당 국가를 방문해야 할 수도 있다. 수백만원의 왕복 항공권과 체류비가 들어갈 것이다. 현지에 정착할 때 중고차를 사야 한다든지 하다못해 자전거를 구입할 때도 한국에서의 저축은 든든한 버팀목이 돼줄 것이다. 이민은 삶의 터전을 옮기는 일이다. 그만큼 초기 자본이 많이 들어갈 것이라는 사실을 반드시 잊지 말고 푼돈이라도 저축해 이민 자금을 마련할 필요가 있다.

◇　본격 북유럽 이민 준비

a　북유럽은 이민국이 아니다

북유럽 이민을 주제로 한 책에서 이 무슨 엉뚱한 소리인가 싶겠지만 사실이다. 국가에 필요한 노동력을 이민을 통해 충당하려는 나라를 보통 '이민국'이라고 한다. 북유럽 국가들은 미국·캐나다·호주처럼 공식적인 이민 제도를 마련해놓고 있지 않다. 미국·캐나다·호주 같은 나라들은 출신 국가·연령·어학·경력 등을 고려해 점수를 매겨 이민자를 선발한다. 합격선에 드는 점수만 받으면 일단 현지로 건너가 정착할 자격이 주어진다.

북유럽 국가들은 그렇지 않다. 사전적 의미의 '이민(移民, 자기 나라를 떠나 다른 나라로 이주하는 일)'은 물론 가능하지만, 이 과정이 앞서 언급한 이민국과는 완전히 달라서 정착할 근거를 먼저 만들어야 한다. 현지 유학·취업·창업 중 하나를 택하면 그 이후에 거주 자격을 얻을 수 있다. 한국에서 대학 가기도 힘들어 죽겠는데, 한국에서도 취업이 이렇게 어려운데, 한국에서 창업하면 망하기 딱 좋다는데 어떻게 북유럽에서 그럴 수 있을까 의문이 들기도 하겠지만, 영어에 능숙하고 북유럽에서 어떤 삶을 살고 싶은지 소신이 뚜렷하다면 이후의 절차가 결코 어렵지만은 않다. 북유럽 이민 전문가들과 경험자들은 "북유럽 이민은 지극히 상식적인 절차로 진행되기 때문에 목표를 확실히 하고 철저히 준비한다면 시험처럼 치러지는 여타 이민국보다 오히려 쉬울 수도 있다"고 말한다.

 덴마크>스웨덴>핀란드>노르웨이 순으로 물색하자

북유럽 이민은 기본적으로 까다롭다. 북유럽 이민에 성공할 만한 자격이나 조건을 갖췄다면 오히려 한국 사회에서 잘 먹고 잘사는 것이 쉬울지도 모른다. 게다가 최근 중동 지역을 장악하고 있는 IS의 여파로 난민들이 대거 유럽으로 몰려 유럽 각국의 이민 정책이 보수적으로 바뀌고 있는 상황이다. 세계 경제가 장기 불황에 빠진 탓에 북유럽 현지인들도 양질의 일자리를 구하기가 어려운 상황이어서, 한국인이 북유럽에서 좋은 일자리를 구하는 것이 쉽지 않은 것도 사실이다.

이민 경험자들의 조언을 종합하면 덴마크 이민 진입 장벽이 가장 낮다고 볼 수 있다. 다른 북유럽 국가들이 '선 정착, 후 허가' 방식으로 이민을 허용하지만 덴마크는 '그린 카드 제도(Green Card Scheme)'를 운영하고 있기 때문이다. 수입이나 재산, 학력 등이 일정 조건을 충족하면 일정 기간 덴마크에 체류할 수 있도록 허가해주는데, 이 기간 동안에 일자리를 구하면 된다. 따라서 북유럽 4개국 중에선 덴마크 이민이 가장 쉽다고 볼 수 있다. 대기업 석·박사급 연구원 출신 중에선 1~2년 사이 그린 카드를 얻어 덴마크에 정착하는 사례도 드물지 않게 나온다.

다음으론 스웨덴 이민을 추천한다. 북유럽 4개국 중 가장 인구가 많은 스웨덴은 명실상부한 북유럽 맹주다. 한국 대기업과 유학생이 가장 많이 진출해 있는 나라이기도 하다. 한국 대기업 스웨덴 법인에서 일하다가 현지 기업으로 넘어가는 사례도 많고, 스웨덴에서 유학 중 취업이나 결혼으로 현지에 정착하는 경우도 많다.

핀란드와 노르웨이는 둘 다 이민이 쉽지 않은데, 그래도 외국인에 좀 더 호의적인 핀란드를 추천하는 사람이 많다. 핀란드는 북유럽 4개국 중 인종적으로나 역사적으로나 가장 이질적인 국가이다. '외로운 늑대'라고 불리는 핀란드 사람들의 독특한 기질도 일반 유럽과는 다른 면이 있다. 하지만 한국에 대해 북유럽 국가 중 비교적 가장 호의적이고 폭넓은 교육 혜택을 준다는 점에서 특히 유학생들에게 좋은 국가라고 볼 수 있다. 노르웨이는 이민이 가장 어려운 국가로 분류된다. 최근 노르웨이 내에서 이민에 대한 반발 여론이 커지고 있고 얼마 전 테러마저 발생한 만큼 외국인에 대한 문호 개방의 폭이 가장 좁은 북유럽 국가로 분류된다.

c   1차 목표는 '거주권'

이민을 마음먹은 사람들이 가장 먼저 목표로 삼는 것이 '영주권(Permanent Residency)'이다. 해당 국가에 영구히 머무르면서 그 나라 국민과 거의 동등한 혜택을 받을 수 있는 권리다. 점수제 기술 이민을 실시하는 호주·뉴질랜드 등은 이민 접수 단계에서부터 영주권을 신청할 수 있다. 캐나다 투자 이민의 경우 순자산 100억원가량의 소유자가 20억원을 캐나다에 투자하면 영주권을 취득할 수 있다.

해당국 영주권을 받으면 한국의 주민등록을 말소할 수 있고 주민세·지방세 납부 면제, 향토예비군 복무 면제, 국민연금 환급 등이 가능하다. 그리고 일정 기간이 지나면 시민권 발급 심사를 받을 수 있다. 요컨대 영주권 취득은 한국 국적을 아예 버리고 해당국 국민이 되는 예비 단계라고 할 수 있는 것이다.

이민의 목적이 반드시 한국 국적을 버리는 것이라고 할 수는 없겠지만, 이민을 꿈꾸는 많은 사람들이 해당국 영주권을 취득하기 위해 기를 쓰는 것도 사실이다. 그래야만 그 나라 국민과 비슷한 복지 혜택을 받을 수 있기 때문이다. 그래서 북유럽 이민을 준비하는 사람들 역시 어떻게 하면 북유럽 국가 영주권을 받을 수 있는지에 대해 고심한다.

북유럽은 이민국이 아니기 때문에 이주 단계에서부터 영주권을 신청하는 일은 불가능하다. 북유럽 사회는 매우 견고한 커뮤니티다. 공동체에 들어와 영구히 거주할 수 있는 자격을 함부로 내주지 않는다. 북유럽 이민을 준비하는 사람의 목표가 '거주권'이라는 사실을 알아둘 필요가 있다. 국가에 따라 기간은 다르지만 현지 유학·취업·창업이 허가됐을 경우 3~4년의 거주권을 부여한다. 거주권을 받으면 외국인등록증을 만들 수 있고, 해당국 국민과 동등한 복지 혜택을 받을 수 있다. 기한이 만료되면 심사를 통해 영주권을 부여하거나 기간을 갱신해주기도 한다.

d 상식과 적극성으로 접근하라

이민을 통해 풍부한 노동력을 제공받아 국가의 부(富)를 유지하겠다는 기조를 가지고 있는 나라가 아니다 보니, 북유럽의 이민 절차는 지극히 상식적인 수준에서 진행된다. 요컨대 북유럽 국가들은 '우리 나라에 와서 안정된 생활을 영위

할 수 있느냐를 놓고 거주권 부여 여부를 결정한다. 와서 안정적으로 공부할 수 있고 일할 수 있으면 그 어떠한 이유로도 거부하지 않는다. 북유럽 이민에 대해 어렵다면 한없이 어렵고 쉬우면 정말 쉽다는 말이 나오는 까닭은 이 때문이다.

북유럽 사람들은 상대방을 무한 신뢰한다. 상대방이 거짓말을 하고 있을지도 모른다는 의심을 당연하게 생각하는 한국과는 '신뢰'에 대한 개념이 완전히 다르다. 북유럽 국가들은 거주 허가를 줄 때 범죄 증명서조차 요구하지 않는다. 전과 여부를 물어보는 항목에 본인이 '없다'고 기재하면 그대로 믿어준다. 학력이나 경력 역시 별도의 증빙 서류를 요구하지 않는다. 기재된 내용이 거짓이라고는 추호도 의심하지 않는 것이다. 또한 악의가 아닌 착오나 미숙으로 인한 실수는 '한 번은 용인한다'는 불문율이 있다.

따라서 북유럽 사람들의 상식 선에서 '내가 왜 이 나라에서 살아야 하는지'만 입증하면 된다. 높은 영어 점수 성적표도, 영어권 국가 체류 증명서도, 좋은 학벌의 대학 졸업증서도 제출할 필요가 없다. 이런 점에서 상식과 신뢰로 운영되는 북유럽 사회로의 이민이 더 쉬울 수도 있다고 말하는 것이다.

이민을 돈만 있으면 갈 수 있다고 생각할 수도 있다. 몇몇 국가들이 거액을 싸들고 오는 자산가들을 환영하는 것도 사실이다. 하지만 북유럽의 상식으로는 어림도 없는 일이다. 100억원의 자산가가 핀란드 헬싱키에서 자그마한 한식당을 열겠다고 하면 핀란드 이민청은 단번에 불허할 것이다. '그 정도 되는 자산가라면 회사나 공장을 세울 것이지 왜 조그만 식당을 여는가? 다른 의도로 들어오는 것은 아닌가?'라는 의심을 품는 것이 북유럽 기준에서는 지극히 상식적이다.

북유럽 사람들은 형식보다는 실질을 중시한다. 농담이나 칭찬 같은 꾸밈 위주의 언어를 잘 구사하는 영국이나 미국, 프랑스 사람들과는 달리 반드시 필요한 말 이외에는 잘 하지 않는다. 물어보지 않은 질문에 대답하는 일도 결코 없다. 실질 위주의 북유럽 사람들의 기질은 이들이 소극적·내성적이라는 평가를 받는 이유가 되기도 한다. 이러한 특유의 기질로 인해 북유럽 기업 역시 마케팅에 소극적인 편이기도 하다. 북유럽 기업 제품이 정상급 품질에 비해 세계적인 인지도를 확보하지 못한 이유로 지목되는 원인 중 하나다.

경험자들은 한국 사람 특유의 외향성과 적극성을 바탕으로 북유럽 이민에 도전하면 뜻밖에 좋은 결과를 얻을 수 있을 것이라고 조언한다. 북유럽 사람들은 자기네들의 취약점을 잘 알고 있다. 그들은 낯선 동아시아 사람을 학생과 동료 직원으로 받아들여서, 자기네들이 가지지 못한 장점을 발휘해주길 바란다. 북유럽 공동체에 동화돼 그들의 상식과 질서를 따라야겠지만, 동시에 그들이 갖지 못한 외향성과 적극성을 유학과 취업, 창업 과정에서 어필하면 유리하다는 뜻이다.

a 무상 교육 혜택을 노리자

현재 대학에 다니고 있거나 졸업 후 취직을 준비하고 있는 20대가 북유럽 이민을 생각한다면 유학을 추천한다. 혹시 북유럽 이민을 꿈꾸는 중·고등학생이 있다면 북유럽 학부 유학을 추천한다. 한국의 대학 1~2학년생이라면 역시 북유럽 학부 유학을 고려할 만하다. 대학을 졸업했다면 대학원 유학이 낫다. 대학을 졸업했더라도 아예 다른 전공으로 학부를 다시 다니는 것도 가능하다.

북유럽에서 거주권을 취득할 수 있는 방법은 앞서 언급했다시피 유학·취업·창업 세 가지다. 영어가 뒷받침된다 하더라도, 북유럽에 취업하려면 관련 경력과 자격증이 필요하다. 창업을 하려면 거기에 상당한 자본금이 필요하다. 물론 20대 나이에도 경력과 자격을 풍부하게 갖췄을 수 있고, 확고한 사업 아이템과 자본이 있을 수 있다. 하지만 한국의 삶이 팍팍해서 떠나고 싶다는 20대가 그럴 가능성은 적으므로 일단 유학을 권유하는 것이다. 북유럽 대학이나 대학원에서 학위를 취득한 뒤 취업을 알아보는 것이 전략적이다.

과거에는 사회 복지망이 잘 갖춰진 알프스 산맥 이북의 유럽 국가들이 외국 유학생들에게 학비를 받지 않았다. 자국민과 동등하게 무상 대학 교육 혜택을 주었다. 북유럽 5개국도 예외는 아니었다. 그러나 EU 체제가 확고해지고 유럽 내에서 중동·동아시아 유입 인구에 대한 경계심이 높아지면서 비EU 국가 출신의 유학·취업·이민 등이 까다로워졌다. 외국인에게도 자국민과 동등한 무료 교육 혜택을 줬던 북유럽 국가들이 교육 재정 압박으로 현재는 외국인에게 학비를 받는 쪽으로 정책을 선회하고 있다는 점을 알아두어야 한다.

덴마크는 2006년부터, 스웨덴은 2010년부터 비EU 국가 학생들에게 학비를 받고 있다. 핀란드는 아직까지 외국인들에게 무료 교육 혜택을 주고 있으나 비EU 국가 학생들이 특정 대학원에 입학할 경우 등록금을 받는다. 조만간 핀란드에서도 모든 비EU 국가 학생들에게 등록금을 부과할지도 모른다는 전망이 나온다. 비EU 국가인 노르웨이는 아직도 외국인들에게 학비를 받지 않는다. 그러나 노르웨이에서도 외국인에게는 등록금을 받아야 한다는 주장이 꾸준히 나오고 있다.

물론 북유럽 이민을 위해 반드시 북유럽에서 학위를 받아야 하는 것은 아니다. 현재 미국이나 유럽에서 학부 유학 중이라면 해당 국가에서 일단 학위를 마친 뒤 북유럽 취업을 고려하는 것이 더욱 현명하다. 지금 한국에 있으면서 북유럽 이민을 목표로 세운 20대일지라도 반드시 북유럽 유학을 가야 하는 것은 아니다. 전공에 따라 독일·프랑스 등으로의 유학이 더 쉬울 수 있다. 아직 외국인에 대한 학비 혜택이 남아 있는 나라들이므로, 연고가 있거나 독어·불어를 구사할 수 있다면 이러한 나라에서 유학 후 북유럽으로 취업하는 것도 고려해볼 만하다.

정답은 없다. EU 체제의 유럽은 이제 한 국가나 다름 없다. 이민을 목표로 한 유럽 유학의 대원칙은 일단 EU 국가에 연고를 마련한 뒤 북유럽 등 살고 싶은 국가 정착을 노리는 것이다. 북유럽 이민을 가고 싶다면 북유럽에 유학을 가는 것이 가장 좋겠지만, 유학지로 북유럽만 고집할 필요는 없다는 뜻이다.

EU 국가인 헝가리나 체코에서 비교적 저렴한 학비로 의사 등 전문직 자격증을 따서 북유럽으로 이민할 수 있는 길도 열려 있다. 이민 자체가 목적이라면 먼저 '미국이냐 유럽이냐'를 선택하고 유럽으로 결정한 경우 유럽 여러 나라의 문화를 경험해보며 유학 대상 국가와 취업 대상 국가를 달리 결정할 수 있다.

북유럽 유학 역시 입학 허가만 받는다고 해결되지는 않는다. 입학 허가를 받은 뒤 학생 비자를 받는 문제가 남아 있다. 북유럽 대학들은 한 해 1~2번씩 지원 기회를 준다. 입학 가능 시기와 학생 비자 발급 소요 시간 등을 미리 감안해 최소 1년 이상의 여유 기간을 두고 준비하는 것이 현명하다.

b 한국인에게 매력적인 유학 대상지 '핀란드'

북유럽 유학의 기준으로 삼아야 할 것은 두 가지다. 첫째, 영어로 수업을 받을 수 있는가. 둘째, 학비가 무상 또는 저렴한 수준인가. 이 기준에 따라 유학지를 선정한다면 가장 적합한 국가는 핀란드와 노르웨이이다. 특히 핀란드는 영어로 개설된 전공이 매우 많아 북유럽 학부 유학을 준비하는 한국인들에게 매우 매력적인 유학 대상지라고 말할 수 있다.

핀란드 대학의 학비는 전액 무료다. 학부뿐 아니라 석사·박사 과정 역시 모두 학비가 무료다. 다만 핀란드 정부는 한 달 700~900유로(약 90~120만원)의 생활비가 필요하다고 안내하고 있다. 또 학생 비자를 받으려면 한 달 560유로씩 계산해 1년 6720유로(약 880만원)의 재정 증빙이 되어야 한다. 이 점은 석사·박사 유학에도 공통적으로 적용되는 사항이다.

현지에서 아르바이트를 구해 생활비를 충당할 수 있긴 하지만 핀란드 정부는 외국인 학생들에게 아르바이트를 구할 수 있다고 낙관하지 말라 당부하고 있다. 왜냐하면 대부분의 핀란드 아르바이트가 핀란드어 또는 스웨덴어 구사 능력을 필수 자격으로 요구하고 있기 때문이다. 또한 이미 학비가 무료이기 때문에 생활비 등을 위한 장학금 혜택 역시 거의 없다.

핀란드의 대학 학부 과정은 우리나라와 달리 3년이다. 약 2500만원이면 핀란드 학사 학위를 취득할 수 있다. 한국 대학의 한 학기 등록금을 500만원으로 잡으면 8학기 만에 졸업한다고 가정해도 4000만원이 든다. 핀란드 유학의 가장 큰 장점은 미국 대학은 물론 한국 대학보다도 저렴한 학비다.

핀란드 대학 과정은 크게 '연구 중심 대학(Universities)'과 '기술 대학(Polytechnics)'으로 나뉜다. 핀란드 전역에 14개 연구 중심 대학이 있다. 순수학문부터 응용학문까지 광범위한 전공과 관련한 강의를 개설하고 있지만 영어 강의는 거의 없다. 주로 핀란드 내국인들이 진학한다. 흔히 'UAS(Universities of Applied Sciences)'라고 불리는 기술 대학은 핀란드 전역에 25개가 있는데, 영어로만 진행되는 100여 개 프로그램을 운영하고 있다. UAS에서 제공하는 전공 과정은 다양하다. 경영·호텔관광·구조공학·기계공학·간호학 등 웬만한 전공은 모두 구비하고 있다. 기술 대학이라고 해서 한국의 4년제 대학보다 뒤떨어지는 것은 아니다. UAS에서는 석사 과정도 함께 운영하고 있으므로 학부 학위 취득 후 석사 과정에 진학할 수도 있다.

영어 점수는 대학과 과정에 따라 상이할 수 있지만 대개 TOEFL은 79점(iBT), IELTS는 6.0 이상이면 합격이 가능하다. 핀란드 학기는 가을 학기와 봄 학기로 나뉜다. 가을 학기는 8월 말~9월 초에 시작하고 봄 학기는 1월 초에 시작한다. 지원과 등록은 1년에 두 번씩 각 학기 시작 전에 가능하다.

핀란드 대학 입학과 관련한 정보는 www.studyinfinland.fi에서 얻을 수 있다. 핀란드 유학 전반에 필요한 기초적인 안내부터 시작해 각 대학별 입시 요강, 전공과 학과에 따른 영어 강의 제공 여부 등 세세한 정보를 일목요연하게 제공해 '이것이 북유럽 스타일이구나'라는 감탄이 절로 나온다.

c 영어 강의가 적은 '노르웨이'

노르웨이 대학 역시 학비가 무료다. 다만 한 학기 300~600크로네(약 4만 3000원~8만6000원)의 학생 회비(Semester Fee)를 징수한다. 이를 통해 발급받는 학생 카드로 교통비 할인, 학생 의료 서비스, 학생 식당, 스포츠 시설 등 각종 생활 복지 혜택을 받을 수 있다.

노르웨이는 물가가 아주 비싼 국가 중 하나다. 2014년엔 영국 런던에 이어 2위를 차지했다. 그나마 몇 년간 차지하고 있던 '세계 물가 1위'를 내준 결과였다. 한 달 생활비로 8000~9000크로네(약 115만원~130만원)쯤 필요하다고 보는 것이 일반적이다. 노르웨이 당국은 학생 비자 발급 요건으로 1년에 9만7850크로네(약 1400만원)의 재정 증빙을 요구하고 있다.

노르웨이 대학 유학을 준비할 때 반드시 숙지해야 할 점이 있다. 고등학교 졸업장과 대학 1년 수료 증명서가 필요하다. 노르웨이 초·중등 학제가 13년 과정이기 때문에 노르웨이 대학 학부 유학 기본 자격 요건으로 1년 수료를 제시한다.

노르웨이 대학 학부 역시 핀란드와 마찬가지로 3년이다. 그러나 영어로 제공되는 강의는 핀란드에 비해 극히 적다. 노르웨이 전역에서 영어 학부 강의를 제공하는 전공은 4개뿐이다. 연극(Østfold University College), 공간 연출(Østfold University College), 생물 공학(University of Nordland), 국제 초등 교육 교사 전공(Buskerud and Vestfold University College), 국제 공공 보건학(Norwegian University of Science and Technology·2년제) 등이다. 이 대학들의 개강 시기는 매년 1월이다.

다음은 노르웨이에서 영어 과정을 제공하는 위 대학들의 상세한 입학 안내가 수록된 홈페이지 주소 또는 담당자 이메일 주소다. 연극 전공의 경우 입학 실기 시험 문제를 미리 제시해주고 있다. 한국에 비해 입학 원서 작성 과정이 간단한 편이므로 홈페이지에 방문해 입학 정보를 살펴보면 노르웨이를 포함해 북유럽 대학 입학 전반에 대한 대략적인 감을 잡을 수 있을 것이다.

-연극 학사(Bachelor in Acting)

http://www.hiof.no/about-us/faculties-and-units/norwegian-
theatre-academy/ba-programmes

-공간 연출 학사(Bachelor in Scenography)

http://www.hiof.no/about-us/faculties-and-units/norwegian-
theatre-academy/ba-programmes

-생물 공학 학사(Bachelor of Science in Biology)

http://www.uin.no/en/studies/biology-bachelor2

-국제 초등 교육 교사(International Teacher Education for Primary
Schools)

http://www.hbv.no/academic-programmes/full-degree-
programmes/humanities-and-education/iteps

-국제 공공 보건 학사(Science in Public Health-specializing in
Global Health)

http://www.ntnu.edu/studies/langcourses/
languagerequirements

한편 노르웨이 오슬로 대학에서는 1년에 전 세계에서 60명을 선발하는 4년제 국제학부 제도를 운영하고 있다. 1년간 노르웨이어를 집중 학습하고 나머지 3년간 40개 전공 중 3개를 골라 학사 학위를 취득하는 제도다. 물론 학비는 4년간 전액 무료다. 전공은 주로 기초학문 중심으로 구성되어 있다. 미학·예술사·교육·역사·종교·철학·문화학·언어학 등의 인문학, 수학·생물학·화학 등의 자연과학, 경제학·언론학 등 사회과학을 총망라한다. 세부 사항은 오슬로 대학 홈페이지(http://www.uio.no/english/studies/admission/bachelor/)에서 확인 가능하다.

노르웨이 대학에 지원하려면 영어 성적이 필요하다. TOEFL은 60점(iBT) 또는 500점(PBT), IELTS는 5.0 이상이 돼야 한다. 노르웨이 대학 입학과 관련한 상세한 정보는 www.studyinnorway.no에서 얻을 수 있다. 노르웨이 전역의 대학 입시 요강을 확인할 수 있을 뿐 아니라 학생으로서 노르웨이에 체류하는 요령 등도 나와 있어 매우 유용하다. 자신의 희망 전공, 적성 등과 관련한 맞춤 검색 서비스도 제공한다.

d   EU 국가 국민에게 무료 교육 혜택을 주는 '스웨덴·덴마크'

스웨덴과 덴마크 대학에서도 영어 강의를 제공한다. 스웨덴은 800여개, 덴마크는 1000여개의 영어 강의를 제공하고 있다. 거의 대부분의 대학이 영어로 강의한다고 생각하면 된다. 교육의 품질 역시 잘 알려진 것처럼 매우 높다. 다만 이 두 나라는 EU 국가 국민에게 무료 교육 혜택을 주는 반면 비EU 국가 국민에게는 학비 혜택을 전혀 주지 않는다는 단점이 있다.

스웨덴의 경우 1년 등록금이 최대 14만 크로나(약 2000만원), 덴마크의 경우도 한 학기 최대 1만 유로(약 1300만원)가량 든다. 미국 대학 등록금보다는 싼 수준이지만, 장학금 혜택이 미국보다 적기 때문에 유학 대상지로서는 그리 합리적인 선택이라고 보기 어렵다. 등록금에 식비, 주거비 등 각종 생활비를 합치면 유학 비용은 더욱 올라간다.

스웨덴 정부가 밝히는 유학 비용은 다음과 같다. 원서비 900크로나, 1년 등록금 8만~14만 크로나, 한 달 생활비 8000크로나, 한 학기 학생 회비 50~350크로나, 교재비 한 달 750크로나 등이다. 어림잡아도 1년에 최소 18만3000크로나(약 2500만원), 최대 24만3000크로나(약 3300만원)가량 들어가는 셈이다.

스웨덴 학부 과정은 3.5년이다. 외국 학생들을 대상으로 한 전형은 주로 1~8월에 진행되고 9월에 새학기가 시작된다. 스웨덴 대학이 요구하는 영어 점수는 대학과 전공에 따라 다르다. 최저 점수는 TOEFL 72점(iBT) 또는 530점(PBT), IELTS 5.0이다. 물론 그 이상의 점수를 요구하는 대학도 많다.

스웨덴 또한 학생 비자를 받으려면 재정 증빙이 필요하다. 1년을 유학한다면 본인 계좌에 8만100크로나(약 1100만원)가 들어 있어야 한다. 이밖에 배우자나 자녀가 있을 경우 재정 증빙 요구 금액은 더 올라가는데 자세한 내용은 다음 장에서 알아보자. 스웨덴 유학 정보는 www.studyinsweden.se, 스웨덴 대학 입시는 www.universityadmissions.se에서 일괄 진행되니 참고하자.

덴마크의 학부 과정 역시 3년이지만 2년짜리 학부 과정도 드물게 있다. 스웨덴·노르웨이·핀란드 3국이 자국 대학이 운영하는 영어 강의에 지원할 수 있는 최저 영어 성적을 공지하는 것과는 달리 덴마크는 대학과 전공마다 요구하는 영어 성적이 다르다. 모집 요강을 살펴보면 TOEFL 80점(iBT) 또는 550점(PBT), IELTS 6.5 이상의 영어 성적을 요구하는 대학이 많다. 1년 7만839크로네(약

1240만원)의 재정 증빙을 요구한다. 덴마크의 한 달 최저 생활비로 월 100만 원가량이 들어간다는 의미다. 덴마크 유학 정보는 www.studyindenmark.dk 를 방문해 알아보자.

e 북유럽 대학원, 한국 대기업 입사보다 쉽다?

한국에서 이미 대학을 다니고 있거나 이미 졸업한 상태라면 북유럽 대학원 유학을 추천한다. 대학 재학생이라면 휴학 또는 자퇴를 하고 북유럽 학부 유학을 준비할지 아니면 졸업 후 대학원 유학을 준비할지 고민될 것이다. 현재 다니고 있는 한국 대학을 졸업하는 것이 크게 어렵지 않다면 졸업 후 북유럽 대학원에 진학하는 것을 추천한다.

한국에서 휴학과 복학을 반복하며 어학연수, 교환학생, 인턴, 취업 준비 등을 전전하는 비용과 시간과 노력을 모두 합치면 북유럽 대학원 입학이 한국의 대기업 입사보다 쉬울 수도 있다. 또한 관련 경력이나 자격이 뚜렷하지 않은, 입사 3년 이내의 30대 초반 사회 초년생에게도 북유럽 대학원 유학을 추천한다.

북유럽 대학원 유학의 기본적인 사항 역시 학부 유학과 다르지 않다. 핀란드와 노르웨이는 대학원 학비를 받지 않지만 스웨덴과 덴마크는 학비를 받는다. 학비 수준, 최저 영어 성적 역시 학부와 동일한 수준이다. 학생 비자를 받을 때 필요한 재정 증빙 역시 같은 금액이다. 북유럽 4개국이 요구하는 재정 증빙 금액은 해당 국가의 1년 최저 생활비라고 생각하면 된다.

북유럽 대학원 유학을 고려할 때 가장 중요한 요소는 물론 영어 강의 여부와 비용일 것이다. 영어 강의는 학부에 비해 훨씬 비율이 높은 편이니 북유럽 학부보다 대학원의 문호가 훨씬 넓다고 할 수 있다. 또 스웨덴과 덴마크는 한국인을 대상으로 한 정부 초청 장학금을 운영하고 있다.

스웨덴 정부는 '코리아 탤런트 트레이스(Korea Talent Trace)'라는 정부 초청 장학금 제도를 운영하고 있다. 매년 대학 졸업예정자 및 졸업자 5명을 선발한다. 한국에도 잘 알려진 웁살라 대학교 등 5개 대학에서 한국 학생을 1명씩 선발하여 석사 과정 등록금 전액을 지원해준다.

덴마크 정부는 올해 한국을 비롯해 브라질, 인도, 중국, 미국, 일본 등 6개국 학생에게만 지원 자격이 주어지는 덴마크 혁신 장학금(Danish Innovation Scholarship) 제도를 신설했다. 덴마크 내 13개 대학에 지원 자격이 주어지는 이 장학금 수혜자로 선정되면 석사 과정을 밟는 동안 4만~4만5000유로(약 5200~5900만원)의 학비를 받을 수 있다. 자세한 사항은 http://studyindenmark.dk/study-options/tuition-fees-scholarships/the-danish-talent-grant-for-2015를 참고하자.

확실히 북유럽 대학원 유학은 학부 유학에 비해 길이 넓은 편이다. 영어로만 강의하는 과정이 훨씬 많고, 학비 면에서도 유리하다. 북유럽 학부를 마쳤는데 전공이 적성에 맞지 않았다면 전공을 바꿔 다시 대학원에 다닐 수도 있다. 실제 북유럽에선 학부 3년에 대학원 2년을 더해 5년 동안 공부하고 취업 전선에 뛰어드는 사람도 상당히 많은 편이다. 한국에서 전공한 학부 전공과 다른 전공으로 대학원 진학이 가능하다는 점도 장점이라고 할 수 있다.

북유럽 대학원에서 중시하는 요소는 출신 대학의 명성이 아니다. 한국에서 그리도 집착하는 '학벌'이나 '대학 서열'은 북유럽 대학원 입시에서 전혀 중요한 요소가 아니다. 북유럽 대학원에 내는 서류는 학사 학위증명서, 성적증명서, 영어 성적 증명서, 수학계획서 등인데 이 중 가장 중요한 것은 출신 대학의 학위증명서가 아니라 수학계획서다. 한국의 명문대를 졸업한 사람이 아니라 왜 북유럽에서 이 전공을 공부해야 하는지 가장 설득력 있게 제시하는 사람이 합격 가능성이 높다는 말이다.

현지 취업 가능성 역시 고려해야 한다. 북유럽에서는 대체로 이공계가 강세를 보이지만 최근 이케아 가구나 스칸디나비아 스타일 등으로 주목 받은 디자인계의 경쟁력도 상당하다. 건국대 시각디자인과 학사 출신으로 스웨덴 콘스트팍(Konstrfack)에서 석사 학위를 받은 디자이너 조규형 씨는 "30대 중반에 유학을 시작했다"며 북유럽의 외지고 느린 환경이 디자인에 좋은 영향을 주었다고 했다. 조씨는 "해외 진출을 고민하지만 늦은 나이 때문에 고민하는 디자이너들에게 용기를 주고 싶다"고 말했다.

	스웨덴	덴마크	노르웨이	핀란드
학제(학부)	3.5년	2~3년	3년	3년
등록금(1년)	2000만원	2600만원	무료	무료
재정증빙(1년)	1100만원	1240만원	무료	880만원
영어 점수 TOEFL(iBT)	72	80	60	79
영어 점수 TOEFL(PBT)	530	550	500	-
영어 점수 IELTS	5.0	6.5	5.0	6.0
홈페이지	www.studyinsweden.sw	www.studyindenmark.dk	www.studyinnorway.no	www.studyinfinland.fi

◇ **30대, 현지 취업을 노려라**

a **이공계가 절대 유리, 금융·디자인계도 도전해보자**

30대 중반 이상의 직장인이라면 북유럽 취업을 생각해보자. 5년 이상의 경력과 각종 자격증으로 현지 기업의 문을 두드려볼 수 있다. 이공계가 유리하다는 점은 염두에 두어야 한다. 북유럽 국가들은 20세기 중반부터 각종 산업을 육성해서 선진국 반열에 올랐다. 스웨덴은 철강·기계 관련 중공업과 IT·게임 산업이, 노르웨이는 정유·어업·친환경 에너지, 핀란드는 해양·조선·IT, 덴마크는 무역·금융, 아이슬란드는 어업·금융 등이 발달했다.

현지 기업 취업의 문은 물론 넓지 않다. 북유럽은 한국뿐 아니라 전 세계 사람들이 선망하는 이민 대상지다. 2008년 세계 경제 위기 이후 아직도 경기 침체를 극복하지 못한 남유럽에서는 일자리를 구하지 못한 젊은이들이 영국·프랑스·독일뿐 아니라 북유럽으로 대거 몰려가고 있는 추세다. 이들은 기본적으로 EU 국가 출신이기 때문에 아시아 국가 출신 구직자들에 비해 우선 순위 면에서 유리한 고지를 점하고 있다.

문이 넓지 않다고 해서 닫혀 있는 것은 결코 아니다. 하지만 인문·사회 계열의 경우 북유럽에 취직할 수 있는 분야가 극히 제한돼 있다. 북유럽의 대학·대학원을 졸업하고 학계로 진출하지 않는 이상, 북유럽의 경영전문직, 언론계 등에 진출하는 것은 30대 한국인으로는 극히 어려운 일이다. 업무 특성상 현지의 문화와 언어에 익숙해야 하는데 이 방면에서 현지인들에 비해 우위를 점하기가 불가능에 가깝기 때문이다.

반면 이공계는 훨씬 유리하다. 북유럽 국가들은 전통적으로 제조업과 중공업이 발달했다. 특정 분야에서 탁월한 업무 성과를 발휘할 수 있다면 당사자의 국적은 전혀 문제가 되지 않는다. 해양·조선·IT·에너지 분야 한국 대기업에서 석·박사급 연구원으로 일한 경력이 있다면 북유럽 현지 기업에 자리 잡을 확률이 매우 높다.

덴마크에서는 현재 IT 전문가와 엔지니어의 인력난이 상당한 상황이다. 2020년까지 엔지니어 1만4000명이 부족할 것이라는 전망이 나오고 있다. 덴마크는 풍력발전, 제약산업, 에너지, 기계공학, 생명공학 전문가들 역시 우대하고 있다. 핀란드에서도 IT, 소프트웨어, 게임 산업 등의 종사자가 우대받는다. 식품 전문가와 엔지니어 역시 유망하다.[84]

이공계 다음으로 유리한 분야가 금융·무역 계통이다. 덴마크는 중세 때부터 스칸디나비아와 유럽을 잇는 중개지였다. 자연스럽게 금융과 무역이 발달했고 그 전통이 지금까지 내려오고 있다. 한국에서 외국계 은행이나 금융사에서 근무했던 경력이 있고 영어 소통에 무리가 없다면 북유럽 금융·무역 기업의 문을 두드려보자.

디자인 계통의 취업도 도전해볼 만하다. 북유럽 디자인은 너무 단조롭고 심심하다는 평가를 받기도 한다. 한국 디자이너들은 외국 시장에서 주로 아기자기하고 섬세하다는 평가를 받는데, 이러한 특징을 북유럽 디자인과 융합해보겠다는 포부를 밝히는 것도 괜찮은 전략이다.

b 현지 진출에 성공한 한국 기업을 탐색하라

북유럽은 생소하고 먼 땅처럼 느껴지지만 1990년대 초반부터 우리나라 기업이 북유럽 각지에 진출해 있다. 따라서 현지에 진출한 한국 기업을 탐색해볼 필요가 있다.

스웨덴부터 살펴보자. 2015년 코트라(KOTRA, 대한무역투자진흥공사) 자료에 따르면 현재 스웨덴에 진출하여 영업 중인 한국 기업은 모두 9개다. 중공업 계열이 가장 많다. 현대상선(2003년 진출), 삼성전자(1992년), 기아자동차(2004년), LG전자(1999년), 현대모비스(2008년), 한국타이어(2009년), 제일노르딕(2013년, 인테리어 회사)은 법인 형태로 진출해 있다. 대한항공카고(2006년), 넥센타이어(2013년)는 현지 지사를 운영하고 있다. 대부분 법인장 등 소수의 관리직이 한국인이고 나머지는 현지인을 채용한 형태이긴 하다. 이들 기업이 북유럽 현지의 상황에 대한 많은 정보와 노하우를 축적하고 있는 것으로 볼 수 있다.

덴마크는 제약, 연구, 선박 분야 회사들이 진출해 있다. 셀바이오텍유럽(2006년 진출, 제약), 삼성전자 덴마크 리서치센터(2012년, 연구개발), 한솔 덴마크(2013년, 감열지 제작), 노벤코 마린 앤드 오프쇼어(2013년, 선박공조 기기 제작), 부광약품(2014년, 중추신경계 바이오 제약) 등이다. 2010년대 이후 크게 주목받고 있는 제약 관련 회사가 덴마크에 진출하고 있으므로 이 분야를 전공했거나 관심이 있는 30대 경력자라면 주목해볼 만하다. 이 밖에도 덴마크엔 한국선급(1995년), 대한항공(2004년), 삼성전자 노르딕법인 덴마크지점(2003년)이 지사 또는 연락사무소를 두고 있다.

핀란드엔 반도체와 IT 분야 회사들이 진출해 있다. 삼성전자 핀란드지사(2006년), 삼성전기 핀란드지사(2006년), Fintop Oy(2007년, IT), SK하이닉스(2012년, 반도체), 한국수력원자원(2012년) 등이다. 그러나 한국과 현지 종업원 숫자를 모두 합쳐도 한 자릿수밖에 되지 않을 정도로 영세한 규모로 운영되고 있다는 점을 유념해야 한다.

c 아시아인, 한국인의 장점을 살리자

북유럽 기업들은 한국을 비롯한 아시아 시장 진출에 상당한 흥미를 가지고 있다. 90년 전통의 덴마크 오디오 회사인 뱅앤올룹슨은 한국, 중국, 일본 등 동아시아 3국에 진출해 있다. 이 중 가장 큰 관심을 보이는 시장은 한국이라고 한다. 동아시아 3국 중 가장 큰 매장이 서울 강남구 압구정동에 있다.

덴마크의 대표적인 장난감 기업인 레고 그룹의 레고랜드 역시 2017년 완공을 목표로 강원도 춘천시에 지어지고 있다. 공사가 완료되면 덴마크, 영국, 미국, 독일, 말레이시아, 아랍에미리트에 이어 세계에서 7번째로 지어지는 레고랜드다. 역시 세계 최대 규모다.

이처럼 아시아와 한국에서 북유럽 기업들의 활동이 서서히 활발해지는 상황에서 아시아인, 한국인으로서의 강점을 내세우는 것이 좋다. 북유럽 기업은 우리를 '한국인'이라기보다는 '아시아인'으로 바라보는 경향이 강하다. 북유럽 국가들이 아시아에 진출할 때 한·중·일을 크게 구분하지 않는다는 뜻도 된다. 우리가 스웨덴·덴마크·노르웨이·핀란드 4국을 잘 구분하지 못하고 그냥 '북유럽'이라고 뭉뚱그려 생각하듯, 북유럽 사람들이 한·중·일 3국을 생각하는 방식도 비슷하다. 따라서 중국과 일본 등 인접국에 대한 지식과 약간의 어학 능력을 갖춘 뒤 이를 적극적으로 내세우는 것은 매우 좋은 전략이다. 경우에 따라서는 동아시아 진출의 핵심 인재로 당신을 선발할 수도 있다는 의미다.

아시아, 그리고 한국 출신으로서의 강점을 최대한 살려야 한다. 북유럽 기업들은 자신들의 강점과 약점을 잘 알고 있다. 완벽에 가까운 품질의 제품, 성실과 신뢰 원칙을 지키는 거래 스타일 등은 분명히 북유럽 기업들이 지닌 장점이다. 그러나 미국이나 영국, 프랑스 등에 비해 다소 내성적이라고 알려진 국민 성향 때문에 국제적인 홍보와 마케팅 등에는 약하다고 평가 받는 것이 사실이다. 자신이 북유럽 기업의 이러한 약점을 보완해줄 수 있는 인재임을 강조하는 것은 비유럽인, 아시아인, 그리고 한국인의 정체성을 가진 사람으로서는 매우 효과적인 전략이다.

북유럽 기업들은 자기 조직 내의 외향성과 진취성을 끌어올리는 데에 상당한 관심을 가지고 있다. 북유럽 사회의 기본 가치, 즉 성실과 근면, 정직 같은 덕목을 존중하면서도 여기에 활력을 불어넣을 수 있는 인재임을 강조하는 것이 좋다.

노르웨이의 한 회사에 지원한 한국인 지원자 A씨는 면접에서 이런 질문을 받았다. "함께 일하는 동료와 인간 관계에 문제가 생기면 어떻게 할 것인가?" 이 지원자는 "퇴근 이후 함께 맥주를 마시면서 차근차근 얘기해보겠다"고 답변했다고 한다.

결과는 합격이었다. A씨는 "그 답변이 매우 신선하게 다가와 당신을 채용했다"는 인사 담당자의 말을 나중에 들었다. 지극히 '한국적'인 답변이었지만, 진솔하면서도 신선한 인상을 심어주는 데 성공한 것이다.

한국인들은 아주 어렸을 때부터 개인보다는 조직을 중시해야 한다는 가르침을 받는다. 개인주의가 억압받고 자유롭고 합리적인 사고를 할 수 없게 되는 부작용이 물론 있다. 그런데 이러한 문화권에서 성장한 이력을 바탕으로 삼아 공동체의 조화를 생각하며 업무를 추진할 수 있다고 어필하는 것도 때로 효과적이다.

'한국이 싫어서' 이민을 떠날 수는 있겠지만 '한국적인 모든 것'이 나쁜 것은 아니다. 북유럽의 기업 인사 담당자들의 눈으로 볼 때 참신해 보이는 '한국적인 면'을 발굴해 내세우면 좋은 결과를 얻을 수 있다.

d 북유럽 일자리, 어떻게 알아보나?

그렇다면 북유럽 현지 기업의 일자리 상황을 어떻게 파악할 수 있을까? 북유럽 기업들은 한국 기업처럼 신입 사원을 대규모로 공개 채용하는 것보다는 업계에서 검증된 경력자를 선발하고 싶어한다.

현지에서 일하는 한국인들은 "북유럽엔 바이킹의 '소개 전통'이 이어져 내려오고 있다"고 말한다. "이 친구, 노를 잘 저으니 한번 써보지 그래?" 이런 식으로 과거부터 알음알음 적임자를 소개받는 '특별채용'이 일반적이었다는 것이다. 이런 점에서 북유럽 사회는 한국보다 더 끈끈한 인맥 사회다.

북유럽 5개국 중 인구가 가장 많은 스웨덴에 사는 사람이 서울시보다 적다. 그만큼 좁은 나라이다 보니 직접 실력과 자격을 검증하거나, 믿을 만한 사람의 추천을 받은 지원자를 선발하고 싶어한다. 북유럽 기업에서 일하는 사람들과 노출 면적을 넓혀가는 것이 관건이라고 할 수 있다. 북유럽 사람들이나 EU 국가 국민에 비해 한국 사람이 뚫고 들어갈 관문이 좁긴 하지만 시간을 두고 잘 살펴보면 북유럽 취업이 반드시 어려운 것만은 아니다.

이공계 전공자라면 특히 북유럽 기업들과 접점을 찾을 수 있다. 조선·정유·에너지·IT 회사에 근무하는 직원이라면 본인이 근무하는 회사가 북유럽 국가들과 파트너 관계를 맺고 추진하는 사업은 없는지 살펴보자. 북유럽 사람과 함께 일을 해볼 수 있는 기회가 생긴다면 금상첨화다.

해당 북유럽 기업 직원 입장에서도 난생 처음으로 같이 일해보는 한국인이 당신이 될지도 모르는 일이다. 파트너 관계로 업무를 공유하다가 인간적인 친분을 맺게 되고, 자연스럽게 각종 채용 정보를 얻을 수 있는 귀중한 인맥으로 발전시킬 수 있다.

꼭 정규 파트너가 아니라도 좋다. 각종 미팅이나 행사 등 북유럽 기업 관계자들과 악수 한 번이라도 나눌 수 있는 기회가 있다면 인적 네트워크의 씨앗을 뿌리는 기회로 활용하는 것이 좋다. 한 번 얼굴을 보고 인사를 나눴다는 것은 그렇지 않은 것과는 천양지차다. ‘바이킹식 소개 전통’을 가진 북유럽에서는 더욱 그렇다.

이런 기회를 전혀 갖지 못했다면 이제부터 정공법을 구사할 때다. 발품을 팔아야 할 때가 온 것이다. 당장 북유럽행 비행기표를 끊지 않아도 안방에서 인터넷만으로 얼마든지 북유럽 취업 정보를 알아볼 수 있다.

가고 싶은 북유럽 회사가 생겼다면 주저 없이 홈페이지를 검색해보자. 인사 담당자 또는 CEO의 연락처가 반드시 기재돼 있다. 투명성을 중시하는 북유럽 회사들은 고객센터 연락처조차 노출하지 않는 한국 기업들과는 완전히 다르다. 웬만한 직원의 이름과 직급, 전화번호와 이메일 주소 등이 홈페이지에 모두 공개돼 있다.

전 세계 누구나 인사 담당자나 CEO에게 접촉할 수 있다. 이메일을 통해 자신을 간략히 소개하고 언제 이 회사에서 인력을 채용하는지, 요구되는 자격은 어떤 것이 있는지 등을 물어보면 된다. 한국식 사고방식으로는 ‘에이, 그게 되겠어? 되더라도 형식적으로 알려주겠지’라고 생각하기 쉽지만 북유럽은 다르다. 당신의 문의와 요청을 매우 진지하게 받아들일 것이고, 늦더라도 답장이 도착할 것이다. CEO에게 보낸 편지 역시 직접 쓴 답신이 오거나 아니면 적어도 CEO의 서명이 담긴 편지가 올 것이다. 전화를 걸어도 마찬가지다. 웬만하면 비서를 통하지 않고 그냥 받는 경우가 많다고 한다. 몇 번 이메일을 나눈 뒤 시간 약속을 잡고 북유럽 기업의 CEO와 전화 통화를 하는 것도 불가능한 일은 아니다. 한국에선 삼성전자의 이재용 부회장이나 현대자동차의 정몽구 회장과 '일개 구직자'가 통화하는 일이 불가능하다고 생각하지만 북유럽의 상식은 한국과 다르다.

"두드려라. 그리고 도전하라." 북유럽 정착에 성공한 선배들이 입을 모아 조언하는 내용이다. 한 인간의 진정성, 한 사람의 진심이 한국에서는 '네 까짓 게 뭔데?', '네가 그럴 자격이나 실력이 돼?' 같은 말로 뭉개지기 일쑤지만, 북유럽 사람들은 그런 마음을 품고 다가와 필요를 설명하고 도움을 요청하는 당신을 매우 진지하게, 그리고 무겁게 받아들인다. 진심을 가지고 용기를 내 문을 두드리는 자세가 필요하다.

e 북유럽 취업 실전

이제 문을 두드릴 일만 남았다. 각종 구직 사이트를 검색해 자신의 전공 및 경력으로 지원해볼 만한 회사가 있는지 알아보고 20~30개 회사를 추려라. 그렇다고 무작정 지원서를 이메일로 보내서는 안 된다. 구인 공고에 나온 인사 담당자에게 전화를 걸어 "이러이러한 경력을 가지고 있고 이러이러한 자리에 지원해보려 하는데 괜찮겠느냐"고 먼저 문의하는 절차가 필요하다. 멀리 아시아에서 걸려온 전화에 담당자가 처음에는 조금 의아해할 수 있지만, 가능성 여부를 판단해달라는 질문에는 대부분 간단히 잘 대답해줄 것이다.

앞서 '바이킹식 인맥'이 중요하다고 밝혔다. 만일 인사 담당자가 "지원해보라"는 긍정적인 답을 주었다면 반쯤은 성공한 것이다. 담당자의 이름을 묻고 "자기소개서에 당신과 통화한 내용을 적어도 좋겠느냐"고 묻자. 답이 '예스'라면 당신은 몇 분의 통화로 추천인을 얻은 셈이다.

이제 이력서와 자기소개서를 이메일로 보내면 된다. 서류 작성법은 구글 등 검색엔진에서 'CV form' 또는 'CV sample' 등의 키워드로 검색하면 쉽게 알아낼 수 있다. 경우에 따라 해당 기업에서 당신의 대학(원) 졸업증명서나 성적증명서 등을 요구할 수 있다. 영문으로 된 서류를 미리 발급받아두면 진행이 좀 더 간편하다.

면접은 전화 또는 화상으로 이뤄지는 경우가 대부분이다. 굳이 북유럽 현지까지 갈 필요는 없으니 큰 부담은 갖지 말자. 대부분 학력과 경력에 대한 사항, 전문 분야에 대한 기본 지식 등 간단한 사항을 물어보니 한국식의 거창한 면접을 생각하고 주눅 들 필요는 없다. 다만 업종이나 업체에 따라 최대 5번까지도 전화 면접을 볼 수 있다고 한다. 일종의 '다면 평가'다. 하지만 면접자만 바뀔 뿐 질문은 오십보백보로 유사하다고 하니 너무 걱정할 건 없다. 당신이 신뢰할 만한 사람인지 여러 사람이 입체적으로 평가하고자 하는 것이 목적이라고 한다.

면접이 끝나고 바로 합불 여부를 가르쳐주는 회사도 있지만 어떤 회사들은 당신이 졸업한 학교의 동료, 교수나 현재 재직 중인 직장의 동료 또는 상사와도 통화하길 바란다. 역시 '바이킹식 소개 전통'의 발로라고 생각하면 된다. 보통 레퍼런스 체크(Reference Check)라고 불리는 이 과정은 생략될 수도 있고 그렇지 않을 수도 있다. 지원 전에 이러한 과정이 있는지 물어보고, 만일 있다면 여기에 대비해 당신에 대해 '좋은 말'을 해줄 수 있는 사람을 미리 섭외해두는 것이 좋겠다.

레퍼런스 체크까지 끝났다면 길어도 며칠 내에 합불 여부를 이메일 또는 전화로 통보해줄 것이다. 떨어졌다고 해도 낙심할 필요는 없다. 이 정도까지 진출했다면 이미 북유럽 기업 취업에 대해 터득한 것이나 다름 없다. 다음, 다다음에는 합격할 수도 있는 것이다.

인사 담당자에게 정중히 불합격 이유를 문의하는 것도 매우 좋은 방법이다. 면접자들에게 좋은 인상을 남겼을 경우 다음 채용 때 보이지 않는 가산점을 얻을 수도 있다. 꼭 그렇지 않더라도 당신이 다른 기업에 지원했을 때 보완해야 할 점을 직설적으로 이야기해줄 것이다. 북유럽 사람들은 건조하고 무뚝뚝하다. 하지만 질문에 대한 답을 요리조리 피하는 법은 없다. 담대하게 문의하라. '돌직구' 같은 답이 날아올 것이다.

합격했다면 당신의 근무 시간과 연봉 등 각종 근무 조건이 명시된 근로계약서를 발송해준다. 계약서에 동의하면 드디어 북유럽 이민 준비가 완료된 것이다. 이 근로계약서를 들고 거주권을 신청하면 된다. 자세한 사항은 '북유럽 이민 실무' 편에서 살펴본다.

대규모 취업 포털의 경우 관심 분야와 관련 경력, 국적 등을 입력하면 정기적으로 알맞은 구직 정보를 이메일로 보내준다. 이를 바탕으로 취업 대상 기업을 정해보자.

---

www.monster.com

세계 최대 규모 국제 취업 정보 사이트. 미국 중심이지만 유럽 정보도 풍부하다.

---

www.tiptopjobs.com

영국계 국제 취업 정보 사이트. 북유럽 정보도 충실하다.

---

jobs.goabroad.com

국가·업종별로 간단한 검색이 가능한 취업 정보 사이트

---

www.rigzone.com

정유업계 대표 취업 정보 사이트

---

www.transitionsabroad.com

단기 취업, 인턴십 중심의 취업 정보 사이트

---

www.jobsinstockholm.com

스웨덴의 수도 스톡홀름 취업 정보 사이트

---

www.jobsincopenhagen.com

덴마크의 수도 코펜하겐 취업 정보 사이트

---

www.arbetsformedlingen.se

스웨덴 정부 개설 취업 정보 사이트. 영어로 전환해서 볼 수 있다.

---

www.transitionsabroad.com

덴마크 최대의 취업 정보 사이트. 영어로 전환해서 볼 수 있다.

---

star.dk

덴마크 정부 개설 취업 정보 사이트

---

www.ejobs.fi/en

핀란드 대표 취업 정보 사이트

40대, 현지 사업을 공략하라

a 경력을 살려라

북유럽에서 나만의 사업체를 운영하는 가장 쉬운 방법은 전공과 경력을 최대한 살리는 것이다. 평생 무역회사에서 일했던 사람이 갑자기 북유럽에서 카페나 음식점을 창업한다고 나선다면, 당장 거주 허가도 받기 어려울 뿐더러 현지에서의 실패 확률도 높다. 북유럽 각국은 사업 이민을 오겠다는 지원자의 계획이 현실성이 있는지, 지원자가 생계를 이어나갈 만큼의 수입이 발생할 수 있는지 면밀하게 본다는 점을 반드시 염두에 두어야 한다.

한국 기업의 중역 또는 중견 간부 출신이라면 현지 기업과 한국 기업을 중개하는 연락사무소를 차려보는 것을 추천한다. 아시아와 한국에 진출하려는 북유럽 기업들의 니즈(needs)는 계속 높아지고 있다. 또 한국 기업의 입장에서도 친환경 에너지·조선·IT·어업 등 각 분야에서 북유럽 기업들과 제휴, 협력하는 빈도 역시 높아질 것이다.

한국 기업에서 일하면서 북유럽 기업과 제휴, 협력 사업을 진행해본 경험이 있다면 크게 도움이 된다. 앞서 30대에 북유럽 회사에 취직해 아시아와 한국 관련 업무를 수행하면서 얻은 노하우를 가지고 창업할 수도 있다. 창업이라는 말은 거창하게 느껴지지만 사무실 공간만 임대해 회사로 등록하면 되니 본인이 잘 아는 분야에 유망한 아이템이 있으면 해볼 만하다.

 사업 아이템에 정답은 없다

현지 기업과 반드시 접점이 있어야만 북유럽 사업 이민을 준비할 수 있는 것은 아니다. 현지 이민 경험자들은 북유럽 사업 이민에 정답은 없다고 강조한다. 흔히 북유럽 현지에서 한국 음식점 또는 카페를 창업하겠다고 신청하는 것은 받아들여지지 않는다고 알려져 있다. 하지만 중요한 것은 구체적인 사업 목표와 실행 방안이지 사업의 종류가 아니라고 한다. 음식점이나 카페도 소위 '콘셉트'가 확실하다면 가능하다는 것이다.

북유럽 사람들은 사치를 즐기지 않는다. 화려하고 복잡한 프랑스식 요리는 북유럽에서 큰 인기를 끌지 못한다. 하지만 그렇다고 해서 북유럽 사람들이 타 문화에 무조건 배타적인 것은 아니다. 북유럽 사람들이 미덕으로 여기는 소박함, 단순함 같은 가치들을 한식당이나 태권도 도장 같은 한국식 아이템에 접목시키면 창업 허가를 얻을 수도 있다.

결국 북유럽 현지를 장기간 방문하며 현지 교민들과 현지 사람들의 이야기를 많이 들어보는 것이 중요하다. 북유럽에서 '인종 차별'을 겪었다는 이야기는 많지만 이는 주로 이슬람권 사람들에 국한된 경우가 많다. 북유럽에 거주하는 동양인이 극히 적다 보니 북유럽 사람들이 아시아에 무관심하다고 말하는 편이 맞을 것이다.

최근 북유럽 이민에 관심을 갖는 한국 젊은이들이 많아지자 북유럽 각국 대사관에서는 한국 내에서 북유럽 문화를 소개하는 행사를 개최하는 등 한국과 북유럽 간 문화 소통의 문호가 넓어질 기미를 보이고 있다. 이러한 흐름이 시작됐다는 것을 감안하고 북유럽 사업 이민을 준비하면 좋다. 한국에 북유럽 문화를 전파하고, 북유럽에 한국 문화를 알리겠다는 테마를 가진 사업 이민은 환영 받을 가능성이 높다.

북유럽 사업 이민에서 가장 중요한 것은 자금력이다. 사업 아이템에 따라 최소 예산은 1억원부터 시작하지만 대체로 2억원 이상은 돼야 한다고 한다. 현지에서 당장 수입을 보장할 수 없는 데다, 북유럽의 기본 물가가 워낙 높기 때문이다.

유학·취업·사업 이민에 필요한 국가별 요건

북유럽 각국 이민청에 이민을 신청할 정도라면 현지 유학이나 취업이 확정되거나 사업 이민 계획 수립이 완료된 상태일 것이다. 대망의 북유럽 이민, 그 마지막 단계일 수도 있지만 어쩌면 첫걸음일 수도 있다.

북유럽 5개 국가의 이민 실무는 모두 인터넷으로 이뤄진다. 서면으로 접수 및 처리가 가능한 국가도 있으나 온라인이 훨씬 빠르고 편리하다. 아이슬란드 이민 절차가 몇 주 안에 이뤄질 정도로 빠르고 스웨덴은 최대 1년까지 걸릴 때도 있다고 한다. 대개 3개월 이내에 결정이 된다고 하는 편이 일반적이다.

a 스웨덴

스웨덴 이민청 홈페이지(www.migrationsverket.se)를 통해 온라인으로 진행하거나 서울 소재 주한 스웨덴 대사관(http://www.swedenabroad.com/ko-KR/Embassies/Seoul/)에서 진행하는 두 가지 방법이 있다. 요구하는 서류는 다르지 않고 처리 속도 역시 크게 차이가 없으니 본인이 편한 대로 진행하면 된다. 서울 거주자의 경우 스웨덴 대사관에서 진행하는 것이 심리적으로 편할 수 있다. 서류 작성은 영어 또는 스웨덴어로 하는 것이 원칙이다.

스웨덴 정부가 취업·창업을 허가하고 발급해주는 거주권의 유효기간은 대개

3~4년이다. 이 기간 내엔 스웨덴 국민과 거의 동일한 권리를 누릴 수 있다. 3~4년 후에도 직장을 계속 다니거나 사업체를 유지하면 영주권을 얻을 수 있다.

유학 거주권은 1년 단위로 발급되는 경우가 많아 학업 기간 중 갱신해야 할 수도 있다. 갱신 방법은 신규 발급 방법과 거의 동일하다. 유학이 끝나 학업이 종료되면 유학 거주권의 근거가 자동으로 소멸된다. 스웨덴 현지에 취업하거나 창업하지 않는 이상 한국으로 귀국하거나 다른 나라에서 일자리를 알아봐야 한다.

§　　　유학

유학에는 대학이나 대학원의 입학 허가서가 필요하다. 그런데 스웨덴 내 모든 대학의 입학 허가서로 거주권을 부여받을 수 있는 것은 아니다. 몇몇 대학은 스웨덴 정부가 인정하지 않을 수도 있다. 스웨덴 이민청은 "성서 공부나 종교 관련 과목, 이와 관련한 일부 대학을 공식 교육 기관으로 인정하지 않는다고 밝히고 있다. 따라서 스웨덴 유학을 계획하기 전에 지원하고자 하는 대학이 스웨덴 정부의 공식 인정을 받았는지 확인해봐야 한다. 이민청 홈페이지에 인정 대학 명단이 게재돼 있다.

스웨덴 정부가 공인한 대학의 입학 허가서를 받았다면 학비를 완납해야 한다. 학비를 완납한 후엔 스웨덴 이민청에 거주권 신청서를 내면 되는데, 지원서와 함께 요구하는 서류는 다음과 같다. 서류를 누락하거나 적합하지 않은 서류를 제출하면 승인이 거부되거나 심사가 늦어질 수 있으니 주의하자.

○ **모든 유학생이 공통으로 준비해야 하는 서류**

1 유학생 거주 허가 신청서

2 여권 원본(제시용)

3 인적사항 및 여권의 유효기간이 표시되어 있는 페이지 사본

4 사진2매

최근 6개월 이내 촬영한 컬러 사진 / 가로세로 35×45mm /

무색 또는 무색에 가까운 옅은 하늘색의 배경 / 얼굴이 화면의 90%

이상 차지하도록 크게 나올 것 / 머리에 모자 또는 장신구가 없어야

하고 두꺼운 안경일 경우 안경을 벗고 촬영한 사진이어야 한다.

대사관 인근 사진관에서 촬영하는 것을 추천한다.

5 입학허가서

6 영문 재정증명서

한달 최소 생활비는 8010크로나, 6개월 체류할 계획이라면

4만8060크로나가 있어야 한다. 학교에서 무료숙식을 제공할 경우

한 달 1000크로나씩 차감한 금액으로 계산하면 된다. 외부 재단

등에서 장학금을 받는데 8010크로나에 미달한다면 차액만큼

잔액 보유하고 있음을 증명해야 한다.

6-1 본인 명의의 영문 은행잔고증명서

증명서 발급 날짜가 신청 날짜와 동일해야 하는 것이

원칙이나, 스웨덴 대사관은 신청 날짜 기준으로 2주 이내

발급된 증명서도 같은 효력이 있는 것으로 인정한다.

또는

장학증서 또는 그와 유사한 재정 지원을 받는 경우 이를 증명하는 증서

매월 수령 금액과 전체 지원 기간이 명시돼 있어야 한다.

또는

6-3 박사과정의 재정 지원 증명서

연구비 지원 또는 장학금을 받는다는 것을 증명하는 문서. 역시 지원 금액과 지원 기간이 명시돼 있어야 한다.

7 접수비 납부 영수증

온라인으로 진행할 경우 카드 결제. 성인은 1000크로나, 미성년자는 500크로나가 부과된다. 대사관에서 진행할 경우 ATM 명세표 또는 은행 창구 발행 입금명세서를 제출한다.

학부, 대학원, 전문학교에 따라 추가되는 서류가 조금씩 다르다. 또한 동반 가족의 경우 추가 서류 제출을 요구하는 등 케이스에 따라 절차가 조금씩 상이하다. 스웨덴 이민청 홈페이지와 주한 스웨덴 대사관 안내를 면밀하게 살펴보고 누락되는 일이 없도록 하자.

수수료를 납부한 이후엔 스웨덴 이민청이 당신의 유학 거주권 관련 심사에 들어간다. 서류가 누락되지 않을 경우 신청의 60~70%가 1개월 이내 처리되고, 나머지 30~40%는 그 이상의 기간이 걸린다고 한다.

이후 면접은 스웨덴 당국과 협의해 주한 스웨덴 대사관에서 치르는 것이 일반적이다. 한국은 90일 무비자로 스웨덴 입국이 가능한 국가이므로 스웨덴 현지에서 면접을 보고 거주권을 취득하는 것도 불가능하지는 않지만 오히려 절차가 복잡할 수도 있으니 주한 스웨덴 대사관에서 진행하는 것을 권한다. 제3국에 체류 중인 경우라면 현지 주재 스웨덴 대사관에서 업무를 진행할 수 있다.

§ 취업

스웨덴 취업 거주권 신청 역시 이민청 홈페이지나 주한 스웨덴 대사관을 통해 할 수 있다. 신청할 때 필요한 기본 자격은 다음과 같다.

1 **유효한 여권**

2 **고용 계약**

당신을 고용한 회사가 스웨덴의 노동 단체 협약에 가입돼 있거나, 직업이나 업체가 사회적 관습에 적합해야 한다. 그렇지 않다고 판단되는 회사의 고용 계약서는 유효하지 않다.

3 **연봉 계약**

연봉 역시 스웨덴의 노동 단체 협약 기준이나 관습적 기준에 맞아야 한다. 턱없이 낮은 임금을 주는 회사와의 계약은 유효하지 않다. 최저 연봉은 세전 1만3000크로나로 규정돼 있다.

4 **고용주가 당신의 의료보험, 생명보험, 고용보험과 연금을 보장한다는 의향 증명**

취업 거주권의 신청 절차는 당신과 고용 업체, 스웨덴 이민청 3자가 상호 소통하면서 이뤄진다. 따라서 양자와 소통하는 이메일 주소가 반드시 일치해야 한다는 점에 유의하자. 고용 업체와 스웨덴 이민청에 제출하는 지원서에 명기하는 이름, 생년월일, 국적, 학력 등이 모두 일치해야 한다.

고용 업체와 스웨덴 이민청 사이의 확인 절차가 모두 끝나면 본격적으로 '지원 절차를 시작하라'는 이메일이 날아온다. 이때 여권 사본을 제출해야 하는데 사진, 서명, 여권번호, 여권 발급 국가, 여권 유효기간, 지금까지 입국 허가를 받은 국가 등 세부 정보가 포함돼 있어야 한다.

가족과 함께 입국할 경우 가족의 여권 및 결혼증명서(배우자의 경우), 재정증명서(자식이 21세 이하인 경우) 등 요구하는 세부 서류가 많다. 이를 꼼꼼하게 확인할 필요가 있다. 수수로는 100크로나, 동반 가족의 경우 성인은 1000크로나, 18세 이하 미성년자는 500크로나다. 온라인으로 카드 결제하거나 주한 스웨덴 대사관 측에 은행으로 납부할 수 있다.

이후부터 본격적인 심사다. 스웨덴 이민청은 "요건대로 서류가 잘 갖춰졌는지 여부가 심사 기간 단축의 결정적인 변수"라고 강조한다. 심사를 거쳐 취업 거주권 발급이 확정되면 '거주증(Residence Permit Card)'을 발급할 수 있는데 거주권 유효기간 개시 3개월 전에는 발급받을 수 없다.

§   사업

사업 거주권 발급이 가장 까다롭다고 볼 수 있다. 유학이나 취업 거주권은 서류의 구성 요건만 갖추면 얻을 수 있는 반면 사업 거주권의 경우 가능성과 기대 수입, 현재 재정 상황 등을 종합적이고 질적으로 판단하기 때문에 심사가 길게는 10개월 이상 걸리기도 한다.

스웨덴 사람의 상식에 비춰봤을 때 의구심이 드는 대목이 있다면 심사가 당연히 길어진다. 추가 질문이나 추가 서류 요청을 받을 수도 있고, 서류 요건이 미흡하면 아예 거부당할 수도 있으니 이민청 홈페이지에 있는 요강을 숙독하고 필요하다면 주한 스웨덴 대사관에도 "이러이러한 조건으로 준비 중인데 어떤 점을 보완하는 것이 좋겠느냐?"며 여러 차례 문의한 뒤 지원하는 것이 현명하다. 다시 강조하지만 북유럽 사람들은 일단 어떤 도움을 달라고 요청하면 어떻게든 도와주려고 노력하는 경우가 많으니 꼭 도움을 받도록 하자. 사업 이민에 필요한 조건은 다음과 같다.

1   유효한 여권

2   사업체를 운영하려는 분야에서 쌓았던 가장 의미 있는 경험과 경력

3   운영하려는 사업체와 관련한 지식을 스웨덴어 또는 영어로

    문서화할 것

4   운영하려는 사업체의 최소 절반을 소유하고 사업 결과에 대해

    최종 책임을 진다는 사실을 입증할 것

5   사업체의 서비스 또는 생산 상품이 스웨덴 내에서 생산되거나

    소비된다는 사실을 입증할 것

6   충분한 재정을 확보하고 있음을 증명할 것. 2년치 생활비 잔고를

    증명할 것(본인은 20만 크로나, 동반자는 10만 크로나, 자녀는

1인당 5만 크로나)

7   사업 예산 출처에 관한 신빙성 있는 문서를 제시할 것

8   스웨덴에서 사업체를 꾸리기에 충분한 고객 또는 네트워크를

         확보했는지 증명할 것

9   2년의 시험 운영 기간 동안 사업체가 원활하게 돌아가는 것은

         물론이고, 가족들이 그 소득으로 어떻게 안정적으로 생활할 수

         있는지 예상되는 흐름을 잘 설명할 것

이상의 내용이 스웨덴 이민청이 사업 거주권 발급 심사에 적용하는 '평가 기준'
이다. 이러한 원칙에 입각해서 다음과 같은 서류를 제출해야 한다. 여기에 제시
되지 않았더라도 위 평가 기준을 만족시킬 수 있는 다른 서류가 필요하다고 판
단되면 제출하는 것이 좋다. 그리고 여권 만료 기간보다 길게 거주권을 발급받
을 수 없으므로 여권 만료 기간을 최대한 넉넉히 확보해두어야 한다.

1   여권 사본

         사진, 서명, 여권번호, 발급국가, 유효기간, 입출국 도장, 거주 허가

         받은 국가의 도장 등 여권 내 모든 세부사항을 요구함

2   잔고 증명서

3   사업 예산을 위한 투자 또는 대출 증명서

4   인수계약서

         기업체를 인수하는 경우

5   제휴 협약서 또는 주식 대장

6   대금 지불 증명서

기업체를 인수한 경우

7   지난 2년간 연차결산보고서

이미 설립된 기업체가 스웨덴에 진출하는 경우

8   영어 또는 스웨덴어 어학 능력 증명서

9   학력증명서

10   과거 고용주들로부터의 추천장

11   스웨덴 외부에 과거 소유했거나 현재 소유 중인

회사(들)의 사업자등록증

스웨덴 이민청은 서류의 미흡한 부분에 대해 추가 설명 또는 추가 서류를 요구할 수 있다. 주한 스웨덴 대사관에서 면접을 볼 경우 사업의 목적, 이민 동기, 장기적 비전, 자금 조달 방안에 대해 질문한다. 최대한 상식적으로, 거짓 없이 답하는 것이 중요하다. 면접 통과 이후 거주권 발급이 최종 허가되면 스웨덴 현지에서 거주권을 받을 수 있다.

b 노르웨이

노르웨이 이민 절차에 대한 상세 정보는 노르웨이 이민청 홈페이지(www.udi.no/en/) 또는 주한 노르웨이 대사관 홈페이지(http://www.norway.or.kr/)에서 얻을 수 있다. 다만 신청 및 진행 절차는 노르웨이 정부로부터 업무 권한을 위임 받은 VFS글로벌(http://www.vfsglobal.com/norway/southkorea/)을 통해 진행해야 한다. 노르웨이 이민청 홈페이지에 회원 가입을 하면 거주권 유

형에 따라 다른 서식의 서류 파일을 받게 된다. 이에 맞춰 서류를 작성해 VFS를 통해 절차를 진행하면 된다.

사진 규정이 까다롭다. 최근 6개월 이내 찍은 사진이어야 하며 다른 비자 신청에 사용된 적이 없어야 한다. 얼굴 전체가 명확히 보여야 하고 특히 양쪽 귀가 다 보여야 한다. 얼굴의 70~80%가 보이도록 머리와 어깨선 위를 근접하여 찍은 선명한 사진이어야 하며 포토샵으로 보정한 사진은 접수가 거부될 수 있다. 자신이 없으면 주한 노르웨이 대사관 근처 사진관에서 노르웨이 비자 사진을 찍어달라고 요청하면 된다.

§ 유학

노르웨이 이민청이 유학 거주권 발급에 요구하는 기본 서류는 다음과 같다.

1 **여권과 여권 사본**

    모든 페이지 복사 요망

2 **서명 포함 영문 자기소개서**

    노르웨이 이민청 양식

3 **여권 사진 2장**

4 **접수비 영수증**

5 **입학 허가서**

    교육기관명, 이름과 학과, 학위 종류, 수학 기간이 명시돼 있어야 함

6 **재정 증명서**

1년에 10만920크로네를 조달할 수 있어야 함

7   **거주 문서**

단독 주택인지 아파트인지 임대인지 등의 여부가 적힌

거주 계약서여야 함

8   **이상의 기본 서류 목록**

서명 필수

만일 한국이 아닌 다른 나라에서 노르웨이 유학 거주권을 신청한다면 6개월 이상 그 나라에 머물렀음을 증명하는 문서를 추가로 제출해야 한다. 또한 직접 신청하지 않고 법적 대리인을 통해 거주권을 신청하는 경우 위임장을 함께 내야 한다. 양식은 역시 노르웨이 이민청 홈페이지에서 제공하고 있으니 참고하자. 노르웨이 유학 거주권 신청 수수료는 3200크로네(약 45만원)이다.

§   취업

노르웨이 이민청이 취업 거주권 발급에 요구하는 기본 서류는 다음과 같다.

1   **여권과 여권 사본**

모든 페이지 복사 요망

2   **서명 포함 영문 이력서**

노르웨이 이민청 양식

3   **여권 사진 2장**

4   **거주 문서**

단독 주택인지 아파트인지 임대인지 등의 여부가 적힌

거주 계약서여야 함

5	노르웨이 이민국 제공 고용 증명 문서(홈페이지 양식 첨부)

6	교육 문서

교육 기간, 학위 종류, 전공 내용 등 명시 요망

7	(경력직의 경우) 이전 직장 경력 증명서

재직 기간, 회사, 구체적인 업무 수행 내용 등 명시

8	서명 포함 영문 자기소개서

노르웨이 이민청 양식

9	이상의 기본 서류 목록

서명 필수

유학과 마찬가지로 만일 한국이 아닌 다른 나라에서 노르웨이 취업 거주권을 신청한다면 6개월 이상 그 나라에 머물렀음을 증명하는 문서를 추가로 제출해야 한다. 취업 거주권 신청을 한국이나 제3국이 아닌 노르웨이 현지에서 할 경우, 고용주가 2명 이상일 경우, 고용 기간이 한시적일 경우, 특별한 허가가 필요한 직종에 고용됐을 경우 등은 별도의 소명서 제출을 요구한다.

운동 코치로 취업할 경우 노르웨이 체육회의 증명서가 필요하다. 또한 현지 리쿠르트 업체를 통해 취업한다면 제안 받은 업체들의 명단과 각 업체의 취업 확인 증명서, 그리고 취업하려는 업체가 노르웨이 노동 감독청 인증을 받은 곳인지의 여부를 확인해주는 증명서가 필요하다. 취업 거주권이 나오기 전부터 근로해야 할 부득이한 경우가 있다면 역시 먼저 문의하면 도움을 받을 수 있다.

§   사업

노르웨이 이민청이 자기 고용(self-employed) 형태로 사업 이민을 원하는 사람
에게 요구하는 서류는 다음과 같다. 취업 거주권 발급 때와 거의 유사하며, 신청
수수료는 3700크로네(약 53만원)이다.

1   여권과 여권 사본

         모든 페이지 복사 요망

2   서명 포함 영문 이력서

         노르웨이 이민청 양식

3   여권 사진 2장

4   거주 문서

         단독 주택인지 아파트인지 임대인지 등의 여부가 적힌

         거주 계약서여야 함

5   교육 문서

         교육 기간, 학위 종류, 전공 내용 등 명시 요망

6   이전 직장 경력 증명서

         재직 기간, 회사, 구체적인 업무 수행 내용 등 명시

7   서명 포함 영문 자기소개서

         노르웨이 이민청 양식

8   사업체 내에서 본인의 역할과 판매 및 제공 예정인 상품,

         서비스 등의 판매 잠재력과 시장 평가 등을 포함한

         사업 세부 계획서

8   http://www.udi.no/en/checklists-container/work/
      checklist-for-self-employed-with-company-in-
      norway/ 참고

c   덴마크

§   그린 카드 스키마

덴마크 이민의 가장 큰 특징이 바로 '그린 카드 스키마'다. 정식 취업 허가를 받기 전 덴마크에 최대 3년 동안 체류할 수 있도록 하는 제도다. 다른 북유럽 국가들이 먼저 취업이나 유학 허가를 받은 뒤에야 거주권을 얻을 수 있는 것과는 달리 일단 덴마크에 입국해 구직 활동을 할 수 있다는 것이 최대 장점이다. 그린 카드를 획득해 덴마크에 입국하면 3년 동안 덴마크어를 무료로 가르쳐준다.

다만 과거와 달리 국가가 적극적으로 취업을 알선해주지 않는다. 취업은 개인의 책임이라고 덴마크 이민국은 명시하고 있다. 최대 3년의 구직 활동 기간 동안 스스로 재정적 부양을 할 수 있어야 하며, 재정 증명서를 의무적으로 내야 한다. 2015년 기준 30세 이상 미혼 신청자는 13만188크로네(약 2200만원)의 은행 잔고 증명서를 제출해야 한다. 체류 기간은 최소 2년이고 만기 3개월 전 3년까지 추가 연장이 가능하다. 연장 신청을 하려면 이전 12개월 소득이 덴마크 학사 졸업생 연봉(2015년 기준 31만9725크로네, 약 5350만원) 이상이 돼야 한다.

그린 카드를 얻으려면 학력, 언어 실력, 유럽 국가 체류 경험 등 각 분야마다 규정된 점수를 100점 이상 획득하면 된다. 다음은 점수 부여 기준이다.

○ **학력**

-일반 학사 학위: 30점

-석사 1년 연계 학사 학위: 50점

-석사 학위: 60점

-박사 학위: 80점

-이 밖에 전공 학문이 최근 덴마크에서 수급이 원활하지 않은 분야일 경우: 30점 가점 부여

-THES-QS 선정 세계 대학 순위 400위 이내: 10점

-THES-QS 선정 세계 대학 순위 200위 이내: 15점

-THES-QS 선정 세계 대학 순위 100위 이내: 20점

*2015/2016년 기준 서울대(36위), 카이스트(43위), 포항공대(87위), 고려대(104위), 연세대(105위), 성균관대(118위), 한양대(193위), 경희대(295위), 이화여대(354위)

○ **어학 실력**

덴마크어, 스웨덴어, 노르웨이어 또는 영어, 독일어 점수를 평가하되 '덴마크어 능력시험(Prøve i Dansk)'을 기준으로 한다. 다른 언어는 모두 이 어학 시험 점수 기준으로 환산해 평가한다. 어학 기준 점수의 최고점은 40점이다. 몇 년 전까

지만 해도 어학 점수 최고 점수는 30점이었는데 10점이 늘었다. 우수한 덴마크어 실력은 그린 카드 발급에서 가장 유리한 조건이다.

-덴마크어능력시험 1단계

 (또는 이에 상응하는 스웨덴어, 노르웨이어) 통과: 5점

-덴마크어능력시험 2단계

 (또는 이에 상응하는 스웨덴어, 노르웨이어) 통과: 10점

-덴마크어능력시험 3단계

 (또는 이에 상응하는 스웨덴어, 노르웨이어) 통과: 20점

-제2외국어덴마크어능력평가

 (또는 이에 상응하는 스웨덴어, 노르웨이어) 통과: 40점

-덴마크어능력시험3단계에 상응하는 영어

 또는 독일어 시험에 통과했을 경우: 20점

- 제2외국어덴마크어능력평가에 상응하는 영어

 또는 독일어 시험에 통과했을 경우: 40점

○　　적응 능력

EU 또는 EEA(유럽 경제 지역) 국가 또는 스위스에서 교육을 받았거나 거주 및 업무 경력이 있는 사람들에게는 가산점을 준다.

-EU/EEA 국가 또는 스위스에서 최소 1년 이상 고등 교육을 이수한 경우: 5점

-EU/EEA 국가 또는 스위스에서 최소 3년 이상 고등 교육을 이수한 경우: 10점

또는

-EU/EEA 국가 또는 스위스에서 최소 1년 이상(12개월 연속) 법적으로 거주하며

업무 경력이 있는 경우: 5점

-EU/EEA 국가 또는 스위스에서 최소 2년 이상(연속) 법적으로 거주하며 업무

경험이 있는 경우: 10점

여기에 덴마크어능력시험 2단계를 통과한 경우 5점의 가산점을 준다. 적응 능력

분야에서 얻을 수 있는 최고 점수는 15점이다.

○   **우대 직종**

덴마크 이민국은 1년에 수차례 가산점을 부여하는 '우대 직종 명단(Positive

List)'을 공개한다. 덴마크에서 수급하기 쉽지 않은 직종일 경우 이민이 매우 유

리하다고 할 수 있다. 다음 명단은 2016년 1월 기준이다.

-엔지니어링 분야(전문 학사 학위 이상 요구): 기계, 생산, 건축, 환경, 에너지,

전기, IT

-의학, 치의학, 수의학(석사 학위 이상, 덴마크 인증 요구): 의학 컨설턴트,

경력 내과의, 치과의사, 상담의

-건강, 의료, 간호(전문 학사 이상, 덴마크 인증 요구): 수술 간호사, 마취

간호사, 일반 간호사, 안경사

-IT, 커뮤니케이션(IT 분야 과정 3년 이상 이수): IT 설계자, 프로그래머, 시스템

개발자, IT 컨설턴트

-고등학교 교사(석사 학위 이상, 덴마크 인증 요구): 자연과학, 체육교육 분야

-초등학교 교사(전문 학사 이상, 덴마크 인증 요구)

-교육, 사회, 교회 분야(전문 학사 학위 이상 요구): 교육학자, 사회복지사, 사회교육가

-이외 학문 분야: 약사(석사 학위 이상+덴마크 인증 요구), 약학자(석사 학위 이상), 회계감사인(석사 학위 이상), 경영 관리자(경영학 과정 3년 이상 이수), 재정 관리자(경영학 과정 3년 이상 이수), 법률가(덴마크 학사, 석사 학위+덴마크 인증 요구), 법률 상담가(석사 학위 이상)

○ **신청 절차 및 구비 서류**

1 **Case Order ID**

덴마크 이민국 홈페이지에서 개설, 이후 수수료가 부과됨

2 **여권 사본**

모든 페이지

3 **거주 허가 신청서**

온라인으로 접수 가능

4 **생체 정보**

여권 사진 2매와 지문을 등록해야 덴마크 거주증에 있는 칩에 이 정보를 저장할 수 있다. 홈페이지에서 거주권 허가 신청을 한 뒤 2주 내 주한 노르웨이 대사관을 방문해 접수해야 한다. 한국인 대상 덴마크 거주 허가 업무는 주한 노르웨이 대사관에서 처리하고 있다.

5

원본은 신청서 접수 뒤 2주 내 주한 노르웨이 대사관을 방문해
제시하고 사본에 증빙 도장을 받아야 한다.

6   잔고 증명서

§   유학

덴마크 대학이나 대학원 입학 허가를 받은 경우 고등 교육 과정으로 거주권을 신청할 수 있다. 고등 교육 과정에선 일정 수준 이상의 덴마크어 또는 스웨덴어·노르웨이어·영어·독일어 실력을 요구하는데, 어학 능력은 대학 입학 허가 과정에서 대부분 검증한다. 한 달 생활비를 5903크로네로 계산, 2개월치의 잔고 증명을 해야 한다. 거주 허가 기간은 학업이 만료될 때까지 인정해준다.

최근 덴마크 정부는 이민자와 유학생들을 까다롭게 관리한다. 현지 대학이나 대학원에 입학한 뒤 학기를 마치고 재등록을 하지 않고 취업을 하는 등의 행위를 강도 높게 감시하며 이런 경우 거주권을 취소한다고 명시하고 있다. 또한 학적을 유지하면서 학비 등을 벌기 위해 할 수 있는 아르바이트 시간은 일주일 20시간으로 규제하고 있다. 전일제 근무를 할 수 있는 기간은 방학 기간인 매년 6~8월로 한정한다. 만일 이를 지키지 않으면 거주권 기한을 연장해주지 않거나 중간에 취소해버릴 수 있으니 잘 알아두어야 한다.

신청 절차와 구비 서류는 다음과 같다. 기본적인 서류를 제출하면 입학 허가를

내준 덴마크 내 대학(원)과 이민국이 동시에 절차를 진행한다.

1   Nem ID

         덴마크 이민국 홈페이지에서 고등 교육 과정 거주 신청서를

         작성하기 위해 만드는 ID

2   수수료 영수증

3   여권 사본

         모든 페이지

4   잔고 증명서

§   창업

덴마크는 창업 이민(Start-up Denmark)을 공식화하고 있다. 그러나 수억원을 싸들고 오면 이민을 허용해주는 다른 이민국들과는 달리 까다로운 심사를 거친다. 먼저 창업 이민 자체의 잔고 증명은 까다롭지 않다. 1년치 잔고 13만1616크로네(약 2300만원)를 증명하면 된다. 그러나 사업 아이디어를 덴마크 사업 위원회 소속 전문가단으로부터 검증 받아야 한다. 또 창업 이민 이후에 활발하게 사업 활동을 해야 한다. 주식 투자 등 돈을 목적으로 하는 이민은 부적합하다.

최초 2년 동안 머무를 수 있고 이후 3년씩 연장이 가능하다. 또 만일 사업이 부도가 나 회사 문을 닫을 경우에는 새로운 취업 거주 허가를 다시 신청해야 한다. 덴마크 창업 이민과 관련한 상세 정보는 http://www.startupdenmark.info/ 에서 살펴볼 수 있다. 신청 절차와 구비 서류는 다음과 같다.

1 **Case Order ID**

덴마크 이민국 홈페이지(www.nyidanmark.dk/en-US)에서

개설, 이후 수수료가 부과됨

2 **여권 사본**

모든 페이지

3 **거주 허가 신청서**

온라인으로 접수 가능

4 **생체 정보**

여권 사진 2매와 지문을 등록해야 덴마크 거주증에 있는 칩에

이 정보를 저장할 수 있다. 홈페이지에서 거주권 허가 신청을 한 뒤

2주 내 주한 노르웨이 대사관을 방문해 접수해야 한다. 한국인 대상

덴마크 거주 허가 업무는 주한 노르웨이 대사관에서

처리하고 있다.

5 **사업 아이디어 소개서**

사전에 덴마크 사업 위원회 전문가단에게 제출해 긍정적인 평가를

받아야 한다.

6 **회사 소유 구조 설명서**

회사 소유자가 2명 이상일 경우

7 **잔고 증명서**

§　　취업

핀란드 취업 거주 허가를 받으려면 먼저 핀란드 내 회사에 입사해야 한다. 원칙적으로 핀란드 회사에 입사한 뒤 거주 허가를 받기 전에는 핀란드로 출국할 수 없다. 다만 현지에서 바로 취업이 확정돼 부득이한 경우 현지 경찰서에 서류를 내면 처리가 가능하다. 주한 핀란드 대사관은 서류 접수 업무만 맡을 뿐 심사는 핀란드 헬싱키에 있는 이민국이 담당하므로 대사관에서 관련 질문에 답하기는 곤란하다고 한다.

반드시 본인이 방문해서 접수해야 하며 한국에서 발급을 신청한 거주 허가증은 한국에서만 받을 수 있고 핀란드에서 수령할 수는 없다. 최초 거주 허가는 1년 만기로 발급된다. 이후엔 핀란드 현지 경찰서를 방문해 거주 허가 연장을 신청하면 된다. 취업 거주 허가증 심사 기간은 약 6~8주가량 걸린다. 핀란드 취업 거주 허가증 신청에 필요한 서류는 다음과 같다.

1　　거주 허가증 신청서

핀란드 이민국 홈페이지(www.migri.fi/) 또는 주한 핀란드 대사관 (www.finland.or.kr/public/default.aspx?culture=ko-KR&contentlan=26)에서 가능하다. 이 문서에는 고용주의 서명이 있어야 한다.

2 급여 및 고용 기간이 명시된 고용 계약서

3 고용 기간 만료 시점으로부터 3개월 이상 유효한 여권

4 최근 3개월 이내 촬영한 컬러 사진

가로세로 36×47mm. 턱밑부터 이마 위 선까지의 거리가 32~36mm여야 한다. 배경은 흰색이어야 하고 두 눈을 머리카락이나 안경으로 가려서는 안 된다. 입은 다물고 있어야 하며 얼굴은 무표정한 상태여야 한다. 이 조건에 맞지 않을 경우 거절당할 수 있다.

5 전문 자격증 소지자일 경우 해당 내용을 증명하는 공식 서류

6 급여 외 주택 등 고용주로부터 제공받는 혜택을 명시한 서류

§ 유학

핀란드 유학 거주 허가 신청 시 필요한 서류는 다음과 같다.

1 거주 허가증 신청서 1부

2 핀란드 학교의 입학 허가서 또는 초청장

3 신청자 명의로 된 장학금 증서 또는 영문 은행 잔고 증명서

한 달 560유로씩 계산해 1년치인 약 880만원

4 최근 3개월 이내 촬영한 컬러 사진 1매

5 체류 기간 만료 시점으로부터 3개월 이상 유효한 여권

6 유학생 보험 증서

3개월 이상 2년 미만 체류하는 모든 한국인 유학생은 핀란드 체류

기간 동안 질병 및 상해 치료비를 각각 10만 유로 이상 보장하는 보험에 가입해야 한다. 2년 이상 체류할 경우는 최고 3만 유로 이상이다. 보험 증서가 없으면 유학 거주 허가를 신청할 수 없고, 보험 증서에 명시된 기간을 초과해서 거주 허가를 받을 수 없다.

학생 거주 허가를 받으면 1주당 25시간을 합법적으로 근로할 수 있다. 또 학문 분야와 연관된 기업에서 인턴으로 일할 수 있다. 졸업 후 구직을 위해 6개월간 체류 기간을 연장할 수 있는데, 현지 체류 비용과 관련한 은행 잔고 증명서를 추가로 요구한다. 배우자, 자녀와 함께 입국할 경우 영문 가족관계 증명서, 가족 생계유지 방법 증명서(배우자 수입증명서, 은행 잔고 증명서) 등이 필요하다.

§   사업

핀란드 내에서 신규 사업을 할 경우 기본 서류는 취업, 유학의 경우와 동일하나 거주 허가증 신청서에 써야 할 내용이 좀 더 많다.

1   거주 허가증 신청서 1부(아래 사항 포함)

-핀란드에서 어떤 사업을 왜 어떻게 하려고 하는지와 관련한 자유 에세이

-사업 아이디어 설명

-사업 부지 증빙

-종업원 관련 서류

-사업 관련 전문 자격 인증서

-별도 수입, 자산 관련 문서

-(이미 사업체가 있을 경우) 최근 재정 상태 증명서, 최근 잔고 증명

-(아직 사업체가 없을 경우) 향후 2년간의 손익 예상,

　사업 파트너가 있을 시 파트너의 사명이 기재된 사업 동의서 사본

| 2 | 최근 3개월 이내 촬영한 컬러 사진 1매 |
| 3 | 여권 |

IV

북유럽
생활 설명서

a 주민등록과 의료보험

현지에 정착할 때 가장 먼저 해야 하는 일은 주민등록과 의료보험 가입이다. 스웨덴 주민등록은 국세청에서 담당하며, 주민등록 후 주민등록번호를 발급받으면 된다. 스웨덴 주민번호는 10자리인데 신청 후 4주가량 기다리면 발급된다. 주민등록번호를 받은 후엔 주민등록 서류와 여권을 가지고 지역별로 있는 국세청 사무소에 가서 ID카드를 신청하면 된다. ID카드는 우리나라의 주민등록증과 같은 구실을 한다. ID 카드를 만들었다면 의료보험증을 만들어야 한다. 가까운 병원에 ID카드를 제출하면 즉석에서 의료보험증을 발급해준다. 의료보험증이 없으면 의료보험 혜택을 받을 수 없으니 ID카드를 만든 뒤엔 꼭 의료보험증을 발급받도록 하자.

덴마크의 경우 코뮨(Kommun, 한국의 구청 격)에서 외국인 등록을 해야 한다. 여권, 외국인 거주 허가증(그린 카드 혹은 유학·취업 허가시 주한 덴마크 대사관에서 발급), 결혼증명서, 자녀출생 증명서 등이다. 본인과 가족 모두가 코뮨 관계자와 면담해야 한다. 경험자들의 말에 따르면 코뮨에서의 면접은 거주 허가증이 나온 상태라면 크게 걱정할 필요가 없다고 한다. 면담이 끝나면 코뮨에선 주민등록증과 같은 개념의 CPR카드를 발급해준다. 정식 카드가 나올 때까지는 4~6주가 걸리는데 그때까지는 임시로 발급해주는 서류를 사용할 수 있다. 스웨덴과 마찬가지로 CPR카드로 의료보험증을 발급받을 수 있고 6주가량 소요된다.

핀란드의 주민등록 업무는 시청 또는 경찰서에서도 할 수 있다. 핀란드는 따로 외국인 체류증이 발급되지 않는 것이 특징이다. 단순 등록만 하면 되고 비용은 무료다. 1년 이상 거주할 경우 거주지 등록도 필수 사항이다. 거주지 등록 확인서는 신청 후 약 3주 이내에 우편으로 발급해준다. 우리나라의 주민등록번호에 해당하는 번호를 부여 받고 각종 행정 편의를 받을 수 있다. 핀란드의 사회보장제도 켈라(KELA)는 1년 이상 근로 계약이 있는 사람만 받을 수 있다. 의료보험제도까지 포괄하는 이 혜택을 받으려면 시청 또는 경찰서에 여권과 사진 등 소정의 서류를 제출해야 한다.

b 집 구하기

현지에 정착하려면 가장 먼저 필요한 게 살 집이다. 북유럽의 집세는 높은 편이고 월세 중심으로 이뤄져 있다. 먼저 스웨덴을 살펴보자. 코펜하겐 등 대도시 도심에서 쾌적한 주택을 구하는 것은 쉽지 않다. 도심엔 주로 비좁고 낡은 아파트가 많다. 월세도 비싼 편이다. 하지만 우리나라처럼 교통 체증이 심하지 않기 때문에 도심에서 다소 벗어난 지역을 선택하면 조금 더 넓고 쾌적한 주택을 구할 수 있다. 다만 전문가들은 학교에 다니는 자녀가 있다면 등하교 거리와 시간, 교통편을 종합적으로 고려하는 편이 좋다고 조언한다.

스웨덴에서는 스톡홀름 주변을 기준으로 4인 가족이 살 만한 90~110㎡ 크기의 주택을 한 달 2만5000크로나가량의 월세로 구할 수 있다. 중개사를 통해서 집을 구할 경우 통상 1개월분 월세를 수수료로 지불한다. 또 보통 2개월치 월세를 집주인에게 보증금으로 지불한다. 스웨덴 인터넷 부동산 사이트로도 집을 구할 수 있지만 스웨덴어로 돼 있는 경우가 대부분이라 처음부터 거래를 하기는 쉽지 않다. 현지 한국인을 통해 부동산 중개사의 도움을 받는 것이 좋다.

아파트나 연립주택은 주차장이 없는 경우가 많다. 이럴 때는 일정 요금을 내고 주차장을 따로 빌려야 한다. 정착자들은 겨울에 눈이 많이 오는 북유럽 기후의 특성상 실내 주차장을 알아보라고도 조언한다. 아침부터 쌓인 눈을 치우지 않아도 되기 때문이다. 주택을 구입하거나 임차했을 때는 거실, 방, 주방, 화장실의 상태를 미리 점검해야 한다. 일단 계약이 개시된 뒤에 발견되는 하자에 대해서는 본인 책임이 되므로 면밀히 살펴볼 필요가 있다.

덴마크 역시 코펜하겐 도심이나 주변에서 집을 구하기는 쉽지 않다. 최소 2~3개월 전부터 미리 주택을 알아봐야 한다. 덴마크에서는 3개월치 월세를 보증금으로 요구하니 미리 자금을 준비해놓을 필요가 있다. 또 덴마크는 계약 종료 시 원상 복구 비용을 철저히 청구하는데, 때로는 3개월치 월세로도 이 비용을 충당하기 모자랄 정도라고 하니 집을 사용할 때도 신중해야 한다.

스웨덴처럼 인터넷 부동산을 통해 집을 구할 수도 있다. 또 경우에 따라서는 사이트를 통해 집의 위치, 구조 등과 관련한 정보를 알아본 뒤 집주인과 직거래를 할 수도 있다. 다만 최근 코펜하겐 도심과 주변에서 집을 구하려는 사람들이 폭증하고 있어 관련 사기 범죄 또한 늘어나고 있는 추세라니 주의해야 한다. 사기 범들은 인터넷을 통해 허위 집 정보를 올려놓고 주인 행세를 하며 보증금 등을 먼저 송금 받은 뒤 연락을 끊어버리는 수법을 주로 쓴다고 한다. 현지에 정착해 있는 한국인을 통해 믿을 만한 중개업자를 소개받아 집을 구하는 것이 현명하다.

핀란드도 헬싱키 등 도심에서는 집을 구하기가 어렵다. 특히 핀란드는 외교우선주의를 채택하고 있어 양질의 주택을 외국의 외교관들이 먼저 선점하고 있기 때문이다. 따라서 이민자들의 선택의 폭은 더 좁아진다. 도심엔 오래된 아파트나 공동주택이 많고 시설이나 구조 역시 스웨덴이나 덴마크 등 다른 북유럽 국가보다 열악하다. 그런데도 최근 핀란드 경기의 호조로 임차료 시세는 높아지고 있다고 하니 이민 3~4개월 전부터 주택을 알아보는 것이 좋겠다. 정착자들은 스웨덴 도심에서 다소 떨어진 교외에 집을 구하는 것을 추천한다. 보통 헬싱키 교외에서 4인 가족이 살기 적합한 90~110㎡ 규모 주택을 월 2000유로 수준에서 구할 수 있다고 한다. 이때 스웨덴처럼 1개월치 월세를 중개 수수료와 보증금으로 내야 한다. 보증금은 은행에 예치되며 계약이 끝날 때 집주인과 세입자 양쪽의 서명이 모두 있어야만 돌려받을 수 있다.

스웨덴, 덴마크와 마찬가지로 인터넷 중개 사이트를 통해서도 집을 구할 수 있지만 핀란드어에 익숙하지 않다면 현지에서 도움을 얻는 것이 좋다. 주차장을 기본적으로 제공하는 곳이 거의 없고, 겨울에 눈이 많이 오므로 실내 주차장을 알아보는 것이 현명하다. 집을 계약한 경우 덴마크와 마찬가지로 미리 하자 여부를 확인해야 한다. 헬싱키 지역에 유학 비자를 받아 이주한다면 비정부기관 HOAS(www.hoas.fi)에서 부담 없는 가격의 방을 주선해준다. 알토 대학에 입학하는 학생은 학생회(www.ayy.fi)에 온라인 신청서를 제출하면 학생회 소유의 집을 빌릴 수 있다.

Kim Wyon/VisitDenmark

북유럽 주택은 옵션을 갖추지 않은 경우가 많다. 보통 가구는 인근 이케아에서, 전자제품은 대형 쇼핑몰에서 구입한다. 북유럽 전자제품의 표준 전압은 230V로 한국에서 사용하던 것을 그대로 사용할 수 있으나 주파수는 우리나라의 60Hz보다 낮은 50Hz라 대형 가전제품을 오랫동안 사용하면 문제가 생길 수 있다.

c 자동차 구입과 면허 취득

독신으로 도심에 집을 구했고 직장 거리도 가깝다면 굳이 자동차를 구할 필요는 없다. 북유럽 주요 도심의 대중교통은 잘 발달돼 있는 편이다. 게다가 한국의 도시처럼 경사가 심하거나, 도로가 복잡하거나, 사람과 차들로 혼잡하지 않기 때문에 자전거 출퇴근이 일상화돼 있다. 자전거로도 충분히 생활이 가능하다는 말이다. 하지만 집을 도심에서 떨어진 교외에 구했거나 자녀가 있다면 자동차가 필요하다.

북유럽에서 자동차를 구입하고 유지하는 비용은 한국의 2~3배가량 든다. 자동차 가격도 비쌀 뿐더러 무엇보다 세금이 엄청나다. 북유럽 국가들의 신차 세율(부가세+기타 세금)은 덴마크 218%, 노르웨이 144%, 핀란드 90%, 스웨덴 25%로 유럽 최고 수준이다. 영국이 17.5%, 독일이 16%, 프랑스가 19.6%임을 감안하면 정말 살인적인 세율이다.

핀란드의 자동차세는 12.2~48.8%인데 배기량이 적거나 친환경 자동차일수록 세금이 적고 배기량이 큰 중대형 자동차일수록 세율이 높다. 자동차 자체 가격도 비싸다. 한국의 '클릭' 자동차가 약 1만8000유로에 판매된다. 할부로 구입하면 이자 연 7~8%로 제법 비싼 편이다. 다른 북유럽 국가들의 상황도 비슷하다. 다만 노르웨이에서는 전기차를 구입하면 취득세와 부가세를 면제해준다. 공용 주차장과 톨게이트 비용, 충전시설 비용도 감면해주고 버스전용차선을 달릴 수 있는 특혜까지 준다.[86]

한국에서 몰던 자동차를 가져오는 것도 방편이 될 수도 있다. 게다가 북유럽 자동차 시장의 경우 한국보다 감가상각이 빠른 편이기 때문에 운반비와 관세 등을 알아보고 한국에서 사용하던 차를 배편으로 수송하는 것이 현지에서 구입하는 것보다 경제적일 수 있다. 또는 아예 같은 EU 국가인 독일 등에서 차량을 구입하는 사람들도 최근 늘어나고 있는 추세다. 자동차세가 북유럽의 절반 수준일 뿐 아니라 세계적으로 명성이 높은 독일의 중고차를 비교적 싼 값에 살 수 있다는 점이 매력이다.

북유럽에서 신차나 중고차를 구입할 때는 인터넷을 통해 자동차 딜러를 소개받아 사는 것이 일반적이다. 자동차를 구입할 때 거주 허가증이나 외국인 등록증 등 신분증을 요구한다는 점을 알아두자.

북유럽 이민을 생각했다면 면허는 한국에서 취득하는 것이 편리하다. 북유럽 자동차 면허 제도가 한국보다는 상대적으로 까다롭게 돼 있을뿐더러 무엇보다 언어의 장벽이 있기 때문이다. 한국에서 국제 면허증을 발급받으면 최대 6개월까지 이 면허증으로 운전을 할 수 있다. 한국은 제네바 협약에 가입돼 있으므로 핀란드의 경우 영구 거주 주소지에서 6개월 이상 거주하면 한국 면허증을 핀란드 면허증으로 교환할 수 있다. 지인 2명의 증인 서명을 받은 뒤 한국대사관에서 영문 공증을 받아 핀란드 면허로 바꿔달라는 신청을 하면 된다. 덴마크 역시 한국에서 가져온 국제 면허증을 1년 동안 쓸 수 있다. 또 한국의 면허증이 있으면 필기시험과 실기시험이 면제된다. 또 현지 면허증으로 교환하려면 여권과 여권 사진이 필요하므로 한국에서 여권 사진을 넉넉히 마련해가는 편이 시간을 아끼는데 유리하다. 국가에 따라 5~10만원가량의 수수료를 요구한다.

자동차를 구입하고 운전면허증 교환까지 끝냈다고 해서 마음껏 운전해서는 안 된다. 북유럽에서는 절대 한국식으로 운전하면 안 된다. 규정된 속도를 철저히 지켜야 하고 횡단보도에서의 정지선에서도 무조건 정차해야 한다. 주차 역시 방향만 틀려도 우리 돈 10만원 이상의 벌금을 가차없이 부과한다.

d   은행 계좌 만들기

스웨덴에서 세금, 수도, 전기 요금 등 공공요금은 바로 현금으로 내는 것이 아니라 우리나라의 지로 명세서 같은 별도의 청구서를 받으면 은행 계좌에서 출금하는 방식으로 납부한다. 따라서 반드시 은행 계좌가 있어야 한다. 스웨덴 주민등록번호가 기재된 ID카드, 즉 신분증을 가지고 은행에 가서 계좌를 개설하자. 우리나라와 같은 통장은 없다. 한 달에 한 번씩 잔고와 출입금 내역이 적힌 확인서가 우편으로 날아온다. 구좌 사용료, 카드 발급비, 인터넷 뱅킹 사용료 등을 따로 부과해야 하는데 월 25~40크로나 수준이다.

덴마크에서 계좌를 개설하려면 덴마크의 주민등록증인 CPR카드와 여권, 의료 보험증이 모두 필요하다. CPR카드가 아직 발급되지 않았다면 CPR 번호와 거주지가 표시된 임시 증서로 대신할 수 있다. 덴마크에서는 보통 6개월 이상 거주해야 계좌 개설이 가능하다. 그러나 은행에 따라 3개월 이내 거주한 사람도 개설이 가능한 경우가 있다. 은행을 공짜로 이용할 수 있는 우리나라와 달리 덴마크에서는 창구 텔러와 이야기하면 회당 40크로네의 서비스 요금을 내야 한다. 간단한 업무는 인터넷 뱅킹이나 ATM을 이용하는 것이 좋다.

덴마크의 은행 계좌는 달러 계좌와 덴마크 크로네 계좌를 동시에 개설할 수 있다는 점이 특징이다. 덴마크에서는 'Dan Card' 단말기가 전국적으로 가장 많이 사용되고 있다. 그래서 덴마크 크로네 계좌를 이용한다면 'Dan Card'와 비자(VISA) 겸용 카드를 사용하는 것이 각종 요금을 납부하거나 물품 대금을 낼 때 가장 편리하다. 카드를 신청하면 먼저 카드가 발송되고 그다음 비밀번호를 알려주는 메일이 2~3일 뒤에 온다. 비밀번호 메일까지 받은 뒤 은행에 전화를 걸어 카드를 활성화하면 되는데 일년에 네 번, 90크로네가량의 카드 수수료가 청구된다.

핀란드 역시 세금이나 각종 요금을 현금으로 납부하지 않고 청구서를 통해 내기 때문에 은행 계좌가 필요하다. 이때 근로계약서나 학생증, 그리고 여권이 필요하다. 계좌를 개설할 때 각종 요금의 자동이체를 신청할 수 있고 인터넷 뱅킹 역시 신청이 가능하다. 덴마크와 마찬가지로 은행 텔러와 상담하면 매번 5유로가량의 수수료가 부과된다. 단말기 수수료가 12센트로 훨씬 싸다. 통장은 따로 없다. 1주일 또는 한 달에 한 번씩 사용 내역서가 우송된다.

북유럽에 정착해 유선전화와 휴대폰, 인터넷을 개통하려면 현지 신분증과 여권이 기본적으로 필요하다. 덴마크에서는 거주증을 추가로 요구하는 경우도 있다. 휴대폰 개통 비용으로 100크로네, 월 요금은 최저 130크로네에서 시작한다. 한국에서 쓰던 휴대폰을 가져가서 현지에서 유심(USIM) 칩을 사서 끼는 방법이 좀 더 편리하다. 덴마크에서는 세븐일레븐 같은 편의점에서 레바라(Lebara) 선불 유심을 29크로네에 살 수 있다. 그다음 바로 세븐일레븐 또는 인터넷에서 충전할 수 있다. 요금제는 10시간 통화/데이터 2GB 제공/문자메시지 무제한이 99크로네부터 시작한다. 그러나 레바라 유심은 LTE를 서비스하지 않는다. 고속 인터넷을 원하면 현지 통신사에 가입해야 한다.

핀란드는 인터넷 천국이다. 수도 헬싱키의 공공기관이나 호텔 등에서는 무료 와이파이를 사용할 수 있다. 대부분의 음식점이나 카페에서도 와이파이를 제공하므로 핀란드의 인터넷 환경은 북유럽 국가 중 한국과 가장 비슷하다고 할 수 있다. 2013년 핀란드의 16~89세 인구 중 85%가 인터넷을 사용하고, 핀란드 국민의 3분의 2가 온라인 쇼핑을 한다는 통계 결과도 있다. 페이스북, 트위터 등 SNS를 사용하는 인구도 전체의 절반이라고 한다. 스마트폰 데이터 요금도 저렴하다. 한 달 무제한 데이터 요금을 6.8유로에 서비스하는 회사도 있다.

스웨덴에서는 동네마다 있는 보건소에서 진료를 받을 수 있다. 보건소 진찰료는 200크로나(약 2만8000원)이다. 만일 전문의의 진료가 필요하다고 판단되면 보건소 의사가 소견서를 써준다. 전문의 진료는 350크로나(약 5만원)이다. 우리나라보다 진료비가 비싼 편이라 간단한 감기 같은 것으로 병원을 찾는 일은 많지 않다. 스톡홀름 시내에 있는 24시간 약국에서 간단한 상비약을 구할 수 있다.

덴마크는 스웨덴과 달리 모든 진료가 무상이다. 덴마크 국민이 아니더라도 거주 허가를 받은 외국인이라면 누구나 덴마크인과 동일하게 무상 진료 혜택을 받을 수 있다. 다만 병원을 방문하기 전에 미리 예약을 해야 한다. 노르웨이의 경우 병원에서 직접 진료비를 내지 않고 사후에 청구한다. 이용 요금은 공공 병원을 이용할 경우 스웨덴과 비슷한 수준이지만 사설 병원을 이용하면 10배쯤 비싼 돈을 내야 한다. 핀란드는 '헬스 센터'라고 부르는 지역 보건소에 4명 이상의 의사가 상주하고 있고 상급 병원 입원도 보건소 의사의 진료가 있어야만 할 수 있다.

북유럽 치과 진료 환경은 확실히 우리나라보다 좋지 않다. 스웨덴의 경우 진료비가 최저 375크로나(5만3000원)쯤 한다. 핀란드와 덴마크, 노르웨이의 치과 진료비도 한국보다 비싸다. 북유럽의 사회복지가 잘 발달돼 있는 편이지만 치과의 경우는 대개 보험을 드는 편이다. 북유럽 이민을 결정했다면 한국에서 미리 치과 진료를 받은 다음 나가는 것이 현명하다.

스웨덴의 경우 코뮨에서 운영하는 스웨덴 현지 학교나 외국인 학교는 학비를 받지 않는다. 다만 정원이 제한돼 있으므로 입학 가능 여부를 미리 알아둬야 한다. 스톡홀름이나 근교 도시엔 영국인이나 독일인, 또는 영어 전용 학교나 국제 학교 등이 있지만 학비가 비싼 편이다.

핀란드도 핀란드 현지 학교, 국제 학교, 영국인 학교, 프랑스인 학교 등 여러 종류의 학교가 있다. 역시 핀란드 학교는 학비가 무료다. 국제 학교나 영국 학교 등은 수업을 100% 영어로 진행하지만 학비가 다소 비싸다. 핀란드 학교가 무료로 급식을 제공하는 데 비해 외국인 학교와 국제 학교는 그렇지 않다는 점도 알아둬야 한다. 덴마크 역시 덴마크 현지 학교는 무료이지만 국제 학교는 1년에 10만크로네(약 1800만원)가 넘는 학비가 든다. 노르웨이도 마찬가지다.

정착자들은 현지 학교 교육의 질이 충분히 우수하고 만족스럽다고 한다. 앞서 소개했지만 현지어를 제대로 구사할 줄 모르는 한국인 이민자의 자녀를 위해 교사가 "내가 한국어를 배워야 하는 것 아니냐"고 걱정할 정도다. 북유럽 교육의 목표는 빛나는 1등을 선발하는 것이 아니라 아무도 낙오하지 않는 공동체를 만드는 것이다. 현지 이민자들은 "한국에서처럼 우리 애가 뒤처지면 어떡하지?" 같은 걱정은 할 필요 없다고 말한다.

a 이태민 씨, 스웨덴 거주

이태민 씨는 한국인 어머니를 둔 스웨덴인 대학생이다. 1988년 스웨덴에서 태어났고 1994~1998년 한국에서 거주했다. 2010년 여름 EBS에서 스웨덴어 자막을 번역한 경험이 있다.

한국에서 스웨덴 이민을 떠나려면 가장 먼저 준비해야 할 것은 무엇입니까?

첫 번째, 스웨덴에서 유학·취업을 하기 위해선 적어도 기초적인 스웨덴어 지식이 필요하다고 생각합니다. 아무리 북유럽 사람들이 영어를 잘한다고 해도 스웨덴어를 이해하고 구사할 줄 아는 사람을 우선하기 때문입니다. 어느 나라를 가든지 똑같이 적용되는 내용이라고 생각합니다.

두 번째, 전문적인 지식이 없는 외국인이 여기서 취직하기는 어렵다고 봅니다. 스웨덴도 요즘 한국만큼은 아니겠지만 직업을 구하려면 나름대로 경쟁이 있습니다. 스웨덴어 지식 없이 무턱대고 여기 와서 직업을 구하기는 어렵다고 생각합니다.

유학 같은 경우 거의 모든 석사, 박사 과정 대부분이 영어로 이뤄집니다. 하지만 학사 과정을 밟길 원하면 영어로 된 프로그램은 소수입니다. 대부분의 학사 과정 과목은 스웨덴어로 진행됩니다.

근무 환경에 만족하시는지요?

보통 주 5일 근무입니다. 회사마다 한 해에 4주에서 6주의 휴가를 받습니다. 여기선 평균 주 40시간이 풀 타임 직장이라고 봅니다. 그래서 하루에 8시간 일합니다. 아파서 결근할 경우 둘째 날부터 14일까지 월급의 80%가 나옵니다. 첫째 날은 karensdag(qualifying day of sickness)이라고 해서 보상이 안 나옵니다. 그 이상 아프면 의사의 진단서가 필요합니다. 아기를 낳게 될 경우 육아휴가가 480일 주어집니다. 부부가 알아서 나눠서 사용할 수 있습니다.

의료 환경에 만족하시는지요?

한 해에 최대 1400크로나(약 18만원)의 의료비를 내면 이후 모든 진료가 무료입니다. 많이 아프면 응급실을 찾지만 그렇지 않을 경우 보건소에 시간을 예약해서 방문을 하는데요. 거기서 1차 진료를 받고 2차로 큰 병원(전문병원)으로 보내주는 시스템입니다. 응급실 같은 경우 보통 상당한 시간을 기다려 진료를 받습니다. 저도 팔이 부러져 갔을 때 약 3~4시간을 기다려 진료를 받았습니다.

참고로 여기서는 감기 같은 가벼운 질병은 개인의 면역력으로 낫게 합니다. 따로 감기약을 판매하지 않고 집에서 쉬라고 합니다.

치과는 18세까지 치아 교정을 포함한 모든 치과 진료가 무료입니다. 해마다 스웨덴 만 18세 이상의 시민에게는 200크로나(3만 5000원)의 보조금이 나옵니다. 한 해에 모두 사용하지 않으면 축적됩니다. 반면에 치과비가 좀 비쌉니다. 진찰 한 번 받는 데 약 300~400크로나(5~6만원)가 듭니다. 저 같은 경우 성인이 되어서 사랑니

빼는 데 1800크로나(약 25만원)가 들었습니다.

교육 환경에 만족하시는지요?

저는 여기 교육제도에 만족합니다. 대학교까지 모두 내신 성적으로
입학할 수가 있습니다. 만약 고등학교 성적이 좋지 않다면 수능 같은
대학 예비시험을 치르고 대학교 진학을 할 수도 있습니다. 여기에는
스웨덴어, 영어, 수학 등의 기초 과목 네 가지의 시험을 본 뒤 그
결과로 대학에 지원합니다.

학비와 급식이 무상입니다. 고등학교 때부터는 오히려 학자
보조금을 매월 받으면서 학교를 다닙니다. 이런 교육환경이
당연하게 여겨집니다. 전과도 많이 하는 편이고 여기선 오히려
사회적 지위나 보수보다는 자기 만족을 위해, 자기가 하고 싶은 것을
찾아 진학합니다. 대학 진학률도 상당히 낮습니다. 50% 밖에 되지
않는 것으로 압니다. 고등학교 졸업 후 바로 취업을 원하는 청년들이
더 많아서입니다.

보통 여기선 고등학교를 졸업하고 바로 대학에 진학하는 청년들이
그렇게 많지 않습니다. 사회 생활을 좀 하다가 하고 싶은 공부가
생기면 그때 대학에 진학하는 편입니다. 공부 역시 자기에게 맞는
것을 찾다 보니 이것저것 공부하고 전과도 많이 합니다.

참고로 한국과는 달리 여기선 상대 평가가 아닌 절대 평가로 성적을
줍니다. 시험도 객관식보단 주관식 질문이 대부분입니다. 성적 역시
오직 시험이 아닌 다양한 프로젝트나 리포트, 발표 등 모든 것을
종합해서 줍니다. 그래서 초등학교 때부터 그룹 과제를 많이 합니다.

함께해야 한다는 사회주의 개념이 강합니다.

여기 대학교는 입학보다 졸업이 어렵습니다. 절대 평가이다 보니 많은 학생이 통과할 수도 있고 반대로 많은 학생이 떨어질 수도 있습니다.

한국식 유흥문화, 단체 회식 문화, 위계문화에 익숙한 사람이라면 북유럽 문화에 적응하기 어려울까요?

스웨덴은 한국처럼 유흥문화와 음식문화가 발달돼 있지 않습니다. 이민을 와서 친구나 동료를 사귀지 못한다면 다소 외로울 수 있습니다. 그래서 사교적인 성격을 갖고 있지 않으면 힘이 들 수 있습니다. 개방적인 마인드를 갖고 와서, 사람을 많이 만나고 어울리는 것을 추천합니다.

스웨덴에선 술을 그렇게 많이 마시지 않습니다. 일주일에 2~3번 정도 마시는 편입니다. 주로 수요일 또는 주말에 마십니다. 수요일을 여기선 작은 토요일(little Saturday)이라고 부릅니다. 밖에서 마시면 비싸기 때문에 주로 집에서 홈 파티를 많이 열고요. 1차로 집에서 마시다가 2차로 클럽 같은 곳을 갑니다. 여기선 클럽도 새벽 3시면 닫습니다. 숙취는 피자나 햄버거 그리고 케밥으로 해결합니다. 하지만 좋은 점은 주말에는 지하철이 24시간 다닌다는 점입니다. 주중에는 지하철이 12~1시경에 끊기지만 그 후로는 심야 버스가 다닙니다. 택시는 상당히 비싼 편입니다. 인건비가 높다 보니 서비스업이 비쌉니다. 인건비 이야기를 잠시 하면, 맥도날드 같은 패스트푸드점에서의 최저시급이 약 100크로나(1만6000원)

입니다. 이것도 주말이나 주중 오후 6시 이후에는 '불편한 근무 시간
(uncomfortable work hour)'이라고 해서 시급이 50~100%
오릅니다.

b 노영숙 씨, 덴마크 거주

노영숙 씨는 1959년 한국에서 태어났고 30여년 전 덴마크에 정착했다. 현지에
서 예술가로 활동하고 있으며 프리랜서 통역과 번역, 코디 활동도 겸하고 있다.

한국에서 덴마크 이민을 떠나려면 가장 먼저 준비해야 할 것은 무엇입니까?

제일 중요한 것은 언어 준비라고 봅니다. 덴마크 사람들은 다행히
영어를 제2모국어처럼 잘해서 영어만 잘해도 덴마크 말을 배우기
전에 충분히 소통이 됩니다. 하지만 유학을 온다면 영어만으로는
대학 과정에서 어려울 수도 있습니다.

10년 전부터 대학 강의를 좀 더 세계화한다는 의미에서 영어로
강의를 시도하기 시작했습니다. 하지만 필요에 따라 전공 분야마다
영어 강의 진행 여부가 다르고 아직 다수의 강의는 덴마크어로
진행합니다. 그리고 대학 시스템이 한국과 다르기 때문에 사전에
잘 알아봐야 합니다. 무조건 코펜하겐 대학만을 고집하면 안 되고
자신의 전공 과목이 있는 대학을 찾아야 합니다. 덴마크에서는
수도에 있는 대학이나 지방대학이나 모두 동등한 수준입니다.

차이가 없습니다.

한편 덴마크에서의 취업은 어렵다고 볼 수 있습니다. 기본적으로 덴마크 인력은 전문 지식 수준이 높고 자신의 전문 분야에서의 경력이 많습니다. 그래서 영어만으로도 덴마크 회사에 들어갈 수 있지만 한계가 있습니다.

이번 덴마크의 재정 위기 때는 국가적으로 일손이 모자라는 상태였는데 지금은 그렇지 않습니다. 또한 EU회원 국가에서 와도 그곳 학력을 인정받기 어려운 실정이라 한국에서의 학력과 경력 인정은 좀 더 어렵다고 봅니다. 덴마크어를 어느 정도 배우기 전에는 미숙련 직업에 종사해야 하는데, 이제는 그러한 직업들도 폴란드나 동유럽 나라 사람들로 충당되고 있는 상태입니다. 그 외엔 자영업을 할 수 있는데 전반적으로 필요로 하는 분야가 좁고 수요가 적습니다.

덴마크행을 결정하신 결정적인 이유는 무엇인지요?

국제 결혼으로 덴마크에 오게 됐습니다. 그때 남편의 직업상 덴마크에 들어오기 전에 시민권을 받았기 때문에 이민 자체엔 문제가 없었습니다.

덴마크에 정착해서 가장 힘들었던 점은 무엇입니까?

언어입니다. 30년 전만 해도 덴마크 사람들은 영어를 할 수 있으면서도 평상시에는 하지 않아서 답답했습니다. 그리고 그때 당시 최소한의 덴마크어 교육만 받을 수 있어 혼자서 공부해야 했습니다. 다행히 영어 실력이 있어서 큰 도움이 됐습니다.

덴마크 사람들은 모두 다 자신이 알아서 자기 일을 하는 독립적인 문화 전통을 가지고 있습니다. 서로 잘 묻지도 않고 도움을 청하지도 않습니다. 새로 정착하는 저로서는 매우 힘이 들었습니다. 지금은 마음을 더 오픈하고 다문화적이지만 이곳은 근본적으로 독립적이고 자립하는 문화입니다.

모든 면에서 너무 다른 생활이어서 적응하기가 힘들었습니다. 게다가 음식 문화가 몹시 다르고 전혀 유사한 면이 없어 적응이 어려웠습니다. 음식 재료들도 구하기가 불가능했습니다. 하지만 지금은 다릅니다. 소수의 아시아 마켓에서 고추장이나 다른 재료들을 한정적이나마 살 수 있고, 마늘과 배추 등은 보통 슈퍼에서 살 수 있습니다.

덴마크에서 "아, 이런 점은 오길 정말 잘했다"라고 생각하는 부분은 무엇입니까?

처음부터 바로 느낀 점은 덴마크 사람들이 절약하고 검소하게 살면서도 만족하며 산다는 것입니다. 이곳 사람들은 자신들이 해야 할 일들을 하면서도 만족스럽게 생활합니다. 누구나 다 평등하게 대하고 동등한 지위에서 대화합니다. 서로를 대하는 것에 안정감이 있고 여유가 있어 보이는 것이 매우 인상 깊었습니다. 30년 전의 한국과는 극적으로 다른 사회였습니다. 오기 전에 상상했던 이상적인 대안 사회 같았습니다. 정신적인 고향에 온 듯한 느낌이었습니다.

한국과 덴마크의 문화는 어떤 점에서 가장 다릅니까?

제일 다른 것이 가족과 음식문화입니다. 한국에선 혈통으로 이뤄진 가족 관계가 서로를 위해 희생하고 죽음까지 갈 수 있는 운명적인 사이입니다. 반면 덴마크 사람들은 완전히 개인적입니다. 친구 관계가 가족처럼 가까울 수가 있습니다.

한국에서는 음식을 서로 모여서 같이 먹는 문화입니다. 덴마크는 같이 먹어도 각자 먹습니다. 그러니까 함께 먹는 반찬 같은 것이 없습니다. 식사를 조용한 분위기에서 서로 대화를 나누면서 즐깁니다. 맥주나 와인을 마시면서 긴 시간에 걸쳐 식사를 합니다. 식사는 대부분 집에서 하고, 사람들을 집으로 초대합니다.

근무 환경에 만족하시는지요?

현재 예술가로 활동하고 있습니다. 프리랜서로 통역과 번역, 그리고 코디 일을 해서 수입은 적지만 자유롭습니다. 덴마크 주당 노동 시간은 37시간이고 보통 아침 8시쯤 출근해서 오후 4시쯤 퇴근합니다. 토요일과 일요일은 휴일이고 보통 가족과 함께 보냅니다. 여기는 거의 모두가 일합니다. 퇴근 후 아이들을 보육원이나 유치원에서 데려옵니다. 함께 장을 보고 집에 와 저녁밥을 같이 도와서 만듭니다. 그런 다음 아이들을 재우고 각자 자신들의 취미 생활을 하거나 TV를 보고 잠자리에 듭니다. 젊은 부부의 하루는 이렇게 끝납니다.

의료 환경에 만족하시는지요?

의료제도는 무료입니다. 병이 나면 주치의에게 가서 진찰을 받고 중병일 경우 병원으로 보냅니다. 하지만 치과는 무상 의료제도에 포함되지 않아 개인이 부담해야 합니다. 인건비와 물가가 비싸 진료비가 비쌉니다.

교육 환경에 만족하시는지요?

저는 이곳에서 성인 고등학교 과정을 마치고 인문계 석사 과정을 마쳤습니다. 무상 교육제도로서의 만족도는 높습니다. 그리고 여기서의 교육은 전통적으로 학습적인 면과 동시에 민주사회 일원으로서 태도가 어때야 하는지 가르칩니다. 교육 방법론 측면에서도 민주 시민으로서의 성장에 많은 관심을 기울입니다. 프로젝트, 문제점 이해 파악, 주제 토론 등 학습 과정을 민주주의적인 교육 방법으로 진행한다는 것이 한국의 입시 중심 교육과 다릅니다.

한국식 유흥문화, 단체 회식 문화, 위계문화에 익숙한 사람이라면 북유럽 문화에 적응하기 어려울까요?

덴마크 사람들은 대부분 차분하고 조용한 성격입니다. 한국식의 심한 음주, 노래방 같은 것을 선호하지 않습니다. 서로 집에서 먹고 마시며 대화를 나누는 것을 즐깁니다. 한국 사람들이 보기엔 지루하고 재미가 없다고도 할 수 있습니다. 더욱이 영어도 못하고 덴마크어도 안 되면 4~6시간이나 되는 저녁식사나 파티에선 견디기가 힘이 들 것입니다.

  신선이 씨, 덴마크 거주

신선이 씨는 한국에서 대학을 졸업하고 3년간 회사에서 근무했다가 1994년 덴마크로 이민했다. 덴마크에서 10년 이상 국제 선박 계통에 근무했다. 현지 대사관 및 코트라 통역원으로도 활동하고 있으며 현재 덴마크의 한 대학의 석사 과정에서 논문을 쓰고 있다.

한국에서 덴마크 이민을 떠나려면 가장 먼저 준비해야 할 것은 무엇입니까?

일단 어떤 종류의 이민인지가 중요한 것 같습니다. 유학은 학과목 및 대학교와 연결된 것이니 해당 기관과 접촉을 해서 정확한 준비를 해야 하겠습니다. 취업 분야에선 아무래도 특수 기술 분야를 선호하고 있습니다. 하지만 유학(단기 체류)으로 이주하기 전에는 이민이 힘들어지고 있습니다.

근래 정권이 보수당으로 교체되면서 이민에 대한 강력한 정책이 펼쳐지고 있습니다. 이와 더불어 아시겠지만 현재 덴마크를 비롯한 전 유럽이 피난민 물결에 휩싸여 아주 어려운 시점에 있습니다. 최근 선거시 정당들의 공략을 보자면 현재 정권을 잡은 보수당 측은 덴마크가 요하는 특수 기술 분야, 고등학력 소지자들을 환대한다고 발표한 바 있습니다. 따라서 관련 분야의 기업들을 선정하여 취업을 다방면으로 알아보면 좋을 것 같습니다. 전체적으로 보자면 덴마크의 사회보장제도 혜택을 받기만 하지 않고 자립적으로 덴마크에서 돈을 벌면서 생활할 능력이 된다면 까다로운 이민 절차를 통과하는 데 수월하겠습니다. 회사를 설립하는 등의 투자 이민이면 또한 문제가 없을 것 같습니다.

덴마크행을 결정하신 결정적인 이유는 무엇인지요?

20여년 전에 국제 결혼을 해서 오게 되었습니다.

덴마크행을 준비할 때 가장 힘들었던 점은 무엇입니까?

20년 전 이주법은 현재와는 달랐습니다. 지금보다 이민이 수월한 제도였습니다. 덴마크 사람과 결혼을 했을 경우 3년 임시 영주권을 준 뒤 영구 영주권이 보장됐습니다. 현재는 결혼을 해도 영주권이 바로 안 나옵니다. 경제적으로 자립할 수 있는지 여부를 까다롭게 확인하고, 덴마크 시험 통과를 요구하는 등 정책이 까다로워져서 영주권을 받기 어렵게 됐습니다.

중요한 점은 어떤 종류의 이민이든 경제적 자립과 언어 능력이 필요하다는 것입니다. 단, 취업에 성공해 이민하는 경우 영어만 사용하는 회사라면 괜찮습니다.

덴마크에 정착해서 가장 힘들었던 점은 무엇입니까?

저는 약간 특수한 경우입니다. 아동 시절에 덴마크에서 거주한 경험이 있습니다. 따라서 성인이 되었을 때 문화, 언어가 생소하지 않았습니다. 다른 분들의 경우를 보면 언어를 배워야 하는 것이 부담이 되는 것 같습니다. 덴마크어가 발음이 쉽지가 않거든요. 생활, 문화는 처음 오는 분들에게는 당연히 생소하겠지만, 덴마크 사람들이 일반적으로 친절하니 비교적 단기간에 적응하시는 것 같습니다. 개개인의 차이가 물론 있죠. 각종 활동에 얼마나 활발히 참여하냐가 중요합니다.

덴마크에서 "아, 이런 점은 오길 정말 잘했다"라고 생각하는 부분은 무엇입니까?

깨끗한 자연환경, 사회보장제도, 평등한 조직문화, 개인주의적 문화 등이 좋은 점입니다. 개인주의적 문화란 어떻게 보느냐에 따라 좋은 점이 될 수 있고 나쁜 점도 될 수 있겠죠. 일반적으로 타인의 사생활을 존중하는 것을 매우 중요하게 생각합니다. 만남이나 초대 등을 한국에서처럼 즉석에서 하지 않고 미리 약속을 하는 문화입니다. 가정을 둔 사람에게 이것은 특히 중요합니다. 하지만 한국인과 같은 정서를 찾아보기 힘들어서 실망할 수 있습니다. 덴마크엔 한국에서 말하는 '정'이라는 단어가 존재하지 않는 것 같습니다.

한국과 덴마크의 문화는 어떤 점에서 가장 다릅니까?

다른 분에게 들은 이야기입니다. 생선 가게에 가서 횟감용 생선을 구입하려고 했는데 그곳 직원이 "싱싱하지 않으니 판매하지 않겠다"고 했다는 겁니다. 덴마크 사람들의 솔직한 면이 돋보인 사례입니다. 또 덴마크에선 집 앞 정원이 울타리나 담 같은 것으로 폐쇄돼 있지 않고 열려 있습니다. 저도 당연히 정원에 각종 가구를 비치해놓고 있는데 어느 날은 저희 집에 방문한 한국 사람이 "가구를 왜

그냥 바깥에 두느냐"고 의아해하시더군요. 덴마크에서는 아무도
가져가지 않기 때문에 밖에 내놓는 것이 당연한 일입니다.
덴마크 사람들은 사생활을 존중하는 가치관을 중시합니다.
동네에 누가 이사를 오면 새로 온 주민에게 그다지 관심을 갖거나
먼저 다가가 물어보거나 무작정 방문하지 않습니다. 우선 먼저
접촉해오기를 기다립니다. 덴마크 사람들은 한번 친해지면 매우
좋은 친구가 될 수 있지만 시간이 걸립니다.

근무 환경에 만족하시는지요?

저는 현재 대학원에서 논문을 쓰고 있습니다. 이전까지 여러 덴마크
회사에서 근무한 경험이 있습니다. 정말 만족스럽게 근무했습니다.
일주일에 5일 근무, 총 37시간입니다. 회사마다 좀 다르지만 초과
근무를 회사에서 원하지 않습니다. 초과 근무를 하게 되면 수당을 더
받고 대체휴가를 낼 수 있습니다. 1년 휴가는 6주가 일반적입니다.
병가, 자녀가 아플 때 등 모두 휴가를 낼 수 있어 근무 환경이
좋습니다. 퇴근 후에는 자녀들의 학교 특별활동을 같이 할 수
있습니다. 저는 자원 봉사도 하고 문화 생활도 합니다.

의료 환경에 만족하시는지요?

덴마크는 의료 비용이 없습니다. 모두 무료입니다. 가정마다
홈닥터가 정해져 있습니다. 일반적으로 반드시 예약을 하고 가야
합니다. 일주일에 하루, 오후 시간은 예약하지 않고 가도 됩니다.
홈닥터의 진료에 따라 종합병원에 갈 수 있고 피부과 등 전문의에게

의뢰할 수 있습니다. 감기약 처방은 절대 없습니다. 약을 잘 안 주는 편입니다. 단, 치과는 비쌉니다. 국가 의료보험 혜택이 조금 있지만 덴마크가 주변 국가들에 비교해 비싸서 스웨덴이나 폴란드에 가서 치료하고 오는 사람들도 있습니다.

교육 환경에 만족하시는지요?

한국과 비교하자면 너무 좋죠. 하지만 덴마크도 근래에 중국 등 전 세계적으로 경쟁하는 분위기에 힘입어 교육 개혁이 있었습니다. 수업 시간이 늘어났지만 그래도 여전히 우등학생들에게만 편중하는 것이 아니라 전체 학생들, 특히 열등학생들에 대해 관심을 많이 갖습니다. 모두 좋은 교육을 받을 수 있도록 힘쓰고 있습니다. 덴마크엔 입시라는 것이 없습니다. 모두 대학을 가길 원하지도 않고 각자 갈 길을 가기 때문이죠. 전문교육의 종류가 광범위하기 때문에 진로가 다양합니다. 대학 입학을 원한다고 해도 시험이 없고 고등학교 성적, 활동 등 다양한 방면을 보고 입학을 허가합니다.

한국식 유흥문화, 단체 회식 문화, 위계문화에 익숙한 사람이라면 북유럽 문화에 적응하기 어려울까요?

그런 한국식 문화를 탈피하길 원해서 이민하고자 한다면 적응에 별 문제가 없죠. 상대적으로 편하니까요. 덴마크 회사에서 직원들끼리 외식이나 맥주 한잔 한다면 주로 금요일에 합니다. 주중에는 개별적인 약속 아니면 절대 회식이 없습니다. 전부 가정과 자녀들을 돌보느라 바쁘기 때문입니다. 젊은 직원들은 좀 더 자유롭게

만납니다. 전 직원이 모이는 것은 일반적으로 여름에 한 번,
크리스마스 때 한 번 정도입니다.

d 황순재 씨, 덴마크 거주

황순재 씨는 1977년 한국에서 태어났다. 한국에서 경영학을 전공하고 경제학(국제금융 전공) 석사 학위를 취득했다. 한국의 한 병원에서 행정직으로 5년가량 근무하다가 2011년 기술 이민 제도를 통해 덴마크에 정착했다.

덴마크 이민을 결심하신 이유는 무엇입니까?

처음에는 캐나다 이민을 준비했습니다. 그런데 캐나다는 조건이 까다로웠어요. 덴마크는 석사 학위에 IELTS 5.5만 되면 점수가 만족돼서 올 수가 있었습니다.

덴마크 이민을 준비하시면서 가장 어려웠던 점은 무엇입니까?

덴마크에 와서 제가 뭘 할 수 있을까 하는 고민이 컸습니다. 또 제가 장남이다 보니 부모님을 설득시키는 것도 어려웠습니다.

덴마크 이민의 가장 큰 장점은 무엇입니까?

교육제도가 가장 만족스럽습니다. 제 큰아이가 이곳 나이로 여섯 살입니다. 작년 8월부터 학교에 갔습니다. 재작년 9월부터 우리 아이 때문에 언어 상담사와 사회 복지 상담사가 우리 아이를

관찰했습니다. 올해 이 아이가 일반 학교를 다닐 수 있을까 결정을
하려는 것이었습니다. 우리와 몇 차례 회의를 거치고 일단 우리
아이를 작은 특수학교에 보내기로 했습니다. 먼저 언어를 배우게
하고 그다음에 일반 학교로 보내자는 것이죠. 물론 우리 아이를
특수학교에 보내게 되면 이곳 코뮌에서 돈을 다 내줍니다. 학교
버스가 아이를 데리러 우리 집까지 옵니다. 어떤 가정을 보니 버스가
오기 어려운 경우 택시를 보내더군요.

공기가 너무 좋고, 사람들의 삶이 여유롭습니다. 아이들도 정말
좋아합니다. 영주권을 취득하면 아이들 대학교는 공짜니까요.
박사는 돈을 받으면서 다닐 수 있습니다. 덴마크 유치원에서는
아이들이 계속 놀아요. 학교에서 시험을 봐도 등수를 가르쳐주지
않으니 시험에 대한 스트레스도 없지요.

아이들이 즐거워하는 모습이 너무 좋습니다. 예전 덴마크 친구 집에
놀러 갔다가 놀이터에 간 적이 있습니다. 덴마크 아이들이 노는
모습을 보고 제가 이렇게 말했습니다. "쟤네들 정말 행복해보여."
그러니까 덴마크 친구가 이렇게 이야기하더군요. "행복해보이는 게
아니라 쟤네들은 정말 행복해." 여긴 어린이집에서도 밖에서 2~3
시간씩 놉니다. 비가 와도 놀지요. 진흙탕에서 뒹굴뒹굴 굴러 옷에
흙이 왕창 묻어도 누구 하나 뭐라고 하는 사람이 없습니다.

이민 후 직장을 얻기까지의 과정은 어땠습니까?

IT 분야 기술 이민을 통해 들어왔습니다. 취업이 안 되다 보니
새로운 길을 가기 위해 요리사의 길을 택했습니다. 여기에 오면 3

년간 무료로 덴마크어를 배울 수 있는 기회를 줍니다. 제 폴란드

친구의 경우는 2개월간 어린이집에서 일을 해 보고 나중에 일을

잘하면 그곳에 취업하는 기회를 제의받기도 했습니다. 물론

월급은 어린이집이 아니라 코뮨에서 주는 것이구요. 각 코뮨마다

취업 센터가 있는데 문제는 덴마크어를 배워야만 도움을 준다는

것입니다.

요리사로 전직하신 셈인데 만족하시나요?

만족하고 있습니다. 덴마크인이 경영하는 일식당에서 근무하고

있습니다. 전 유럽에 영국 등 14개 지점이 있고 총 직원이 600명이

넘습니다. 물론 힘들긴 합니다.

하지만 저에게도 기술이 생겼으니 어디서나 이 기술을

쓸 수 있다는 데 만족합니다. 처음 들어올 때는 연습생이고 2년

지나면 시험을 봐서 라인 셰프(Line Chef)가 됩니다. 그리고 열심히

하면 부주방장, 주방장이 될 수도 있습니다. 물론 월급도 오릅니다.

다른 지점으로 옮길 수도 있고 제가 일식당을 차릴 수도 있습니다.

근무 환경은 어떻습니까?

하루 업무 시간은 아침 10시부터 저녁 10시입니다. 그렇다고 해서

우리나라처럼 주 6일 근무하고 1일 쉬는 게 아니라 한 주는 3일

일하고 4일 쉬고 한 주는 4일 일하고 3일 쉽니다. 1년에 휴가는 한 번

갈때 2주 이상 갑니다. 1년에 4주 가구요.

보수에 비해 세금이 너무 많지는 않은가요?

이곳은 더 많이 돈을 버는 사람이 더 많은 세금을 내고 적게 버는

사람이 적게 세금을 냅니다. 많이 버는 사람은 세금을 55% 정도까지

낸다고 들었습니다. 저의 경우는 37% 정도 내고 있고요. 하지만

이곳은 보수가 한국보다 훨씬 많습니다. 예를 들면 한국에서 아파트

경비원을 한다고 하면 한 달에 120~150만원 정도 받을 겁니다.

하지만 이곳 월급은 훨씬 많습니다. 최저 시급이 110크로나(약 2

만원) 정도니까요.

물론 물가가 비쌉니다. 한 달 월세가 200만원이 넘습니다. 집

구하기도 힘들구요. 식비는 한국과 비슷한 것 같습니다. 외식 한 번

하면 10만원 이상 나오지요.

북유럽 이민을 준비하는 한국인들에게 어떤 말씀을 하시겠습니까?

부딪쳐봐야 합니다. 어디든 문이 열려 있을 겁니다. 하지만 준비도

안 하고 부딪치면 안 됩니다. 언어 등 준비를 항상 해야 합니다. 또

내가 이민을 와서 무엇을 하면서 살아가야 할지 구체적으로 계획을

세워놔야 합니다.

e 김태훈 씨, 노르웨이 거주

김태훈 씨는 1982년 한국에서 태어났다. 한국에서 토목공학을 전공하고 대전도

시공사에서 근무하다가 2009년 노르웨이에 정착했다. 현재 노르웨이 오슬로에

있는 한 정유 엔지니어링 회사에 근무하고 있다. 네이버 카페 '북유럽 취업 연구소(cafe.naver.com/Technip)'를 운영하고 있다.

노르웨이 이민을 결심하시게 된 계기는 무엇입니까?

2006년에 처음으로 영국에 갔던 것이 계기였습니다. 첫 유럽행이기도 했습니다. 당시 저는 크리스천 센터에서 봉사 활동을 하고 있습니다. 그때 사람들과 대화를 나누며 유럽인들에 대한 두려움이 없어지고 친해질 수 있었습니다. 토목공학과를 졸업한 저는 이명박 정부였던 당시 풍력과 에너지 등에 대한 관심이 사회적으로 커지는 데 주목했습니다. 해상 풍력에 대한 개인적인 관심이 커졌고, 덴마크 해상 풍력에 대한 뉴스를 많이 접하게 됐습니다. 그러면서 자연스럽게 북유럽에 관심을 갖고 노르웨이 유학을 생각하게 됐습니다. 이어 취업을 하게 되면서 자연스럽게 노르웨이 오슬로에서 살고 있습니다.

네이버 카페를 운영하시는 입장에서 요즘 북유럽 이민에 대한 관심이 높아지는 현상에 대해서 어떻게 보십니까?

국내뿐 아니라 전 세계에 있는 한국인들이 북유럽 이민에 대해 물어봅니다. 북유럽의 삶과 행복지수에 대해서도 물어보는 경우가 많습니다. 특히 박근혜 정권이 들어서면서 더욱 더 이민에 대한 관심이 많아진 것이 사실입니다. 특히 20~30대들이 북유럽 이민에 대한 많은 것을 물어봅니다. 대한민국이 나아가야 할 방향을 한 번 더 생각하게 되었습니다.

북유럽 이민의 가장 큰 장점은 무엇일까요?

인간다운 삶을 살아갈 수 있다는 점이 가장 큰 장점이라고 할 수 있겠지요. 하루 근무 시간이 야근 없이 7.5시간입니다. 그 후에는 가족들과 함께할 수 있습니다. 하고 싶은 것을 마음껏 할 수 있다는 것과 자기 자신을 생각할 수 있는 여유로움을 가질 수 있다는 것이 큰 장점입니다.

한국에서 북유럽 이민을 준비하는 사람들에게 어떤 말씀을 해주시겠습니까?

요즘 신문 기사를 읽을 때마다 느끼는 점은 한 해 한 해 갈수록 젊은이들이 도전하기보다는 안정을 추구한다는 것입니다. 조금만 더 넓게 생각해보면 세상은 참 넓고 인생은 길기 때문에 실패를 두려워해서는 안 된다고 말하고 싶습니다. 실패는 누구의 인생에나 찾아오기 때문에 결국 그 실패는 곧 자기 인생의 큰 거름이 된다는 것을 깨달아야 합니다.

안정을 추구하지말고, 조금이라도 젊을 때 세상을 넓게 보는 안목이 필요하다고 조언해주고 싶습니다. 북유럽 이민이 쉽지는 않습니다. 북유럽으로 오려는 여러 인종이 있습니다. 유학이 아닌 경우 직장이 보장되지 않으면 거주하기 힘듭니다. 그러나 기회는 누구에게나 찾아오기 때문에 기회를 만들면 원하는 이민 생활을 하실 수 있으리라 생각합니다.

Faramarz Gosheh/imagebank.sweden.se

참고 자료

1   2014년 OECD 통계

2   <서울대 출신 2030 전문직의 슬픈 노래> 조선일보 2013-01-05

3   <"결혼을 포기했다" "결혼이 싫다"는 서울대생들… 그들은 왜?>

     프리미엄조선 2014-04-15

4   『우리가 만나야 할 미래』 171쪽, 최연혁 저, 쌤앤파커스(2012)

5   『우리가 만나야 할 미래』 171~172쪽

6   『우리가 만나야 할 미래』 175쪽

7   『핀란드 들여다보기』 226~227쪽, 이병문 저, 매일경제신문사(2006)

8   『좌우는 있어도 위아래는 없다』 53쪽, 박노자 저, 한겨레출판(2002)

9   <한국 남녀평등수준 세계 142개국 중 117위> 연합뉴스 2014-10-28

10   <나는 대한민국 임산부입니다> 다음 스토리펀딩 2015-07-09

11   『복지국가 스웨덴』 201쪽, 신필균 저, 후마니타스(2011)

12   『50개의 키워드로 읽는 북유럽 이야기』 70쪽, 김민주 저, 미래의창(2014)

13   <靑春이라고 쓰고, 절망이라고 읽는다> 조선일보 2014-12-13

14   <['하루 6시간 노동제' 보리출판사의 실험] 4시 칼퇴근

     '오후가 있는 삶'… "회사요? 잘 굴러갑니다"> 경향신문 2015-06-19

15   <'칼퇴'는 없다. 야근의 일상화… 한국 노동생산성 낮은 건 당연>

     중앙일보 2014-04-14

16   http://thesawon.blogspot.kr/

17   『한국인은 미쳤다!』 66쪽, 에리크 쉬르데주 저, 북하우스(2015)

18   『한국인은 미쳤다!』 109쪽

19   <네덜란드보다 800시간 더 일하고도…

     시간당 노동생산성은 딱 절반 수준> 헤럴드경제 2014-11-17

20 www.oecdbetterlifeindex.org

21 http://blog.naver.com/mlab_suda/30169199715

22 『우리가 만나야 할 미래』 126쪽

23 『다시 태어나면 살고 싶은 나라』 43쪽, 정치경영연구소 저,

홍익출판사(2014)

24 <"일할 사람이 없어요"… '복지병' 앓는 노르웨이의 고민> 조선비즈 2013-04-16

25 <노르웨이와 한국의 최저시급, 얼마나 차이날까> 고함20 2011-11-03

26 <OECD 평균 수준? 유럽은 최저임금 없는 나라도 많다> 미디어오늘 2015-03-18

27 『다시 태어나면 살고 싶은 나라』 37~41쪽

28 <소년의 자살 10년 지났지만… 동성애 따가운 시선은 여전>

한겨레 2013-04-24

29 <어느 무식한 남자의 '정상적인' 반대> 대학신문 2007-05-20

30 <김현웅 법무장관 후보 "동성결혼 허용 불가… 퀴어축제 제한해야">

한겨레 2015-07-07

31 <美기자 "박원순, 통역 없이 직접 답변… '동성애 발언'은 사실">

조선일보 2015-06-30

32 <박원순 서울시장, 독자와의 대화 전문> 조선일보 2015-07-28

33 <노르웨이에서 가장 힘센 동성부부> 여성동아 2002-03-15

34 『스웨덴 스타일』 281~282쪽,

참여사회연구소·레그란드 츠카구치 도시히코 엮음, 이매진(2013)

35 『스웨덴 스타일』 291쪽

36 <남녀 격차 100대 63> 중앙일보 2015-02-11

37 <박근혜 전 새누리당 비상대책위원장 대선 출마선언문> 뉴시스 2012-07-10

38   <한국, 국민소득 3만 달러 진입 가능성은> 연합뉴스 2015-03-25

39   『대한민국 엄마들이 꿈꾸는 덴마크식 교육법』 110~111쪽, 김영희 저,

       명진출판사(2010)

40   『핀란드 들여다보기』 248~252쪽

41   『우리가 만나야 할 미래』 227~231쪽

42   『우리가 만나야 할 미래』 234~237쪽

43   『대한민국 엄마들이 꿈꾸는 덴마크식 교육법』 139~142쪽

44   『대한민국 엄마들이 꿈꾸는 덴마크식 교육법』 139~148쪽

45   『덴마크 사람들처럼』 46~47쪽, 말레네 뤼달 저, 로그인(2015)

46   『다시 태어나면 살고 싶은 나라』 240쪽

47   『덴마크 사람들처럼』 50~51쪽

48   『덴마크 사람들처럼』 48~49쪽

49   『복지국가 스웨덴』 219~220쪽

50   『우리가 만나야 할 미래』 106쪽

51   『북유럽의 외로운 늑대! 핀란드』 115~116쪽, 정도상 저, 언어과학(2011)

52   『북유럽의 외로운 늑대! 핀란드』 117~118쪽

53   <북유럽 가서 살겠다는 30代들… 前직장 알아보니 삼성·LG 많더라>

       조선일보 2015-04-18

54   『50개의 키워드로 읽는 북유럽 이야기』 67~68쪽

55   『덴마크 사람들처럼』 157쪽

56   <덴마크, 스웨덴, 노르웨이 사람이 만나면> 프레시안 2008-01-22

57, 84, 85 코트라(KOTRA) 국가정보 www.kotra.or.kr

58   『덴마크 사람들처럼』 97~98쪽

59   『우리가 만나야 할 미래』 16~17쪽

60   『우리가 만나야 할 미래』 271쪽

61   『북유럽 사회민주주의 모델』 139쪽, 니크 브란달 외 저, 책세상(2014)

62   『어떤 복지국가에서 살고 싶은가』 76~77쪽, 이창곤 엮음, 밈(2010)

63   <대선주자 샌더스 "나는 민주사회주의자"> 연합뉴스 2015-09-20

64   <토르와 시규어 로스가 공존하는 나라… 북유럽에서 데려오고 싶은 것>

      매일경제 2015-04-15

65   <이케아 창업주, 42년 만에 모국 스웨덴에 첫 소득세 낸 이유?>

      헤럴드경제 2015-11-03

66   『스칸디나비아』 221쪽, 토니 그리피스 저, 미래의창(2006)

67   『덴마크 사람들처럼』 100쪽

68   <스웨덴 세금달력: 남이 낸 세금 내역을 책으로 만들어 공개한다고?>

      슬로우뉴스 2013-03-18

69   『우리가 만나야 할 미래』 51쪽

70   『우리가 만나야 할 미래』 51~54쪽

71, 72   <'땅콩 회항' 사건의 교훈 명문가로 거듭나는 길> 한경비지니스 2015-02-23

73   <스웨덴의 이건희> 조선일보 2010-11-13

74   『나의 투쟁』 42쪽, 칼 오베 크나우스고르 저, 한길사(2016)

75   『북유럽 셀프 트래블』 107쪽, 유진선 저, 상상출판(2014)

76   <레즈비언 파트너와 함께 살다 숨진 '무민' 작가 토베 얀손이

      "홀로 세상 떠난" 사연은?> 경향신문 2015-07-21

77   <첫 여성 경제학사, 직업 못 얻어 야채상하다 요절> 조선일보 2011-07-04

78, 79   <조선 최초 스웨덴 경제학사 최영숙 애사(哀史)> 신동아 2006-05-01

80   6·25전쟁 의료지원국

            Theme.archives.go.kr/next/625/medicalNation.do

81   <국립의료원 매각은 스칸디나비아 3국 배신행위> 한겨레 2011-08-31

82   주한 노르웨이 대사관 국립의료원

            http://www.norway.or.kr/News_and_events/press/--/---2/

            #.Vb-Nyrkw-dJ

83   『덴마크 사람들처럼』 194쪽

84, 85   코트라 국가정보 www.kotra.or.kr

86   <2016년 전기차, 가속 페달 밟는다> 머니위크 2016-01-03

그래서 북유럽

초판 1쇄 인쇄 2016년 4월 26일

초판 1쇄 발행 2016년 5월 2일

지은이 | 원선우

펴낸이 | 정상우

편집주간 | 정상준

편집 | 이민정 김민채 황유정

관리 | 김정숙

디자인 | 김기연

펴낸곳 | 오픈하우스

출판등록 | 2007년 11월 29일(제13-237호)

주소 | (04003)서울시 마포구 동교로13길 34

전화 | 02-333-3705

팩스 | 02-333-3745

openhousebooks.com

facebook.com/openhouse.kr

*잘못된 책은 구입처에서 바꾸어 드립니다.

*값은 뒤표지에 있습니다.

ISBN 979-11-86009-60-4 13920

이 도서의 국립중앙도서관
출판예정도서목록(CIP)은
서지정보유통지원시스템
홈페이지(http://seoji.nl.go.kr)와
국가자료공동목록시스템(http://
www.nl.go.kr/kolisnet)에서 이용하실 수
있습니다.(CIP제어번호: CIP2016010221)

이 책은 저작권법에 따라 보호받는
저작물이므로 무단 전재와 무단 복제를
금지하며, 이 책 내용의 전부 또는
일부를 사용하려면 반드시 저작권자와
(주)오픈하우스포퍼블리셔스의 서면 동의를
받아야 합니다.